MANUEL

DU CONDUCTEUR DES MACHINES

A

VAPEURS COMBINÉES

OU

MACHINES BINAIRES,

Par P.-V. du Trembley,

AUTEUR DU SYSTÈME.

LYON.
IMPRIMERIE TYPOGRAPHIQUE ET LITHOGRAPHIQUE
DE LOUIS PERRIN,
Rue d'Amboise, 6, quartier des Célestins.
—
1850-1851.

V

MACHINES A VAPEURS COMBINÉES.

MANUEL

DU CONDUCTEUR DES MACHINES

A

VAPEURS COMBINÉES,

Par P.-V. DU TREMBLEY,

AUTEUR DU SYSTÈME DES MACHINES A VAPEURS COMBINÉES,

CONNUES ENCORE SOUS LE NOM DE MACHINES BINAIRES
OU ÉTHERHYDRIQUES,

Breveté d'invention
pour l'emploi de la vapeur d'échappement des machines à vapeur d'eau
à la création d'une force motrice auxiliaire par la vaporisation des liquides
facilement vaporisables, et pour un système complet d'appareils
propres à l'emploi de la combinaison de ces deux
vapeurs, et à faire resservir les mêmes agents
d'une manière continue et sans
perte.

LYON.
IMPRIMERIE DE LOUIS PERRIN, RUE D'AMBOISE, 6.

1850-1851.

AVIS.

Cet ouvrage s'adresse spécialement aux conducteurs de machines à vapeurs combinées. Il contient toutes les indications recueillies par expérience depuis six années, pendant lesquelles je me suis exclusivement occupé de la construction et de la conduite de ces machines. Je suis entré dans d'assez longs détails sur la construction des organes spéciaux et sur les motifs qui me les ont fait adopter, parce qu'il m'a paru nécessaire que l'homme chargé de leur entretien en eût une connaissance approfondie, afin de n'être embarrassé dans aucun des accidents qui pourraient se présenter. Le constructeur pourra, je pense, y puiser quelques renseignements utiles qui lui feront éviter les écueils, et, le dirigeant dans les améliorations qu'il serait tenté d'apporter, faciliteront le développement de ces nouvelles machines.

ERRATA :

Page 20, ligne 18 : ou n'en trouverait; *lisez :* on n'en trouverait.

33, 10 : favoriser ; *lisez :* froisser.

35, 20 : les plus haut placés; *lisez :* le plus haut placés.

36, 21 : 0 atm. 31 c. ; *lisez :* 0 atm. 40 c.

36, 22 : 0 atm. 05 c. ; *lisez :* 0 atm. 07 c.

36, 23 : 0 atm. 26 c. ; *lisez :* 0 atm. 33 c.

37, 1ʳᵉ : 0, 74 c. ; *lisez :* 0,95.

37, 2 : 0 atm. 19 c.; *lisez :* 0 atm. 25 c.

37, 3 : 0 atm. 02 c. ; *lisez :* 0 atm. 05 c.

37, 4 : 0 atm. 17 c. ; *lisez :* 0 atm. 22 c.

37, 10 : 0 atm. 26 c. ; *lisez :* 0 atm. 33 c.

37, 13 : 0 atm. 17 c. ; *lisez :* 0 atm. 22 c.

(Tous ces chiffres représentent des centimètres de mercure dans l'ouvrage, au lieu de centièmes d'atmosphère.)

42, 1ʳᵉ : puisque à cette pression la vapeur, *lisez :* à cette pression de 0,50 la vapeur.

42, 3 : la vapeur d'éther à cette même pression; *lisez :* la vapeur d'éther à la pression de 4 atmosphères.

44, 9 : subsister cette vapeur utile ; *lisez :* utilement.

47, 17 : soit pour 1 m. 589 , 22,964 ; *lisez :* soit 22,964, pour 1 m. 589.

47, 21 : à 2 atm. 1 m. 589 , 22,964 ; *lisez :* à 2 atm. (1 m. 589) 22,964.

48, 17 : vide au condensateur; *lisez :* contre-pression au condensateur.

MACHINES A VAPEURS COMBINÉES

DE P.-V. DU TREMBLEY.

PREMIÈRE PARTIE.

CHAPITRE Ier.

Principes sur lesquels est fondée la Machine à vapeurs combinées.

Depuis que le génie de Papin a révélé au monde cette force inconnue, souffle brûlant et vivificateur qui vient animer l'œuvre de l'homme, ressort sans limite, levier immense avec lequel il se joue et renverse tous les obstacles, âme des plus grandes entreprises qu'ait pu créer son imagination aventureuse, la vapeur en un mot qui, depuis cinquante ans, a accompli tant de merveilles, que d'efforts ont été tentés, que de recherches faites, que de temps précieux dépensé par des esprits ardents et désireux d'illustration, pour détrôner cette reine de la civilisation moderne! que de magnifiques espérances à peine nées et aussitôt évanouies! chimères qui n'ont eu d'éclat et d'importance que par reflet de la puissance avec laquelle elles ont osé se mesurer, et qui n'ont laissé un nom en tombant que pour faire ressortir leur rivale plus grande et plus admirable encore.

Ces luttes auxquelles ont pris part tant d'hommes remarquables par leur activité, leur persistance et quelquefois leur science, infructueuses pour ceux qui les ont soutenues, ne l'ont pas toujours été pour la science des machines. Elles ont indiqué de nouvelles voies à suivre, de nouvelles difficultés à vaincre; difficultés qui n'ont pu arrêter l'ardeur et la persévérance des novateurs, et dont la solution pratique leur a valu souvent de nombreuses et importantes conquêtes. Beaucoup ont fait fausse route ou se sont découragés; quelques-uns, moins épris de leur œuvre ou plus raisonnables, l'ont abandonnée et ont sagement reporté leur activité et leurs connaissances vers un but plus facile à saisir, plus profitable et moins chanceux. Quel est celui des hommes scientifiques ou pratiques, parmi ceux qui se sont le plus livrés à l'étude de la vapeur et de ses applications, qui n'a parfois été séduit par l'appât d'une théorie nouvelle et qui n'y a consacré une plus ou moins longue partie de ses veilles? L'air dilaté, l'expansion des gaz, le magnétisme, moteurs inappliqués, problèmes magnifiques et attrayants dont la solution utile, pour être encore inconnue, n'est probablement pas impossible ni introuvable ! c'est là la poésie de la mécanique, et l'homme amoureux de cette science aime à sonder ces vastes horizons qui ne peuvent être vides pour lui et où son imagination rêve un nouveau monde.

L'amour de l'inconnu et de la nouveauté, ce puissant mobile des découvertes, n'a pas été le seul motif des efforts faits pour supplanter la vapeur d'eau dans ses applications comme force motrice ; un autre but, l'économie, était le point de mire des hommes plus positifs. Car, si la vapeur est un moteur irrésistible, c'est aussi un moteur coûteux, surtout dans les pays éloignés des gisements carbonifères, et, sous ce rapport, il était à désirer que la science indiquât les moyens de la remplacer ou de la produire à moindres frais. Jusqu'à présent, les essais faits pour résoudre la première partie de ce problème n'ont pas donné des résultats bien remarquables et capables de décider favorablement la question. Il restait la seconde, dont la solution a été recherchée par beaucoup de savants, de praticiens et autres, et qu'ils ont trouvée de différentes manières et atteinte avec plus ou moins de succès.

De tous les perfectionnements qui, de nos jours, ont été apportés dans l'emploi de la vapeur comme force motrice, les plus importants, sans contredit, sont ceux qui ont eu pour but l'économie du combustible. Quand on considère l'énorme consommation de charbon qui se fait journellement et l'accroissement que doit prendre cette effrayante consommation dans un temps prochain, on est frappé de la crainte que les mines de la France ne puissent y suffire, et que dans peu, la proportion croissante des machines n'étant plus en rapport avec l'extraction, le prix de ce combustible ne s'élève à ce point de contrebalancer les avantages de la machine à vapeur. Un autre motif non moins grave résulte du poids considérable que doivent emporter les machines locomotives pour s'alimenter; poids tel, que, lorsque le trajet à faire est un peu long et qu'on ne peut renouveler l'approvisionnement sur la route, toute la force de la machine est à peu près employée à porter son combustible. On conçoit donc de quelle importance était l'économie sous tous les rapports, et pourquoi tant d'efforts ont été faits dans ce sens.

Deux voies particulières et entièrement distinctes étaient ouvertes pour atteindre ce but. La première, conduisant à la meilleure manière de construire les fourneaux, grilles et appareils évaporatoires, a été suivie avec succès sous des points de vue différents par des hommes spéciaux de toutes les nations. C'est à l'ingénieur Seguin, dont le nom est européen, que nous devons la chaudière tubulaire, qui, sous un volume très restreint, présente un développement de surfaces considérable que suffit à couvrir une faible quantité d'eau. De là résulte un avantage inappréciable pour les machines de locomotion par terre et par eau, à cause du peu de place qu'elles occupent et de leur poids si réduit proportionnellement à tous les appareils de ce genre. M. Charles Beslay, l'un des hommes qui se sont le plus occupés de cette question, a doté l'industrie et la marine de ses chaudières dites à circulation, dans lesquelles l'agitation continuelle de l'eau et son renouvellement le long des surfaces de chauffe favorisent la promptitude de la vaporisation, et qui de toutes celles connues produisent, avec le moins de combustible et la moindre surface chauffante, le plus grand volume de vapeur.

D'autres ont fixé leur attention sur la meilleure combustion du charbon et des gaz qui s'en échappent. Le célèbre ingénieur anglais Stephenson imagina le tirage artificiel dans les chaudières à tubes d'un faible diamètre, au moyen d'un courant de vapeur dans la cheminée provenant soit de l'échappement du cylindre, soit d'un jet direct pris à la chaudière. Il obtint par ce moyen la combustion à haute température : heureuse idée, qui a fait la fortune des locomotives de chemin de fer ! C'est dans le même but qu'a été imaginée la grille mobile de M. Taillefer. Bien d'autres ont suivi la même carrière et sont arrivés au même but par des moyens indirects, tels que la désincrustation des chaudières, l'extraction continue, la condensation en vase clos. Tous les perfectionnements apportés à cette branche de la question ont trait à la plus grande production de vapeur avec la moindre consommation de charbon.

La deuxième voie ouverte aux améliorations, illustrée par Fulton, Watt, Woolf, Meyer et tant d'autres, tendait à la perfection des appareils dans lesquels agit ou que fait agir la vapeur formée, et au meilleur emploi possible de cette vapeur. Elle avait aussi pour but l'économie du combustible par la manière d'en tirer le plus grand parti et tout l'effet utile. C'est Watt qui, par la condensation de la vapeur, a fait faire le plus grand pas dans cette voie ; c'est à lui que nous devons la machine à vapeur proprement dite et son système ingénieux de tiroirs, d'excentriques, de parallélogrammes, régulateur, mouvements mécaniques dont l'efficacité et la perfection sont incontestables et qu'achèvent de compléter le régulateur de Meyer et les valves de Cornwall. Woolf nous a donné la détente, c'est à lui qu'on en doit la première idée : ses machines sont généralement employées en Angleterre et en Belgique, dans le nord de la France, et partout enfin où le charbon est cher, la construction des machines faite avec soin, et les hommes qui les dirigent capables et intelligents. La détente de Woolf laissait à désirer en ce qu'elle avait une limite fixe et déterminée par la capacité du premier cylindre ; le régulateur à détente variable de Meyer, ainsi que la détente opérée dans un seul cylindre, ont levé cette limite ; et ce dernier perfectionnement, l'un des plus importants de nos jours, a résolu le problème de l'emploi complet de la force expansive de la vapeur d'eau. Toutes les améliorations introduites depuis et en dehors de celles que je viens d'indiquer ont porté sur les détails de forme et de construction, et la machine de Woolf, complétée par le modérateur à cames de Meyer et les valves de Cornwal, est celle de toutes les machines fixes dans laquelle la vapeur donne le plus d'effet utile : c'est ainsi du moins que les Anglais, nos maîtres dans l'art et l'emploi des machines, ont décidé la question.

Je viens de dire que la machine de Woolf utilisait toute la force d'expansion de la vapeur; mais dans cet agent, tel qu'on l'emploie, il y a deux éléments de force, la pression et le calorique : la *pression*, qui est proportionnelle à la température, ne peut exister sans cette dernière et décroît avec elle; et le *calorique*, qui existe malgré l'abaissement de la température et de la pression. De ces deux éléments, le premier seul est complètement utilisé; le deuxième, grandement négligé et pour ainsi dire oublié jusqu'à ce jour, a fait le but de mes recherches et joue dans la machine à vapeurs combinées un rôle au moins égal sinon supérieur au premier.

Si nous examinons ce qui se passe dans la meilleure machine à détente et condensation, admettant le maximum de détente possible, c'est-à-dire ne laissant à la vapeur d'eau que la force nécessaire pour vaincre les frottements de la machine au moment où elle s'échappe du cylindre dans un vide complet, nous voyons que cette vapeur conserve encore une pression d'au moins 25 centièmes d'atmosphère, équilibrant une colonne de mercure de 0,19 cent. et une température correspondante à cette pression égale à

66 degrés centigrades. A cette température la vapeur subsiste dans le vide, c'est-à-dire qu'elle a 66 degrés de calorique sensible et tout son calorique latent. Il faut en débarrasser le condensateur en enlevant à la vapeur l'un et l'autre. Jusqu'à présent la condensation qui remplit ce but a été opérée au moyen d'un jet d'eau fraîche calculé de manière à absorber le calorique contenu dans le volume de vapeur à condenser, et la réduire par cette absorption à l'état liquide. Cette eau, élevée à la température d'environ 50 degrés, est rejetée au dehors, sauf la petite quantité reportée à la chaudière pour l'alimenter et remplacer ce que lui a enlevé la vapeur qui vient d'être condensée. Cette quantité utilisée est à peine la quinzième partie de celle nécessaire à la condensation. Il y a donc quatorze parties de la chaleur fournie par le foyer à la vapeur qui a fonctionné dans le cylindre qui sont jetées en pure perte; car l'eau de la condensation emporte avec elle l'intégralité de cette chaleur, sauf celle perdue par le rayonnement à travers les surfaces du tuyautage et des cylindres. La machine à vapeurs combinées utilise aussi complètement que possible cette chaleur, sauf les pertes qu'il est impossible d'éviter, telles que celles provenant des joints et surfaces qui ne peuvent être enveloppées, se trouvent en contact avec l'air extérieur et tendent à s'équilibrer avec la température; l'emploi de cette chaleur est son but principal. J'ai pensé qu'il serait possible de l'utiliser sans nuire en rien aux bonnes conditions de marche des machines existantes. Pour cela il fallait trouver

un agent condensateur nouveau, qui, par l'absorption subite et complète du calorique rendu par la vapeur d'eau à l'instant même où elle passe de l'état gazeux à l'état liquide, devînt lui-même l'auteur d'une force nouvelle.

En observant que la température de la vapeur à son échappement du cylindre dans les machines à détente, la plus convenable était encore d'au moins 66 degrés; que, d'un autre côté, l'éther sulfurique entrait en ébullition à 37 degrés, température bien inférieure à celle de la vapeur d'échappement, je pensai que ce liquide était merveilleusement propre à la solution du problème. L'affinité de l'éther pour le calorique est considérable; il en est de même, du reste, de tous les liquides bouillant à une basse température. On sait que, dans les cours de physique et de chimie, on congèle du mercure en faisant le vide sous le récipient d'une machine pneumatique qui contient de l'éther et du mercure. Une expérience plus simple et plus à la portée de tout le monde peut donner l'idée de cette affinité : elle consiste simplement à mettre de l'éther dans la main; il disparaît avec rapidité et laisse une sensation très vive de froid. Si donc on met en contact avec ce liquide la vapeur d'eau d'échappement qui conserve une température bien supérieure au point où il se vaporise, il s'emparera instantanément du calorique qu'elle contient en opérant par cela même sa condensation, et passera lui-même à l'état de vapeur. Admettant alors que les vapeurs développées en vase clos puissent être recueillies et amenées dans une machine, elles y fonctionneront et donneront un travail proportionnel à leur pression et à leur bon emploi; travail gratuit, qui viendra s'ajouter à celui qu'a déjà produit la vapeur d'eau qui les engendre au moment où elle cesse d'exister utilement.

Tel est le principe qui sert de base à la machine à vapeurs combinées, appelée longtemps machine à éther ou machine étherhydrique, parce que l'éther sulfurique a été le premier agent condensateur moteur dont je me sois servi. C'est sous ce dernier nom qu'elle a été décrite dans un rapport fait par M. Lafont, lieutenant de vaisseau, adressé au Ministre de la marine, alors M. de Mackau, en date du mois de février 1846. Cet officier fut chargé spécialement d'étudier la valeur de mon système et d'expérimenter une machine construite dans ce but aux frais de l'Etat (1), en vertu d'une opinion favorable émise par le Conseil des travaux de la marine. Il s'y livra avec ardeur, et, frappé des dangers que pouvait faire naître l'emploi d'un liquide inflammable et dont la vapeur donnait lieu à des mélanges détonnants, il eut l'idée de lui substituer le chloroforme, liquide nouvellement découvert, très volatil et incombustible. Ses expériences furent couronnées d'un succès complet et ouvrirent une nouvelle

---

(1) Chez M. Beslay, constructeur, rue Neuve-Popincourt, à Paris. C'est sur cette machine qu'ont été expérimentés l'éther sulfurique et le chloroforme par deux commissions du Conseil des travaux de la marine. Elle est actuellement dans les ateliers de l'Etat, à Lorient.

voie dans laquelle je ne tardai pas à le suivre en essayant le perchloride de carbone qui possède les mêmes qualités.

Bien que ce liquide ait son point d'ébullition plus élevé que le chloroforme, il sera peut-être d'un usage plus général dans l'industrie que ce dernier agent, à cause de la différence du prix de revient; à moins que la chimie ne trouve un procédé de fabrication qui le réduise considérablement. Un des plus avantageux, sans contredit, est le sulfure de carbone, que j'ai employé pour la première fois, en juillet 1849, dans une machine d'essai, chez M. Clément Desormes, à Oullins. Son inflammabilité et la production de chaleur par sa combustion sont inférieures à celle de l'éther sulfurique. Son point d'ébullition étant 45 deg. centig., sa condensation est plus facile et exige un moindre volume d'eau ou une température moins basse. C'est, des quatre liquides ci-dessus nommés, celui qui produit avec un volume donné le plus grand volume de vapeur. Il n'a contre lui que son inflammabilité, mais il est peu coûteux et possède tant d'avantages précieux, que je ne doute pas qu'il soit employé avec succès dans les machines fixes et peut-être dans celles de la navigation des rivières. La chimie, du reste, n'a pas dit son dernier mot et elle trouvera sans doute de nouveaux liquides remplissant toutes les conditions désirables, conditions essentielles que je vais indiquer successivement.

La première de ces conditions est que le liquide auxiliaire ait son point d'ébullition entre 35 et 65 degrés centig. Un excès en plus ou en moins serait également nuisible ou désavantageux, car les liquides employés ont une valeur très appréciable et l'on ne peut les perdre; il faut donc recueillir et condenser leurs vapeurs : or, un principe qu'on concevra facilement est que plus un liquide est vaporisable, moins aussi il est condensable. La vaporisation et la condensation sont deux phénomènes complémentaires, pour ainsi dire. S'il est vrai que le liquide auxiliaire doit, par sa vaporisation, opérer la condensation de la vapeur d'eau chauffante, et par conséquent avoir son point d'ébullition bien au-dessous de la température que conserve cette vapeur détendue à sa dernière limite utile, il faut considérer que sa vapeur doit être condensée à son tour, et que l'eau qui servira à cette condensation aura en moyenne une température égale à 15 degrés. Si le point d'ébullition est trop bas, il faudra un énorme volume d'eau pour condenser, et encore n'obtiendra-t-on qu'un vide relatif et proportionnel à la température initiale de l'eau condensante et du point d'ébullition. Il faudrait donc, pour sa bonne condensation, que le point d'ébullition fût assez élevé et le plus voisin possible de la température de la vapeur chauffante.

De ce qui précède on peut tirer cette conséquence, que pour avoir en même temps une bonne vaporisation et une bonne condensation de ces deux vapeurs, il faut que le point d'ébullition du liquide auxiliaire se rapproche autant que faire se pourra de la moyenne entre les températures de condensation de ces deux vapeurs. En admettant donc le chiffre de 60 degrés centig. comme le maximum de température pour la bonne condensation de la vapeur d'eau, et celui de 25 degrés pour celle de la vapeur du liquide auxiliaire, on trouve que le point le plus favorable pour l'ébullition de ce liquide doit être en moyenne de 42 degrés 5 dixièmes. Cependant il est plus avantageux que le point d'ébullition soit en dessous qu'en dessus de ce chiffre. La condensation de la vapeur auxiliaire sera moins parfaite à la vérité, mais celle de la vapeur d'eau chauffante sera aussi complète qu'il est possible, et l'on pourra sans inconvénient élever la pression de la vapeur auxiliaire : on gagnera ainsi un surplus de pression considérable qui, bien employé par la détente, compensera audelà le travail qu'on aurait obtenu par un vide plus parfait dans sa condensation. Ainsi l'éther sulfurique qui bout à 37 degrés, nous a donné un vide dans le condensateur vaporisateur de 68 centimètres, sa vapeur ayant une pression de plus d'une atmosphère 8 dixièmes ; tandis qu'avec le chloroforme, qui ne bout qu'à 61 degrés centig., nous avons rarement atteint à la condensation de la vapeur d'eau un vide de 55 centimètres alors que sa vapeur avait à peine une atmosphère 2 dixièmes. Quant aux condensations de la vapeur de ces deux liquides, je n'ai pu obtenir la condensation de l'éther sulfurique avec un vide de plus de 40 centimètres, tandis que celle du chloroforme a donné dans certains cas un vide de 60 centimètres. Le sulfure de carbone bouillant à 45 degrés centig. tient la moyenne entre ces deux liquides, c'est celui qui opère les deux condensations dans les conditions les plus avantageuses.

Il y a cependant une remarque importante à faire, résultat uniforme de mes expériences et qui tendrait à faire disparaître les nuances favorables ou défavorables qui semblent séparer ces divers liquides. La chaleur de la vapeur d'eau étant absorbée tout entière au moment de sa condensation par le liquide auxiliaire passant en vapeur, le volume créé de cette vapeur est toujours le même en définitive, c'est-à-dire qu'avec moins de pression elle a plus de volume, et que si on réduit le volume elle augmente de pression. Ainsi, admettant que la vapeur auxiliaire soit à une atmosphère de pression à son entrée dans le cylindre où elle doit agir, et qu'à cette pression la condensation de la vapeur d'eau produise une abondance de vapeur auxiliaire suffisante pour alimenter ce cylindre à pleine pression et sans détente, si l'on réduit tout-à-coup par la détente la dépense de cette vapeur pour une moitié, sa pression s'élèvera promptement à deux atmosphères dans l'appareil évaporatoire. L'emploi de cette vapeur ainsi détendue donnera plus d'effet utile, mais dans le même moment la condensation de la vapeur d'eau sera proportionnellement moins parfaite et en rapport avec l'exhaussement de la température du liquide condensateur qui s'élève avec la pression de sa propre vapeur. Il faut encore remarquer que la vapeur à une plus haute pression exigeant une plus haute température et conséquemment une plus grande quantité de chaleur, le volume de vapeur produite sera proportionnellement moins considérable; ici aucune partie de la chaleur fournie par le corps chauffant ne doit être perdue; la chaleur totale de la vapeur d'eau passe dans la vapeur produite, et il faut éviter les pertes résultant du rayonnement, pertes d'autant plus considérables que la température est plus élevée; de même que celles produites par la condensation de la vapeur auxiliaire dans le cylindre et les tubes conducteurs, condensation qui croît en raison de la pression de ces vapeurs et de la moyenne de température à laquelle s'équilibre le cylindre entre la température initiale de l'admission de ces vapeurs et celle de leur détente, et encore de la température du condensateur avec lequel le cylindre est constamment en rapport. Cet effet de condensation est d'autant plus fâcheux dans l'emploi à haute pression des vapeurs auxiliaires qu'elles sont plus facilement condensables, de telle sorte que je ne pense pas qu'il y ait aucun avantage à élever beaucoup leur pression pour augmenter leur détente. Quant à la condensation de la vapeur du liquide auxiliaire, elle restera exactement la même si dans ces deux expériences on ne fait pas varier la détente de la vapeur d'eau, et que son volume et sa pression restent les mêmes à l'émission dans le condensateur vaporisateur. Ces observations et quelques autres dont je vais parler m'ont servi à déterminer la capacité du cylindre dans lequel doit agir la vapeur auxiliaire, pour le meilleur emploi de cette vapeur. A mesure que le point d'ébullition du liquide s'élève, j'augmente la capacité du cylindre destiné à employer cette vapeur, afin de la dépenser tout entière sans élever sa pression et conséquemment sa température et satisfaire à toutes les conditions de bonne condensation. J'indiquerai dans la seconde partie de ce Manuel le rapport de la capacité de ces cylindres avec celle du cylindre à vapeur d'eau, rapport que l'observation et l'expérience m'ont fourni. On peut conclure des observations ci-dessus que les liquides condensateurs moteurs peuvent être employés avantageusement, quand même leur point d'ébullition atteindrait 75 et même 80 degrés. Il suffirait, en ce cas, d'augmenter la capacité du cylindre dans lequel agit leur vapeur et de l'employer à une plus basse pression. Il est encore un fait remarquable qui vient à l'appui de ce que j'avance et qui paraît contraire à toutes les idées admises jusqu'à ce jour : il doit être expliqué par la différence de capacité pour la chaleur de ces divers liquides, et de leur vapeur, comme je tâcherai de le faire plus loin ; mais ce fait est constant, et des expériences renouvelées sous toutes les formes depuis trois années ne peuvent laisser aucun doute sur sa réalité. Ce fait est qu'un volume d'eau à une pression quelconque donne toujours un volume de vapeur plus considérable à la même pression de vapeur d'éther, chloroforme, sulfure et chloride de carbone; il doit surtout être pris en considération lorsqu'il s'agit de déterminer le rapport des cylindres.

La seconde condition essentielle que doit remplir le liquide auxiliaire, est qu'il ne se décompose pas au-dessous de 110 à 120 degrés centig. On en conçoit facilement le motif. Si la détente du cylindre dans lequel agit la vapeur d'eau d'échappement qui sert de chauffage fonctionne mal, cette vapeur peut arriver dans le condensateur vaporisateur à une température supérieure à 100 degrés; il en serait de même s'il y avait fuite par les tiroirs ou par le piston : il y aurait alors décomposition du liquide et perte d'argent, sans compter les dangers qu'on ne peut prévoir et qui seraient le résultat d'une production subite de gaz, etc. Dans la machine à vapeurs combinées j'ai disposé sur l'enveloppe du condensateur vaporisateur une soupape s'ouvrant sous la plus légère pression supérieure à l'atmosphère, et qui, laissant une large issue à la vapeur d'eau chauffante, l'empêche de s'élever dans cet appareil à une pression supérieure, et conséquemment ne lui laisse qu'une température correspondante.

La troisième condition est que le liquide auxiliaire ne contienne aucun acide capable de corroder ou altérer les métaux divers qui composent les machines : ces métaux sont le fer, le cuivre et la fonte (1).

---

(1) Sous ce rapport, l'éther sulfurique rectifié ne laisse rien à désirer. Dans la machine de la Cristallerie de la Guillotière, faubourg de Lyon, qui marche depuis trois ans, les pistons, tiroirs, cylindres sont en parfait état de conservation ; nous n'avons pas trouvé, sur

La quatrième condition enfin, qui peut être regardée comme secondaire et moins essentielle, c'est que les liquides employés ou leur vapeur ne puissent donner lieu à aucun mélange inflammable ou explosible. Cette condition, pour les machines fixes et de navigation des fleuves et rivières, est de moindre importance; car on peut toujours isoler les machines des foyers. La machine, en cet état, ne doit pas occasionner plus de crainte et de dangers que l'emploi du gaz d'éclairage si généralement répandu; cependant cette question prend de la gravité et cette condition devient essentielle dans les machines de la grande navigation, où il n'est pas toujours possible d'isoler les machines des foyers et où des chocs violents et imprévus peuvent rompre instantanément certaines parties des appareils qui contiennent le liquide ou sa vapeur et donner lieu à des accidents extrêmement sérieux, accidents auxquels on pourrait cependant

---

aucune des parties en contact avec l'éther ou sa vapeur, la plus légère trace d'altération. Je n'en dirai pas autant du chloroforme qui ne peut être impunément mis en contact avec la fonte de fer: dans les essais que j'ai faits à Londres de ce liquide, malgré le soin extrême qu'on a apporté à sa pureté, nous avons constamment trouvé une grande quantité d'oxide de fer dans le fond des appareils; les pistons en fonte et les parois du cylindre s'oxident; il y a grippement et prompte destruction de ces importants organes de la machine; il en est de même des tiroirs. Ces inconvénients ne se reproduisent pas si l'on emploie du bronze. Il faudra donc que toutes les parties de l'appareil dans lesquelles circulera ce liquide soient en bronze ou doublées de ce métal.

parer d'une manière efficace, ainsi que je le démontrerai dans la troisième partie de ce Manuel, qui traite de la direction des machines à vapeurs combinées.

Il faudra donc, autant que possible, que le liquide auxiliaire réunisse les quatre conditions que je viens d'indiquer. Jusqu'à présent le chloroforme, dont l'application est due à M. Lafont, ainsi que je l'ai déjà dit, et le chloride de carbone que j'ai employé pour la première fois à Londres en 1848, sur l'indication de M. Hoffmann, professeur au Collége royal de chimie de cette ville, remplissent seuls ces quatre conditions dans le cas où l'on emploiera le bronze dans les diverses parties de l'appareil où ils circulent à l'état liquide. Le prix du premier est très élevé, celui du second l'est beaucoup moins, mais son point d'ébullition est moins avantageux. Il faut cependant remarquer que dans la grande navigation la somme des avantages produits par l'emploi des machines à vapeurs combinées est beaucoup plus considérable que dans les machines fixes et de navigation fluviale, en ce qu'ils ne consistent pas seulement dans l'économie du combustible, mais dans les bénéfices du poids et de la place remplie par de la marchandise ; qu'en conséquence on peut y employer un liquide même fort coûteux, surtout dans des machines bien faites qui ne doivent pas mensuellement laisser perdre plus d'un demi-litre par force de cheval vapeur, ou au plus cette quantité par jour pour vingt chevaux vapeur auxiliaire. Il n'y a donc point de doute que le chloroforme, malgré son prix énorme de 15 fr.

le litre (1), donnera encore de grands résultats économiques dans la navigation maritime et surtout dans les voyages de long cours. Par l'emploi du chloride de carbone on aura une condensation moins parfaite de la vapeur chauffante qu'avec le chloroforme, mais sa propre condensation le sera davantage, de sorte qu'en somme la différence du travail ou de l'économie du combustible sera peu appréciable; tandis que le prix de revient n'étant qu'environ le quart de celui du chloroforme, il y aura gain dans le remplissage premier des appareils évaporatoires et leur entretien, surtout dans le cas de rupture de ces appareils et de perte totale du liquide auxiliaire. Quoi qu'il en soit de la supériorité de l'un ou de l'autre de ces agents que pourront seuls décider l'industrie et un long usage, ces quatre liquides satisfont actuellement à toutes les exigences; et quand même, par impossible, on n'en trouverait pas d'autres, et que dans l'avenir la prodigieuse consommation à laquelle ils sont appelés ne ferait pas baisser leur prix, ils suffisent pour assurer, par leur emploi dans les machines à vapeurs combinées, une économie de plus de cinquante pour cent sur les machines les plus parfaites de tout genre.

(1) Ce prix vient d'être réduit à 8 francs pour une commande assez considérable faite par la marine; cette commande servira à garnir et alimenter les appareils du *Galilée*, petit bâtiment de la force de 100 chevaux qui se construit à Lorient, dans les ateliers de l'Etat, et sur lequel sera expérimenté le système des vapeurs combinées appelé à la marine système *binaire*.

Les différentes épreuves qui ont été faites par des commissions nommées soit par le Gouvernement, soit par l'industrie particulière, et dont copie des rapports officiels existe au siége de la Société créée pour l'exploitation de mon système de machine, ont constaté que la vapeur de l'un des quatre liquides ci-dessus nommés, produite par la condensation de la vapeur d'eau, était toujours en quantité et à pression supérieures ; d'où il résulte clairement ou une augmentation de force du double pour la même dépense, ou un bénéfice d'au moins moitié dans l'emploi du combustible pour une force donnée. On comprend aussi que l'économie annoncée étant le résultat de l'emploi nouveau du calorique de la vapeur d'eau à l'instant de sa condensation passant dans un liquide plus facilement vaporisable dont il développe la force expansive, on conçoit, dis-je, que cette économie est indépendante des chaudières, fourneaux et divers systèmes plus ou moins parfaits de machines. Tel est le principe fondamental sur lequel repose la machine dont je vais décrire les diverses parties. Le nom de machine à éther ou machine étherhydrique, sous lequel elle a été longtemps connue, ne donnait aucune idée de sa spécialité : je l'ai nommée machine à vapeurs combinées, appellation plus conforme au principe sur lequel elle repose, et je n'en parlerai plus que sous ce dernier nom. Elle est désignée dans les rapports faits par les différentes commissions du Conseil des travaux de la marine qui l'ont étudiée et y ont appliqué divers liquides sous le nom de machine *binaire*, nom qui indique également assez bien la manière dont elle fonctionne ; cependant le mot *binaire* pourrait aussi se dire d'une machine double ou ayant deux cylindres. Il n'en résulte pas nécessairement que ces cylindres marchent par deux vapeurs différentes ; celui de machine à vapeurs combinées ne laisse aucun doute et fixe mieux l'esprit, c'est pourquoi je m'y suis arrêté.

Le principe et les liquides concourant à son développement trouvés, il a fallu imaginer les moyens et appareils nécessaires à son application. C'est alors que les difficultés ont surgi de toutes parts ; difficultés provenant toutes d'un point unique, la nécessité d'employer et de faire agir ces liquides en vase clos, afin de s'en servir sans perte appréciable : là était seulement la solution utile du problème, car peu importait à l'industrie d'économiser en charbon ce qu'elle aurait perdu d'une tout autre manière. Je me suis donc donné le thème suivant sur lequel j'ai travaillé sans relâche depuis quatre années, et je crois avoir rempli ma tâche :

1° Développer la vapeur du liquide auxiliaire dans un appareil parfaitement étanche, tel, que la chaleur de la vapeur chauffante embrassât la plus grande quantité de surfaces métalliques minces et conductrices, contenant le plus faible volume de liquide, afin d'éviter une mise de fonds considérable et la perte d'un agent plus ou moins coûteux, d'une part ; et de l'autre, par la vaporisation subite dudit agent, absorber le calorique total de la vapeur d'eau chauffante avec une extrême rapidité et produire la condensation de cette vapeur aussi instantanément qu'elle peut l'être dans le meilleur condensateur par injection; 2° faire agir la vapeur du liquide auxiliaire résultant de l'absorption de la chaleur de la vapeur d'eau condensée, dans un cylindre spécial; 3° recueillir cette vapeur à son échappement et la condenser en vase clos, pour en reporter le produit liquide comme alimentation à l'appareil qui l'a produite; enfin, pour résumer, faire resservir les mêmes agents d'une manière continue et sans perte, en utilisant pour la création de leur vapeur le calorique contenu dans la vapeur d'échappement des machines ordinaires à haute ou basse pression, avec ou sans condensation, chaleur négligée jusqu'à ce jour, et condenser par la création de vapeurs nouvelles ladite vapeur d'échappement.

La machine à vapeurs combinées devant marcher par l'action de deux vapeurs distinctes, et ces deux vapeurs devant agir isolément sans jamais se mélanger, j'en conclus qu'elle devait se composer de deux cylindres complets de toutes pièces, accolés ou isolés, dont les pistons agiraient sur une même crossbarre, ou seraient conjugués sur le même arbre au moyen de manivelles placées à angle droit comme dans les machines de navigation ou les locomotives de chemin de fer. L'idée me vint bien de faire agir les deux vapeurs dans le même cylindre, en admettant l'une invariablement d'un même côté du piston et la deuxième de l'autre côté; mais la réflexion me fit comprendre que la surface tout entière du cylindre serait alternativement couverte par la vapeur d'un liquide coûteux et qu'il faut épargner; qu'une certaine quantité de ce liquide remplissant les pores du métal, serait perdue à chaque coup de piston; que, d'un autre côté, il serait bien difficile de conserver ce dernier parfaitement étanche et d'empêcher, au bout d'un temps plus ou moins long, la fuite d'une certaine portion de cette vapeur; que, si cela arrivait, ce qui était fort présumable, non-seulement il y aurait encore là déperdition d'un agent précieux, mais encore que sa vapeur, se mêlant à la vapeur d'eau et subsistant à une température de beaucoup inférieure à celle de la condensation de cette dernière, nuirait grandement à la production du vide dans le condensateur vaporisateur, où elle aurait une tension égale à celle de la vapeur contenue de l'autre côté de ses surfaces condensantes.

Je renonçai donc à cette idée, que je regardai déjà comme inapplicable et que l'expérience m'a démontré depuis être essentiellement vicieuse; car j'ai pu me convaincre que la plus grande consommation du liquide dans les machines à vapeurs combinées provient de l'infiniment petite quantité qu'en emportent, dans leurs pores, les tiges qui, par leur mouvement alternatif, plongent tour à tour dans le liquide ou sa vapeur et ne peuvent être suffisamment essuyées par les garnitures les plus parfaites pour que cette petite quantité reste à l'intérieur. Cette quantité, si petite qu'elle soit, vaporisée par la chaleur de la tige et perdue à l'air libre, fait certainement la plus grande dépense des machines bien exécutées, perte, du reste, à laquelle il est impossible d'obvier (1).

(1) Une expérience très concluante a été faite sur la machine de la Cristallerie, machine de 25 chevaux vapeur d'éther accouplée et marchant par la vapeur d'échappement d'une machine à vapeur d'eau de pareille force. Au bout de 55 jours de marche, l'éther qui remplissait l'appareil vaporisateur fut distillé. On avait mis 72 litres, on en retira 75 d'un liquide composé d'eau, d'huile et d'éther. L'eau provenait des garnitures hydrauliques particulières à mon système, que je décrirai plus loin; elle avait filtré à travers la bande, alors en cuir gras, qui enveloppe les tiges. L'huile provenait du graissage extérieur des tiges au moyen de godets remplis d'huile placés sur le couvercle supérieur de la garniture hydraulique, et traversés par les tiges. Je ferai remarquer que la pression de la bande faite au moyen d'eau a toujours été supérieure de une atmosphère à celle de la vapeur à l'intérieur du cylindre; que cette garniture n'a donné aucun signe de la plus légère fuite, même à l'odorat, pendant tout cet espace de temps; que la tige qui la traverse sur une longueur de 6 centimètres était conséquemment essuyée avec une force de 4 atmosphères. Comment donc concevoir que l'huile placée extérieurement et soumise à la simple pression de l'atmosphère ait pu pénétrer à l'intérieur où elle avait à lutter contre la pression de la vapeur égale à 3 atmosphères et contre le frottement de la garniture, si ce n'est en disant qu'elle s'introduisait dans les pores des tiges, lesquelles plongeant dans l'éther liquide ou sa vapeur, qui ont la propriété de la dissoudre, l'abandonnaient pour se charger d'éther qu'elles emportaient au dehors de la même manière. Un fait remarquable, c'est que l'huile et l'eau avaient remplacé l'éther perdu en quantité presque égale; de telle sorte que, le niveau n'ayant point baissé, on avait pu croire qu'il n'y avait eu aucune perte d'éther pendant ce long espace de temps. La distillation donna 40 litres d'éther, 17 litres d'huile et 18 litres d'eau. Ces deux derniers liquides occupant le réservoir inférieur de

La machine à vapeurs combinées, ou machine binaire, se compose donc nécessairement de deux cylindres, de deux appareils évaporatoires et de toutes les pièces qui en sont la conséquence, telles que pompes d'alimentation, pompe à air, condensateur, etc. C'est, en un mot, une machine double, et la nécessité de cette construction résulte de l'emploi de deux vapeurs différentes. L'un des appareils évaporatoires produit de la vapeur d'eau qui fait mouvoir le piston dans l'un des cylindres; le deuxième sert de condensateur à la vapeur d'eau par ses surfaces extérieures, et contenant le liquide auxiliaire à l'intérieur, produit la vapeur auxiliaire qui fait mouvoir le piston dans le deuxième cylindre. Le premier de ces appareils qui sert à la production de la vapeur d'eau, et la machine qui emploie cette vapeur, sont en tout semblables aux chaudières et machines du meilleur système connu. L'appareil qui produit la vapeur du liquide auxiliaire chauffé uniquement par la vapeur d'échappement de la première machine, devant à la fois servir de condensateur à cette vapeur et développer sous un petit volume une immense surface pour vaporiser et condenser, est, ainsi que le condensateur de la vapeur auxiliaire, d'une construction toute particulière. La vapeur produite dans le con-

---

l'appareil par la différence de leur pesanteur spécifique en avaient chassé l'éther qui, se réfugiant dans la partie haute formant les surfaces chauffantes, les avait suffisamment alimentées, de sorte que la machine n'en avait éprouvé aucun ralentissement dans sa marche.

densateur vaporisateur fait mouvoir le piston dans le deuxième cylindre; de là cette vapeur se rend dans le condensateur parfaitement étanche qui lui est particulier, où elle est réduite à l'état liquide par le refroidissement extérieur des surfaces avec l'intérieur desquelles elle est amenée en contact. La pompe d'alimentation reporte ce liquide ainsi condensé au vaporisateur, dont elle maintient le niveau. La machine à vapeurs combinées ne diffère des autres machines doubles à basse pression que par quelques parties, qui sont: 1° la chaudière, que j'appellerai vaporisateur; 2° le condensateur; 3° la manière de faire les joints des divers assemblages; 4° les garnitures des tiges mouvantes, ou stuffingboxes; 5° le robinet de vapeur; 6° la manière de faire le vide et de le maintenir au condensateur de la vapeur auxiliaire; 7° l'indicateur du niveau du liquide dans le vaporisateur et l'appareil à chasser l'air. Je les décrirai successivement dans le chapitre prochain.

Avant de terminer ce chapitre et de passer à la description des divers appareils qui composent la machine à vapeurs combinées, je veux expliquer le motif qui m'a fait rechercher les moyens d'utiliser la vapeur d'échappement pour créer la vapeur d'un liquide plus facilement vaporisable et employer cette dernière en combinaison avec la vapeur d'eau, au lieu de chauffer directement ce liquide et de me servir uniquement de sa vapeur. Il n'y a pas de jour où l'on ne m'ait adressé cette question et où l'on ne m'ait indiqué cette idée comme un perfectionnement, sans réfléchir que c'était par là que j'avais naturellement dû commencer, et que ce n'était qu'avec l'aide de l'expérience et de la réflexion que j'en étais venu à chauffer par la vapeur perdue ou d'échappement.

J'ai vu des gens réputés capables et mécaniciens, haut placés dans l'industrie et dont l'opinion était d'un certain poids, s'étonner grandement de ce que j'avais compliqué ma machine par des moyens inutiles, quand il m'était, selon eux, si facile de la simplifier en n'employant qu'une même vapeur, et partant de là condamner mon système sans plus d'examen. J'ai eu tant de fois à répondre à cette prétendue amélioration sans réussir toujours à convaincre ceux à qui je m'adressais, et elle m'a été si souvent et si universellement indiquée, que je crois devoir démontrer par quelques mots, à ceux qui seraient tentés de croire cette voie préférable, qu'elle ne peut conduire à rien d'utile.

Premièrement, il ne faut pas songer à appliquer directement la chaleur du foyer à des liquides éminemment volatils, tels que ceux que j'ai indiqués dans les pages précédentes; il serait trop difficile de régulariser le chauffage, et la moindre variation dans la température, variation inévitable lorsqu'on renouvellerait le combustible, occasionnerait des changements brusques et considérables dans la production et la pression de la vapeur, qui pourraient avoir les plus fâcheux résultats. Je ne parle pas des dangers qu'il y aurait à courir si l'on employait les liquides inflammables, qui sont ceux qui présentent le plus d'avantages apparents. Dans la pratique, j'ai pu vérifier avec quelle rapidité ces liquides s'emparent de la chaleur; car, en moins de trois ou quatre minutes, des appareils évaporatoires de la puissance de 25 chevaux sont prêts à fournir de la vapeur à trois atmosphères et avec abondance au cylindre qu'ils doivent alimenter, et cela au moyen d'une très petite injection de vapeur d'eau chauffante prise à la chaudière arrivant à la pression de l'atmosphère, soit 100 degrés centigrades. Il faut donc renoncer au chauffage direct, et alors employer un intermédiaire capable de laisser passer la chaleur du foyer avec une rapidité assez grande pour la fournir abondamment au liquide qui l'absorbe au moment où il passe en vapeur. Il faut encore que cet intermédiaire ne puisse prendre que le degré exact de température qu'on voudra lui donner. L'eau et l'huile rempliraient quelques-unes de ces conditions par leur chauffage à l'air libre, mais elles ne sont pas assez conductrices et ne peuvent contenir une assez grande quantité de chaleur sans passer elles-mêmes à l'état de vapeur, et alors leur ébullition empêche l'élévation de leur température en enlevant au liquide le calorique latent qu'exige la formation de sa vapeur. Il faut donc se servir de cette vapeur, qui seule peut contenir la quantité de calorique nécessaire. Celle de l'eau, plus que de tout autre liquide, peut remplir ce but, parce que l'eau ne coûte rien, d'une part, et qu'ensuite sa vaporisation, ne laissant pas de résidus sensibles, n'encrasse pas les récipients évaporateurs.

Mais si l'on admet qu'on emploiera de la vapeur d'eau formée par un générateur nécessairement isolé de la machine, dans les cas où l'on devra vaporiser des liquides inflammables, pour chauffer l'appareil vaporisateur de ces liquides; pourquoi n'utiliser de cette vapeur que la chaleur, quand on peut sans inconvénient utiliser aussi sa force expansive? C'est perdre cette force expansive qui joue le principal rôle dans les machines actuelles, force au bon emploi de laquelle se sont appliqués les plus grands génies qui ont illustré l'industrie des machines, pour ne se servir que de la chaleur, à l'inverse de ce qui s'est fait jusqu'à ce jour, où, comme je l'ai dit plus haut, on n'a employé que sa force expansive et négligé sa chaleur.

Les machines à vapeurs combinées ont pour but d'utiliser l'une et l'autre, et d'en tirer le plus grand parti possible. Dans le chauffage par intermédiaire, il y aurait en outre une certaine quantité de chaleur perdue par le rayonnement à travers les surfaces des récipients destinés à vaporiser l'eau qui devrait à son tour vaporiser l'agent dont on veut se servir; cette transmission de chaleur ne pourrait évidemment avoir lieu sans perte. Examinons maintenant quels seraient les résultats obtenus. Si l'on en croit les théories admises, il faudrait, pour produire un volume donné de vapeur d'éther sulfurique à la pression de l'atmosphère, une quantité de chaleur à peu près égale à celle nécessaire à la production d'un semblable volume de vapeur d'eau à la même pression:

car, si l'éther bout à une température moins élevée, son liquide forme un moins grand volume de vapeur, le poids de cette dernière étant de 2,588 quand celui de la vapeur d'eau n'est que 0,588 pour un même volume, indépendamment des caloriques latents relatifs aux deux vapeurs. Ce que je dis de l'éther sulfurique peut se dire des autres liquides, sauf des variations proportionnelles à leur point d'ébullition, à leur pesanteur spécifique et encore à leur capacité pour la chaleur.

Où serait donc l'avantage du chauffage direct et pourquoi substituer à l'eau un liquide coûteux qui, en définitive, exigerait à peu près autant de combustible et dont la plus légère perte viendrait ajouter à la dépense de la machine? Croirait-on diminuer la place et la pesanteur des appareils? Non; car, l'eau n'étant que l'agent de transmission, il faudrait la vaporiser en quantité et avec une vitesse égale à celle du liquide à employer. Il serait donc indispensable de donner aux appareils producteurs de la vapeur d'eau une capacité et un développement de surfaces à peu près les mêmes que si l'on devait se servir de la vapeur de cette eau comme force motrice. Mais, dira-t-on, la vapeur d'eau à produire pourra l'être à la pression de l'atmosphère, et il n'y aura plus de crainte d'explosion des appareils générateurs. Je réponds qu'il est facile d'atteindre le même résultat en faisant des machines à basse pression, n'employant la vapeur qu'à la pression atmosphérique et marchant par la force élastique de cette vapeur détendue dans le vide, et que, dans ce cas, la machine à vapeurs combinées donne des résultats magnifiques. Ces quelques observations feront sans doute comprendre l'emploi combiné des deux vapeurs, et que, quand même il serait vrai qu'il y aurait avantage à chauffer directement les liquides bouillant à une basse température, en ce qu'ils donneraient un volume plus considérable de vapeur pour une quantité donnée de combustible, comme il faut les chauffer au moyen d'un agent intermédiaire qui est la vapeur d'eau, il y aurait folie à ne pas employer la force d'expansion de cette dernière. La question sous ce point de vue, soutenue par certains personnages qui y ont perdu leur temps et leurs peines, n'est pas admissible; c'est cette question ainsi posée qui, dans l'esprit des hommes sérieux et recherchant le fond des choses, a discrédité d'abord la machine à vapeurs combinées, appelée primitivement machine à éther, parce qu'ils ont cru que son but était uniquement la substitution à l'eau de ce liquide ou de tout autre aisément vaporisable. Quelques-uns n'ont pas pris la peine d'étudier plus avant un système qu'ils ne connaissaient pas, et l'ont mal jugé; beaucoup d'autres sont revenus à une appréciation meilleure, et peuvent se convaincre tous les jours, par les résultats que donnent les machines qui font un travail régulier, que les principes sur lesquels j'ai basé ma découverte sont facilement et avantageusement appliqués dans les machines à vapeurs combinées telles que je les ai fait construire jusqu'à ce jour.

Il semble qu'après les résultats que nous avons authentiquement obtenus, résultats consignés dans des rapports rédigés par des commissions officielles, nommées soit par le Gouvernement, soit par l'industrie privée, et composées d'ingénieurs et de marins distingués, tout homme capable pourrait être éclairé sur la valeur réelle de mon système. Il n'en est pas ainsi. Une découverte de si mince importance qu'elle soit ne se produit pas sans léser quelques intérêts ou favoriser quelques amours-propres; elle rencontre plus de détracteurs que de prôneurs, sans compter les incrédules et les indifférents, qui ne veulent s'en rapporter qu'à eux-mêmes, refusent de croire ce qu'ils n'ont pas vu, étudié et pour ainsi dire touché du doigt, et qui, ou trop paresseux ou de trop mauvais vouloir pour en prendre la peine, préfèrent nier et éloignent toute discussion qui pourrait faire luire à leurs yeux une lumière qu'ils ne veulent pas voir. Il y a de ces caractères-là parmi les hommes les plus haut placés dans la science, qui, au lieu d'avoir une bonne parole pour l'homme qui cherche à se rendre utile par ses travaux, le poursuivent impitoyablement de leurs sarcasmes, oubliant qu'eux aussi ont eu un commencement. Je n'ai pas échappé à leur malignité. A ceux-là qui traitaient mes recherches d'*élucubrations mécaniques*, la science ne manque pas, mais l'amour-propre ne leur permet pas de revenir d'une erreur une fois énoncée; ils sont infaillibles dans leurs jugements. Je ne chercherai donc point à les convaincre, mais j'exposerai leurs

3

dires et les motifs sur lesquels ils les basent ; toute personne de bonne foi sera à même d'en apprécier la justesse.

Dans la vapeur d'eau, toute chaleur, disent-ils, est représentative de force, et il y a force tant qu'il y a chaleur, force qui peut être utilisée pour la détente ; et là où cesse l'effet utile de la détente il n'y a plus de chaleur, parce que la détente, utilisant toute la force de la vapeur, utilise conséquemment toute sa chaleur : donc la machine à vapeurs combinées ne saurait avoir un avantage sur les machines à grande détente ; elle n'est qu'une transformation coûteuse du travail d'une vapeur en celui d'une autre vapeur. D'une proposition peut-être théoriquement vraie en ce sens qu'il n'y a plus possibilité d'utiliser la chaleur latente de la vapeur d'eau ainsi détendue, ils ont déduit une conséquence fausse en pratique : car ils savent bien qu'en application on ne peut pas toujours suivre la théorie ; que, pour que la force expansive totale de la vapeur pût être employée, il faudrait détendre dans un vide parfait ce qui n'est pratiquement pas possible ; et qu'ensuite il n'y a aucun avantage à détendre la vapeur au-dessous de la pression nécessaire pour vaincre les frottements de la machine, autrement le piston ne pourrait achever sa course qu'avec le secours de la cylindrée de vapeur suivante et au détriment de la vitesse acquise du volant. Indépendamment des difficultés de maintenir rigoureusement l'égalité de température dans le cylindre, qui, se trouvant constamment en rapport avec la chaudière d'une part et le condensateur de l'autre, cherche toujours à s'équilibrer avec la moyenne de température de ces deux appareils et entraîne le refroidissement et la condensation, par suite, de la vapeur au moment où elle travaille, en diminue le travail relatif et neutralise en partie les effets utiles qu'on pourrait attendre de la détente; on ne peut parer à ces refroidissements et à ces causes de diminution de travail qu'en faisant circuler dans l'enveloppe du cylindre de la vapeur à la température et pression du générateur, afin d'éviter le refroidissement du premier et d'avoir, autant que possible, le travail exact de la détente; mais alors, si on ne condense plus la vapeur qui travaille, on condense la vapeur chauffante, vapeur qui emporte avec elle une certaine quantité de la chaleur du foyer; de telle sorte qu'on ne doit pas, quel que soit le soin qu'on apporte aux machines pour empêcher les pertes de chaleur par rayonnement avec l'extérieur, on ne doit pas, dis-je, retrouver le bénéfice en combustible qu'indique le travail théorique de la détente; car il y a un refroidissement auquel il est impossible d'obvier, c'est celui qui provient de l'abaissement de température produit par la détente même, et en outre par le contact continuel de la température du condensateur sans laquelle le vide ne serait pas possible et les effets de la détente seraient singulièrement diminués. Cette influence du refroidissement, causé par la différence de température du condensateur sur la vapeur introduite dans le cylindre, sera bien moins considérable sur des vapeurs subsistant à de hautes pressions avec des températures plus basses; car la condensation des vapeurs a lieu à la fois en raison de la différence de pression et de la différence de température, de telle sorte que celles qui peuvent subsister à une température plus basse ne seront point condensées à la même pression, et les effets de leur détente seront conséquemment plus complets.

Les hommes les plus compétents et les plus expérimentés en cette matière ont déterminé le maximum de la détente utile à $40/100^{mes}$ d'atmosphère, c'est-à-dire que la vapeur, au moment où elle s'échappe du cylindre pour aller à la condensation, n'a plus qu'une pression égale à $40/100^{mes}$ d'atmosphère, équilibrant dans un vide parfait une colonne de mercure de 31 centimètres. La pratique a également démontré que le maximum de vide à espérer par les moyens de condensation connus, sauf de très rares exceptions qui se produisent dans des circonstances toutes particulières, était de 70 à 71 centimètres de mercure. Dans ces machines, la perte du travail utile de l'expansion de la vapeur est égale à la tension de cette vapeur, 0 atm. 31 c., moins la tension du condensateur qui est de 0 atm. 05 c., soit 0 atm. 26 c., travail qui est loin de suffire pour vaincre les frottements d'une machine dans les meilleures conditions. Mais admettons qu'il y ait possibilité de pousser la détente de manière à ce que la vapeur d'échappement n'ait plus qu'une pression égale à $25/100^{mes}$ d'atmosphère, équilibrant dans le vide une colonne de mercure de 19 centimètres, la perte du travail utile de l'expansion de la vapeur, en admettant un vide impossible de 0,74 c., sera égale à la pression de la vapeur 0 atm. 19 c., moins la tension du condensateur 0 atm. 02 c., soit 0,17 c. Admettons encore que cette perte puisse être évitée dans les machines à détente et condensation et qu'elle ne puisse l'être dans les machines à vapeurs combinées ; voyons s'il n'y aurait pas utilité à faire cette perte et même une plus grande. Nous savons ce que nous perdons : dans le premier cas, le travail de la vapeur a une pression utile de 0,26 c. pendant une faible partie de la course du piston ; et, dans le second cas, le travail de la vapeur a une pression utile de 0,17 c. pendant une plus faible portion encore de la course du piston. J'admets la vapeur d'eau à 5 atmosphères absolues, et je la détends jusqu'à ce qu'elle n'ait plus que 40 ou même 25 centièmes d'atmosphère absolue. Je crois que, dans l'usage, on a reconnu que la pression initiale de 5 atm. était le maximum à donner aux machines à détente ; je pense que les causes que je viens de décrire s'opposent également à ce qu'on emploie les vapeurs à plus haute pression, car la condensation est proportionnelle à la pression et à la différence de température. On conçoit que la condensation n'ait point d'influence dans la première partie de la course du piston, car le générateur fournit à la perte et la pression reste la même dans le cylindre ; mais, alors que la détente commence et que toute communication avec le générateur est interceptée, pour peu que le volume de vapeur soit diminué par la plus légère condensation le long des parois ou sur la surface du piston, qu'il n'est pas possible de réchauffer, puisqu'il a un côté exposé à l'action considérablement refroidissante du condensateur, que devient le travail de la détente ? et peut-on sérieusement dire qu'il n'y a plus rien à faire quand la pratique se trouve le plus souvent d'accord avec les considérations connues et admises par tous les hommes pratiques que je viens d'énoncer? La température de la vapeur correspondante à ces pressions est de 79 et 66 degrés centigrades : ce n'est qu'alors que je m'en empare pour lui faire produire un effet nouveau. Il y a dans l'un et l'autre cas excès de chaleur spécifique pour la production de la vapeur du sulfure de carbone, que je prends pour liquide de comparaison, parce que son point d'ébullition tient à peu près le milieu entre l'éther sulfurique qui bout à 37° et le chloroforme qui bout à 61° : il bout à 45°. La température de la vapeur d'eau détendue pourra produire de la vapeur de sulfure à une pression correspondante qui sera, dans le premier cas, de 3 atm. 25 c., et, dans le second cas, de 2 atm. : en quelle quantité? en volume supérieur à celui qu'occuperait ou qu'a occupé à pareille pression la vapeur d'eau détendue. En un mot, si la vapeur d'eau détendue, au moment où elle est évacuée, a 79° de température et en volume un mètre avec une pression de 0 atm. 50, elle produira, par sa condensation intégrale, 1° ou un mètre cube de vapeur de sulfure à la pression de 0 atm. 50 avec une température correspondante à cette pression, augmenté en raison de la différence du calorique latent des deux vapeurs et de la somme de calorique spécifique qui passe en calorique latent et produit un volume proportionnel de vapeur à mesure qu'on emploie cette dernière à une plus basse température ; volume qui sera dans le rapport de la différence des caloriques sensibles des deux vapeurs avec le calorique latent de la vapeur auxiliaire ; 2º ou un volume moindre proportionnel à la pression et à la température auxquelles on emploiera cette vapeur dans la limite du calorique sensible où de la température fournie par la vapeur chauffante ; 3º ou, si elle est employée à 79º, température maximum de la vapeur chauffante, on aura un volume à la pression de 3 atm. supérieur à celui qu'aurait occupé à la même pression et à la température correspondante de 137.º 70 ce mètre cube de vapeur d'eau avant sa détente : ce volume de vapeur, produit par la condensation de la vapeur d'eau détendue de manière à avoir la même pression finale de 0 atm. 50, donnera un travail mécanique égal à celui de la vapeur d'eau malgré le travail de la détente au-dessus de 3 atm. en faveur de cette dernière qui a été employée à une pression initiale de 5 atm. Si l'on considère que, pour obtenir les effets proportionnels de détente, en partant de plus bas, il faudra un cylindre plus grand, puisque le volume est augmenté, que l'action du vide et du travail initial seront conséquemment plus puissants, on concevra que les avantages de la plus grande détente de la vapeur d'eau sont contrebalancés. Je placerai ici les calculs suivants faits sur la vapeur de l'éther sulfurique que j'ai plus particulièrement étudiée, et qui pourront être employés pour connaître la production des vapeurs des autres liquides auxiliaires, en changeant les chiffres relatifs.

Le poids d'un mètre cube de vapeur d'eau 0,588 étant pris pour unité et le poids comparatif de toutes les vapeurs connu, on trouvera la quantité de chaleur latente absorbée par un volume égal à une pression égale, en multipliant le calorique latent connu de chaque vapeur par le poids de cette vapeur. Ainsi, un mètre cube de vapeur d'eau à la pression de l'atmosphère absorbe 550 chaleur latente; son poids étant 1, on a $550 \times 1 = 550$. Son calorique latent étant 96 et le poids de sa vapeur 4,38, un mètre cube de vapeur d'éther absorbera $96 \times 4,38 = 4,20$.

Les volumes produits seront dans le rapport des caloriques latents : $\frac{550}{420} = 1309$. Le volume de vapeur d'eau étant 1000, le volume de vapeur d'éther sera 1309. Mais la vapeur d'eau, outre son calorique latent, a besoin encore pour subsister de calorique sensible, lequel pour une atmosphère est de 100, tandis que la vapeur d'éther n'a besoin, elle, pour exister à la même pression, que de 37°. Le volume de vapeur d'éther formé trouvera donc son calorique sensible dans celui de la vapeur d'eau, et il restera un excédant de $100 - 37 = 63$. Ces 63 parties de chaleur fourniront un volume supplémentaire de vapeur dans le rapport de 63 à 457, ou $\frac{63}{457^{m\,cs}} = 7,25$, ou en volume $\frac{1809}{7,25} = 180$; lequel volume de 180 ajouté à 1309 donnera 1309 + 180 = 1489. Les volumes seront donc dans le rapport de 1000 à 1489 dans les conditions de pression et de température ci-dessus.

Si le volume de vapeur d'eau doublé par la détente n'a plus que 82 degrés de calorique sensible et 0 atm. 50 de pression, le volume de vapeur à 37° et à une atm. de pression sera $1309 + \frac{45}{457 m \cdot s} = \frac{1309}{115} = 113$: volume total, 1309 + 113 = 1422.

Le volume de la vapeur d'eau sera 2000 à 0 atm. 50 ;

Le volume de la vapeur d'éther, 1400 à 1 atm. ou 2844 à 0,50 atm.

Le travail de la vapeur d'éther amenée par la détente à 0 atm. 50 sera $1.693 \times 1422 = 2,407$. Le travail de la vapeur d'eau amenée par la détente au maximum 0 atm. 25 sera $846 \times 2.000 = 1.692$.

La machine à vapeurs combinées, en arrêtant à 0,50 la détente de la vapeur auxiliaire et poussant à sa dernière limite la détente de la vapeur d'eau, donnera pour les deux vapeurs 1692 + 2407 = 4099 là où la machine à vapeur d'eau ne peut plus faire que 1692.

Mais si dans d'aussi basses pressions et dans les conditions que nous venons d'énoncer nous trouvons l'avantage du côté de la vapeur d'éther, cet avantage ne sera pas moins évident dans les hautes pressions en employant la vapeur d'éther à la même pression que la vapeur d'eau : cela peut se faire dans la limite de 4 atmosphères pour l'admission de cette dernière dans son cylindre et de 0,50 pour l'émission, ce qui donne une détente d'un peu plus de

6/10mes, puisqu'à cette pression la vapeur d'eau est encore à une température de 82° et que la température de la vapeur d'éther à cette même pression n'est que de 82°, chiffre égal. On aura donc, à pression et à température égales, le volume proportionnel donné par la différence des caloriques latents seuls, qui sera dans le rapport de 1000 à 1309. On perdra, il est vrai, le travail de la vapeur d'eau que pourrait donner la détente de la vapeur au-dessous de celle admise à 0 atm. 50 c. de pression, mais ce travail est largement compensé par celui de la vapeur d'éther dont le volume à la même pression initiale est de plus d'un quart plus grand.

Telle serait la proportion théorique à donner aux cylindres d'une machine à vapeurs combinées marchant par la pression de la vapeur d'eau et de la vapeur d'éther dans les conditions ci-dessus. Nous verrons dans la seconde partie quelle doit être la proportion pratique, proportion qui varie suivant la pression et les détentes dont on fait usage pour chacune des vapeurs.

Le calorique latent de l'éther sulfurique est connu, il a été déterminé par M. Desprez au chiffre de 96. On trouvera dans le tableau annexé à ce Manuel l'indication, par expériences ou par approximation, du calorique latent des autres liquides. Le calorique latent étant celui qui fait subsister une vapeur et maintient, pour ainsi dire, à distance relative les atomes qui la composent, doit nécessairement varier suivant le nombre de ces atomes ou la densité de cette vapeur, et peut-être suivre pour les vapeurs la loi inverse de celle qui régit le calorique spécifique. Or on peut remarquer que plus le liquide est pesant, plus la température d'ébullition est élevée : les vapeurs les plus pesantes devront donc avoir le moins de calorique latent ; car le calorique sensible est celui qui est inhérent à l'atome de vapeur et augmente avec le poids, et le calorique latent est celui qui, dans l'état de vapeur, tient ces molécules à distance respective. Le volume de vapeur sera donc dans le rapport de la somme des calories absorbées pour un certain poids de vapeur à la même pression. Ainsi, dans la production de vapeur d'éther par la condensation de la vapeur d'eau, 650 parties de chaleur ayant créé un mètre cube de vapeur d'eau à la pression d'une atmosphère, ces 650 parties de chaleur passant dans l'éther produiront un travail à peu près égal à celui qu'aura produit la vapeur d'eau, parce que, si on emploie cette vapeur formée à haute pression, le volume sera moins grand ; si on l'emploie à basse pression, le volume sera plus considérable, le calorique de la vapeur d'eau passant en calorique spécifique dans le premier cas, et en calorique latent dans le second ; mais ces vapeurs seront toujours en volume supérieur à celui de la vapeur d'eau qui les produit de toute la différence de leur calorique latent, comme on peut le voir dans l'exemple ci-dessus.

Je ne veux point en conclure cependant que les résultats seront exactement les mêmes pour les vapeurs des divers liquides qu'on emploiera dans les machines à vapeurs combinées ; on doit s'attendre à des variations suivant leur nature et dans les mêmes vapeurs suivant leurs pressions et leurs températures ; mais ces variations sont peu importantes en pratique, et l'exemple que je viens de donner est suffisant pour démontrer qu'il y a un avantage sérieux à faire passer les caloriques sensible et latent de la vapeur d'eau, au moment où ils ne peuvent plus faire subsister cette vapeur utile, dans un autre liquide dont la vapeur, se formant en abondance à une plus basse température et à une pression bien supérieure, permettra de continuer avantageusement cette détente indiquée par la théorie, mais sans résultats sérieux dans la pratique, du moment où la pression finale de la vapeur est inférieure à 0,60, ou que la pression initiale est supérieure à 5 atm. Non-seulement la formule ci-dessus s'accorde avec les indications trouvées par le calorique latent de l'éther sulfurique, mais le rapport qu'elle donne entre le volume de vapeur produit, coïncide avec les résultats donnés par les expériences. Ainsi, en 1846, M. Lafont, lieutenant de vaisseau et ancien élève de l'Ecole polytechnique, et moi, avons fait des expériences nombreuses sur l'emploi de la vapeur d'éther, et nous avons trouvé que le volume produit par la condensation intégrale d'un volume de vapeur d'eau était, à une pression égale, dans le rapport de 1,00 à 1,32.

Ces expériences et ces résultats sont décrits dans un rapport à M. de Mackau, alors ministre de la marine, que fit à cette époque cet officier, qui de-

PREMIÈRE PARTIE. — CHAP. I.   45

puis s'est constamment occupé, pour le compte du Gouvernement et par amour de son état, de cette question pleine d'intérêt pour la marine, et lui a fait faire un si grand pas par l'application du chloroforme.

Ce chiffre de 1,32, donné par l'expérimentation, approche suffisamment de celui de 1489 indiqué par la théorie. Le rayonnement et la perte de chaleur par les surfaces des appareils suffisent pour expliquer cette légère différence.

Voici encore une manière de calculer le volume produit de vapeur d'éther par un volume de vapeur d'eau : soit un mètre cube de vapeur d'eau à la pression de 0,66 résultant de la détente de 1/6me de mètre cube ; la température à cette pression est de 88° ; il pèse 0,388 g., mais il contient tout le calorique qui lui a été donné et qui n'a fait que changer d'état. Cette quantité d'unités de chaleur ou calories est égale à $145 + 550 \times 0,388 = 270$ calories. Dans cette formule, 145° est la température d'ébullition à la pression de 4 atm. ; 550 est le calorique latent, et 0 k. 388 est le poids de la vapeur considérée. Toute cette quantité de chaleur passe avec la vapeur d'eau dans l'enveloppe de l'appareil vaporisateur ; cette dernière s'y condense par son contact au travers des tubes avec l'éther sulfurique liquide ramené du condensateur à la température de 23 degrés et revient à l'état d'eau, ne conservant que la quantité de chaleur s'équilibrant dans le vide avec la température du vaporisateur de l'éther, laquelle pour

2 atm. est de 59°. La quantité de chaleur contenue dans cette eau est de 0 k. 388 × 59 = 22. Elle a donc abandonné à l'éther 270 — 22 = 248 calories.

L'éther, pris à la température de 23° qu'il conserve en sortant du condensateur, a besoin pour se vaporiser à la pression de 2 atm., et pour 1 mètre cube, de 96 × 4 k. 90 + 22 × 0,52 = 478 calories. Dans cette formule 22 est la différence entre l'éther liquide ramené du condensateur (1) et 45°, température de sa vapeur à 2 atm.; 4 k. 90 est le poids de 1 mètre cube de cette vapeur à 2 atm., 96 est le calorique latent, et 0,52 le calorique spécifique, déterminés par M. Desprez.

La vapeur d'eau, avons-nous dit, a abandonné à l'éther, en se condensant, 248 calories; puisqu'il en faut 470 pour produire 1 mètre cube de vapeur d'éther à 2 atm., nous aurons en volume produit $\frac{270 - 22}{470 + 22 \times 0,52} = 0,501$. A la pression d'une atmosphère, nous aurons en volume $\frac{270 - 22}{247 + 14 \times 0,52} = 0,984$, et enfin à 0 atm. 66, pression égale à celle de la vapeur d'eau qui a abandonné sa chaleur par sa condensation, nous aurons $\frac{270 - 22}{165 - 14 \times 0,52} = 1589$.

Je rappelle ici que dans cette formule la tempéra-

---

(1) On verra plus loin que ce chiffre est celui de la température à laquelle doit sortir l'eau de condensation de l'éther sulfurique pour que la tension de la vapeur de ce dernier ne soit plus, dans le condensateur, que celle de la vapeur d'eau à 60° ou égale à 0 atm. 25.

ture de l'éther sulfurique liquide est 23° : ceci explique la différence de 1/15me qui existe dans la production de vapeur.

Si maintenant on examine le travail théorique de ces deux vapeurs, en admettant, d'après les données ordinaires, 1° que 1 mètre cube de vapeur à une atmosphère se détendant de 6 fois son volume primitif produit 28,839 kilogrammètres, 2° que 1 mètre cube de vapeur d'eau à une atmosphère se détendant de 3 fois son volume primitif produit 21,679 kilog^{mètres}, on trouve que 1 mètre cube de vapeur d'eau à 0 atm. 66, provenant de l'expansion de 1/6 de mètre cube de vapeur à 4 atm., produira 19,226 kilog^{mètres}, et 1 mètre cube de vapeur d'éther sulfurique à 0 atm. 66, provenant de l'expansion de 1/3 de mètre cube de vapeur à 2 atm., produira 14,452 kilog^{mètres}, soit pour 1 m. 589, 22,964.

Travail de la vapeur d'eau
à 4 atm., 19,226 . . . . } Rapport des travaux :
Travail de la vap. d'éther } 1,194.
à 2 atm. 1 m. 589, 22,964 . . }

Ces chiffres représentent le travail théorique total des deux vapeurs. Il faut en déduire pour chacune la différence de la contre-pression au condensateur, que nous admettrons pour la vapeur d'eau de 0,20 et pour la vapeur d'éther sulfurique de 0,40, à cause de la plus grande difficulté de la condensation, nous plaçant dans des conditions évidemment défavorables, puisque d'une part nous n'avons admis la pression initiale de la vapeur d'éther sulfurique qu'à 2 atm.

quand nous aurions pu l'admettre à 2 atm.50 en nous tenant dans la moyenne de pression que j'indique comme la plus avantageuse pour diverses causes que j'expliquerai plus loin, et profiter ainsi d'un plus grand résultat dans la détente et de moins de défaveur dans la contre-pression.

On a donc le travail de la vapeur d'eau moins celui de la contre-pression à 20 p. 0/0 = 3845 (19,226 × 0,20).
} 19,226 — 3845 = 15,381

Le travail de la vapeur d'éther moins celui de la contre-pression à 40 p.0/0 = 7185 (22,964 × 0,40).
} 22,964 — 7185 = 15,779

Le travail utile avec une détente de 5/6mes et un vide au condensateur de 0,20 de la vapeur dans une machine ordinaire, étant représenté par le chiffre 15,381, sera dans une machine à vapeurs combinées 15,381 + 15,779 = 31,160 kilog^{mètres}.

Ceci est un fait incontestable pour tous ceux qui ont voulu le vérifier, et j'ai obtenu à peu près les mêmes résultats avec les quatre liquides que j'indique. J'ai cherché à l'expliquer par cette hypothèse fondée sur l'observation : 1° que la chaleur latente qui tient ces liquides à l'état de vapeur est à peu près la même pour un volume égal de vapeur, c'est-à-dire qu'un mètre cube de vapeur d'éther sulfurique, sulfure de carbone, chloroforme et perchloride de carbone, contient à peu près la même quantité de calorique total qu'un mètre cube de vapeur d'eau à la même pression, et réciproquement; que la chaleur latente augmente avec le volume produit et l'abaissement du point d'ébullition, de même qu'elle diminue avec le poids de la vapeur de chacun de ces liquides et l'élévation de leur température d'ébullition, comme on peut le voir par le tableau annexé à ce Mémoire, avec une différence, en notre faveur, proportionnelle à la capacité pour la chaleur de ces liquides et de leur vapeur; 2° que la pression de la vapeur qu'ils produisent étant proportionnelle à la température de leur ébullition, température beaucoup plus basse dans ces quatre liquides que celle à laquelle la vapeur d'eau subsiste utilement par elle-même, il en résulte ce second avantage qu'en faisant passer la chaleur contenue dans cette vapeur, et la condensant par la vaporisation du liquide auxiliaire, on peut créer la vapeur de ce dernier à une plus haute pression, tout en profitant d'un premier vide; tandis que cette deuxième vapeur, après avoir fonctionné comme la première et continué la détente commencée, en la reprenant de plus haut, ajoutera à ce travail le vide nouveau produit par sa propre condensation; 3° que la chaleur spécifique de la vapeur d'eau chauffante non équilibrée, quand on se sert d'un liquide dont le point d'ébullition est inférieur à la température de la vapeur d'échappement, passe en chaleur latente dans la vapeur créée; que rien ne se perd dans la détente de la vapeur d'eau chauffante, malgré l'abaissement de sa température, et qu'à l'instant de sa condensa-

4

tion il y a rendement intégral de toute la chaleur, soit spécifique, soit latente, qu'a contenue cette vapeur au moment de son introduction dans le cylindre; seulement, cette chaleur est à une basse température et ne peut être utilisée que par des agents bouillants à une température plus basse encore. Je dis, en un mot, que le calorique latent étant celui qui fait exister un liquide à l'état de vapeur, suit et subsiste avec cette vapeur quelle que soit sa détente; que ce calorique ne se perd point et baisse seulement de température; qu'il se retrouve tout entier au moment où la vapeur cesse d'exister et retourne à l'état liquide; qu'il peut se recueillir, et que dans les machines à vapeurs combinées je le recueille; que la loi indiquée par M. Clément Desormes, et admise par M. de Pambour, que la quantité de chaleur contenue dans un volume de vapeur saturée est toujours la même quelle que soit sa pression, et que le calorique latent peut passer en calorique sensible par la compression, comme le calorique sensible devenir calorique latent par la détente, ainsi que les faits, viennent à l'appui de cette explication.

Je n'ai point la prétention de faire des théories nouvelles, je cherche à expliquer les faits qui se sont présentés à moi dans le cours de mes travaux; je laisse aux savants, et aux personnes plus versées que moi dans la connaissance des lois qui régissent les vapeurs, le soin de déterminer les vraies causes de ces faits et la raison d'être des machines à vapeurs combinées. Mon but et ma seule intention est de chercher à attirer leur attention et de faire comprendre, si je le puis, d'où découlent les avantages d'un double emploi de vapeur.

Les personnes peu versées dans les connaissances physiques et chimiques comprendront difficilement que la chaleur latente puisse exister et se retrouver malgré l'absence de chaleur apparente; le briquet pneumatique que tout le monde connaît le leur fera comprendre: je leur rappellerai que dans ce petit instrument, en comprimant l'air dont la température peut être au-dessous de celle de la glace, on peut enflammer de l'amadou, de la poudre, du coton, et toute matière sèche et combustible. Cet effet est dû uniquement à la chaleur latente que contient l'air, rendue au moment où il passe d'un plus grand à un plus petit volume. On aurait encore un bien plus grand rendement de chaleur si l'on exerçait une compression suffisante pour amener l'air à l'état liquide. Il en est de même du changement de volume de tous les corps et gaz.

On concevra donc que la vapeur, qui n'est autre chose que l'eau à l'état gazeux, rende un énorme volume de chaleur lorsqu'elle rentre de l'état gazeux à son état primitif; car alors elle passe d'un volume considérable à un volume infiniment petit, chaleur qu'elle conserve tant qu'elle existe à l'état gazeux malgré l'abaissement de sa température, et qu'elle rend tout entière à l'instant même de sa condensation.

L'avantage incontestable qui résulte des machines

à vapeurs combinées est d'utiliser l'emploi du calorique de la vapeur d'eau au moment où celle-ci, par l'effet de la détente, exigerait un développement énorme du cylindre, qui entraînerait des inconvénients graves et anéantirait les avantages d'une plus grande détente, en faisant passer ce calorique dans un liquide dont la vapeur, subsistant à une plus haute pression avec la même température, peut recommencer ou mieux continuer les effets de cette détente. Dans un mémoire que j'ai présenté à la Société d'encouragement en 1845, j'indiquais cet avantage sérieux qu'a depuis confirmé la pratique, et je disais qu'on pourrait ainsi employer infiniment mieux le calorique latent que contiennent les vapeurs, en le faisant passer successivement d'une vapeur dont la pression n'a plus d'avantages utiles, dans une autre qui subsiste avec une tension plus élevée, à la même température ; qu'on pourrait ainsi condenser la vapeur de l'eau en créant de la vapeur d'éther sulfurique, et la vapeur de ce dernier en créant de la vapeur d'éther hydrochlorique.

La machine à double cylindre de Woolf, ainsi que je l'ai dit plus haut, perfectionnée par MM. Legavriant et Farinaux de Lille, et munie d'une détente variable de Mayer, donne le maximum de travail utile de la vapeur d'eau ; mais la machine à vapeurs combinées est le complément de la machine à détente de Woolf: car là où cette dernière ne peut plus rien, elle recommence le travail utile de la détente dans une autre vapeur.

La théorie que je viens de développer reposant en partie sur des observations que j'ai faites pendant le temps assez long durant lequel j'ai conduit des machines à vapeurs combinées, ne s'est trouvée confirmée par mes expériences qu'autant que la vapeur d'émission prise à l'échappement n'avait pas une température excédant 80 degrés. Au-dessus de cette température il se produit un fait singulier : pour que la production de vapeur auxiliaire atteigne son maximum, il faut que la vapeur chauffante arrive dans l'enveloppe du vaporisateur à une température telle que le baromètre puisse montrer un vide constant assez considérable ; que plus ce vide se rapproche de la moyenne du vide parfait, plus la production est abondante et la pression proportionnellement élevée relativement à la température de la vapeur d'eau chauffante. Ainsi, quelle que soit la température de cette dernière, si la pompe à air de l'enveloppe du vaporisateur faisant fonction de condensateur fonctionne mal, ou qu'il y ait à ce dernier des rentrées d'air auxquelles elle ne peut suffire, non-seulement la pression baisse au vaporisateur, mais la production de vapeur auxiliaire diminue. Dans ce cas on pourrait penser que l'air contenu dans l'enveloppe de l'appareil, s'opposant ou nuisant au contact constant et immédiat de la vapeur d'eau avec les surfaces chauffantes, nuit à la transmission prompte et parfaite du calorique que contient cette vapeur et à son absorption par le liquide auxiliaire. Mais que dire si, le vide existant dans l'enveloppe, et la pompe à air faisant un bon service, la vapeur chauffante arrivant à une température supérieure ou égale à 100 degrés, la pression correspondante à cette température reste de beaucoup inférieure dans l'appareil vaporisateur? Ainsi il est arrivé maintes fois que, la machine qui fait un travail régulier et fait mouvoir l'outillage d'un atelier de construction se trouvant surchargée, on a fait marcher le piston mû par la vapeur d'eau en admettant cette vapeur pendant toute la course avec une pression de 2 atmosphères 1/2. L'échappement chauffant l'appareil vaporisateur rempli d'éther sulfurique arrivait donc dans l'enveloppe de cet appareil avec une pression supérieure à une atmosphère et une température de plus de 100 degrés. La soupape de sûreté de cette enveloppe laissait abondamment fuir cette vapeur; le cylindre à vapeur d'éther marchait comme avant à pleine vapeur, toutes les pompes fonctionnaient dans les mêmes conditions; et pourtant la pression de la vapeur auxiliaire, au lieu de s'élever avec la température de la vapeur chauffante, restait immobile quoique la quantité consommée restât la même. Un fait plus singulier encore s'est présenté : ayant voulu élever la pression en diminuant la consommation, nous avons admis la vapeur de l'éther pendant seulement une moitié de la course du piston, et la pression n'a presque pas varié. Dans ce moment, ayant fermé entièrement la prise de vapeur, la pression s'est immédiatement élevée à près de six atmosphères; elle est retombée au-dessous de quatre lorsqu'on a remis en marche la machine dans les mêmes conditions, et s'est maintenue régulièrement à trois atmosphères pendant tout le reste de la journée, lorsque la machine déchargée d'une portion de son travail a pu reprendre sa marche normale, et que la vapeur d'eau admise à 2 atmosphères 1/2 pendant seulement un quart de sa course et un tiers au plus, suivant la variation du travail, a pu arriver convenablement détendue et à une température représentant une pression bien au-dessous de l'atmosphère. Le cylindre à vapeur d'éther étant d'une capacité égale à celui de la vapeur d'eau, fonctionne toujours à pleine vapeur. J'ai encore pu observer cet autre phénomène au moins aussi inexplicable et qui résulte peut-être de la même cause : c'est que plus la dépense ou la vitesse de la vapeur auxiliaire est grande, plus sa production est relativement considérable avec le même volume de vapeur d'eau chauffante. Ayant deux machines isolées, l'une marchant par la vapeur d'eau et l'autre par la vapeur de l'éther, j'ai pu varier la vitesse de cette dernière et me rendre compte de ce fait singulier; j'ai pu augmenter la vitesse de cette dernière de plus d'un cinquième, sans que la plus légère variation dans la pression fût indiquée par le manomètre. J'en ai conclu qu'il fallait augmenter la capacité du cylindre dans lequel fonctionne la vapeur auxiliaire, et réduire celui dans lequel fonctionne la vapeur d'eau. Le modèle de machine que je joins à ce Manuel, que m'a présenté M. Moreaux, jeune ingénieur d'un mérite réel et qui se livre à l'étude des machines à vapeurs combinées, est basé sur cette observation. Il comporte deux cylindres dont l'un pour la vapeur d'eau n'a qu'une course de 50, lorsque le deuxième pour la vapeur auxiliaire a une course de 100, les diamètres étant les mêmes. La vitesse de la vapeur auxiliaire sera donc le donble de celle de la vapeur d'eau. Il ne m'est pas possible de donner l'explication de ces faits, je me contente ici de les énoncer, laissant à de plus capables que moi le soin d'en rechercher et déterminer les causes : ils n'échapperont point à l'attention de l'observateur. Peut-être donneront-ils lieu à une théorie fort différente de celle que j'ai imaginée et que je suis obligé de limiter à la température maximum de 80 degrés, passé lequel chiffre les faits ne viennent plus à l'appui, puisque la pression ne croît plus proportionnellement à la chaleur spécifique de la vapeur chauffante. Si l'on donnait, dans ce cas-là, une plus grande vitesse à l'écoulement de la vapeur produite, je pense qu'on retrouverait en volume ce que l'on perd en pression. Je n'ai pu faire ces expériences-là, qui seraient cependant d'un haut intérêt pour déterminer le rapport exact des cylindres entre eux, rapport qui doit nécessairement varier suivant la pression de la vapeur employée et la durée de son admission dans le cylindre à vapeur d'eau, et encore pour indiquer le degré de détente le plus convenable à l'emploi de la vapeur auxiliaire formée par cette dernière. J'ai dit et je répéterai qu'il faut absolument dépenser avec toute sa pression la vapeur formée; qu'il n'y a aucun avantage à la ménager; sa pression augmente rarement par un emploi moindre. Il faut remarquer que cette pression est trop immédiatement en rapport avec la température qui enveloppe l'appareil vaporisateur pour que cette température puisse fournir à un excès de pression motivé seulement par une moindre dépense : il y a alors condensation de la vapeur formée et non employée, condensation qui s'opère par la propre pression de cette vapeur sur les parois de l'appareil, et surtout dans le cylindre que j'ai eu le tort de ne pas chauffer pendant ces expériences.

Quant au fait singulier de l'immobilité de la pression dans le vaporisateur quand elle a atteint pour l'éther sulfurique un peu moins de quatre atmosphères malgré l'élévation de la température de la vapeur chauffante qui serait suffisante pour l'élever à sept atmosphères s'il n'y avait aucune dépense de la vapeur formée, peut-être tient-il à ce qu'il est difficile d'obtenir l'équilibre entre un liquide vaporisé à une haute pression et la température qui le vaporise, et que cette difficulté croît en raison de la pression même de ces vapeurs. Il serait curieux, par exemple, d'expérimenter si avec l'air chauffé à 144 degrés on pourrait maintenir de la vapeur d'eau à la pression de quatre atmosphères, cette vapeur ayant un écoulement ou une vitesse proportionnée au volume d'air chaud dépensé; ou si l'on ne peut obtenir et maintenir de la vapeur d'eau à ladite pression qu'au moyen d'une grande différence entre la température chauffante et celle de 144 degrés que prend l'eau à la pression de quatre atmosphères. Quoi qu'il en soit, l'expérience m'a convaincu qu'il faut employer la vapeur auxiliaire à une basse pression, et que cette pression doit varier suivant le point d'ébullition des liquides auxiliaires. L'emploi le plus avantageux de la vapeur d'éther sulfurique me paraît être à la pression de 2 1/2 à 3 atmosphères ; c'est à cette pression que la vapeur m'a semblé se produire avec une abondance la plus considérable relativement à l'élévation de la pression. Peut-être le fait que je viens de signaler tient-il à la condensation de la vapeur auxiliaire sur les parois du cylindre, qui, tendant constamment à s'équilibrer avec la température du condensateur avec lequel ils sont en communication constante, prennent une moyenne entre la température du vaporisateur et celle du condensateur, moyenne extrêmement pernicieuse à l'action de la vapeur ; car elle s'y condense en raison de sa propre pression, de la différence de température des parois avec lesquelles elle est en contact, et de la facilité extrême de se condenser qu'elle possède elle-même, surtout la vapeur d'éther sulfurique qui, n'ayant que 274 fois le volume liquide à une atmosphère, est trop voisine de la condensation pour qu'elle ne s'opère pas avec une extrême rapidité sous l'influence de ces diverses causes.

Les avantages qui doivent résulter de ce qui précède sont, en deux mots : 1° diminution des chaudières et foyers dans le rapport de un à deux, c'est-à-dire économie de combustible de moitié ; 2° alimentation des chaudières avec de l'eau parfaitement distillée ayant environ 50 degrés de chaleur : cet avantage est grand dans la navigation maritime et dans l'emploi des chaudières tubulaires, en ce qu'il prévient toute espèce d'incrustations ; 3° diminution dans le poids des appareils moteurs provenant du moindre volume des chaudières et fourneaux, dans le poids du liquide qui les garnit, et enfin dans la moindre quantité de charbon qu'ils consomment pour une égale production de force. Ces avantages, de la plus haute importance, déduits de nombreuses expériences et observations pratiques, sont certainement de nature à attirer l'attention des hommes sérieux. La science éclairera la voie que j'ai découverte, et la pratique achèvera l'œuvre que je n'ai fait qu'ébaucher.

CHAPITRE II.

Description des diverses parties par lesquelles la machine à vapeurs combinées diffère des machines à vapeur ordinaires.

J'ai dit dans le chapitre précédent que la machine à vapeurs combinées ne différait des machines à vapeur ordinaires à condensation que par quelques parties. Je vais passer succinctement en revue ces spécialités de mon système, me réservant d'en donner une description très détaillée dans la deuxième partie de ce Manuel qui traitera de leur construction. Le but de chacun de ces changements ou innovations nécessités et indiqués par l'expérience est en premier lieu, et presque uniquement, la conservation du liquide auxiliaire. La construction des appareils vaporisateurs et condensateurs employés pour la vapeur d'eau ne pouvait être assez parfaite et le maintenir d'une manière suffisante. Il y avait ensuite un autre but à atteindre: c'est que le liquide étant coûteux, il fallait non seulement que les appareils ne le laissassent pas échapper, mais encore qu'ils n'en continssent que la moindre quantité, afin d'éviter une dépense considérable pour les remplir la première fois; et que, dans le cas où il arriverait une rupture subite de l'appareil vaporisateur, la perte fût moins grande; il fallait de plus un grand développement de surfaces et des surfaces très minces, afin que la condensation et la vaporisation fussent instantanées. Pour arriver à ce but, je pensai à employer le cuivre comme étant un métal très conducteur, et à développer mes surfaces chauffantes au moyen de tubes d'un petit diamètre, afin de donner une grande résistance à ces surfaces avec une faible épaisseur de métal.

Ces appareils (Pl. Ire et IIe), dont la matière est coûteuse, deviennent d'un assez bas prix relativement aux appareils évaporatoires employés jusqu'à ce jour, par la grande diminution de poids qui résulte du peu d'épaisseur de leurs surfaces. Cette épaisseur est dans tout vaporisateur, quelle que soit sa puissance, de 0,0012, et dans tout condensateur, de 0,0008. Afin de donner à ces tubes le moins de capacité relativement à leurs surfaces, j'ai pensé à les aplatir en forme d'olive (Pl. Ire, fig. 4), de manière à ce que, leur section n'ayant en moyenne que 3 millimètres d'une paroi à l'autre, un litre et demi puisse couvrir un mètre de surface. Cette disposition, impossible pour la vapeur d'eau à cause des encrassements et des dépôts calcaires ou salins qu'elle forme, est parfaitement praticable pour des liquides si purs et qui volatilisent sans reste; mais la difficulté d'assembler de pareils tubes dans un plateau pour les réunir devenait extrême; il ne fallait pas songer à les y souder par les moyens ordinaires, à cause de leur nombre et de leur rapprochement : on ne pouvait les y maintenir avec une bague, puisque dans sa plus grande largeur leur section n'était que de trois millimètres. J'eus l'idée de leur faire faire corps avec ces plateaux, en fondant ces derniers sur l'extrémité même des tubes qu'ils devaient assembler. Pour tenir la surface sur laquelle devait arriver le métal liquide parfaitement propre, je la fis étamer après l'avoir préalablement fait décaper avec soin ; ce procédé facilita la soudure naturelle du bout du tube avec le bronze. Pour maintenir les tubes en place à la distance voulue, je fis faire des calibres disposés d'une manière toute particulière; et après bien des essais infructueux, je parvins par un mode de moulage et de disposition des châssis à faire des assemblages parfaits de plus de mille de ces tubes.

Depuis cette époque, et en suivant exactement la manière de faire que j'indiquerai dans la deuxième partie, j'ai fait exécuter un grand nombre de ces appareils de toute forme et de grande puissance.

Sauf l'écartement des tubes, la différence de leur épaisseur et section, et la quantité de surfaces, les appareils vaporisateurs et condensateurs se ressemblent beaucoup. Ils sont composés de tubes de 1 mètre à 1 mètre 50 centimètres de longueur, réunis à chacune de leurs extrémités par un plateau avec lequel ils forment corps. Deux calottes de forme hémisphérique posent sur chacun de ces plateaux ; elles y sont reliées au moyen de boulons forts et rapprochés. Pour le vaporisateur (Pl. III, fig. 1, 2, 3), la calotte inférieure, qui n'a pas plus de cinq à six centimètres à son centre, reçoit l'alimentation du liquide, qui de là se répand dans chacun des petits tubes qu'il doit remplir jusqu'aux deux tiers de leur hauteur ; le surplus de la hauteur de ces tubes et de la surface qu'ils développent sera rempli par le gonflement du liquide chaud. La calotte supérieure reçoit la vapeur qui s'échappe de chacun des tubes et sert de réservoir de vapeur ; elle est garnie de diaphragmes disposés de manière à rompre les projections liquides qui pourraient résulter d'une ébullition tumultueuse, et à ne laisser passer que la vapeur sèche qui s'échappera par le robinet de vapeur placé à la partie supérieure pour aller au cylindre. Cette calotte, d'un diamètre proportionné au nombre de tubes assemblés et à la largeur du plateau, n'a jamais que cinquante centimètres de hauteur ni plus ni moins. Dans ces appareils la production de vapeur est si instantanée et en si grande abondance, qu'il n'est pas nécessaire d'avoir un réservoir de vapeur.

Cet appareil est placé verticalement dans une enveloppe complètement étanche en tôle ou fonte de fer. C'est dans cette enveloppe, qui doit lui servir de condensateur, qu'arrive la vapeur d'échappement dont la chaleur, absorbée par le liquide auxiliaire remplissant les tubes autour desquels elle se répand, produira à l'intérieur de ces mêmes tubes une vapeur nouvelle qui, par son travail dans la deuxième machine, viendra ajouter sa force à la première. Cette enveloppe devant contenir le vide doit être parfaitement étanche, et d'une force suffisante pour résister sans écrasement ou déformation à la pression de l'atmosphère qu'elle aura à supporter extérieurement. Le tube qui amène la vapeur d'échappement de la machine à vapeur d'eau est placé sur l'enveloppe aux deux tiers de la hauteur totale des tubes qui forment les surfaces chauffantes, de manière à ce que la partie supérieure de l'appareil vaporisateur soit le plus fortement chauffée. Cette disposition a pour but d'éviter la projection du liquide à mesure de la formation de la vapeur dans les tubes, liquide qu'introduit la pompe d'alimentation par la partie inférieure la moins chauffée du vaporisateur, et qu'elle force à s'élever dans les tubes qui doivent le réduire en vapeur. La production de cette vapeur, et en conséquence l'absorption du calorique de la vapeur d'eau chauffante, sera d'autant plus instantanée que, les tubes étant aplatis de manière à ce que la tranche de liquide auxiliaire qui s'élève ne soit que de trois millimètres d'épaisseur, la surface du tube n'aura à réchauffer qu'une tranche d'un millimètre et demi, et cela pendant que cette tranche parcourra la hauteur du tube.

Ce genre d'appareil évaporatoire est, ainsi qu'on le voit et que je viens de le dire, tout-à-fait inapplicable pour la formation de la vapeur d'eau pour les causes que j'ai déjà indiquées, et celle du chauffage à feu nu qui détruirait et obstruerait en peu de temps les surfaces chauffantes. Mais lorsqu'il s'agit du liquide auxiliaire, les tubes vaporisateurs ne peuvent être altérés par le genre particulier de chauffage ni son uniformité qui ne peut dépasser cent dix degrés centigrades. L'extérieur de ces tubes ne sera point encrassé, puisqu'ils ne sont chauffés que par de la vapeur d'eau qui entraîne avec elle peu de sels ou matière calcaire; et, dans le cas même où la condensation de la vapeur d'eau laisserait un léger dépôt, le nettoyage en serait très facile par la disposition de leur assemblage. Quant à la construction, elle est des plus simples et n'exige qu'un peu de soins. La réparation ne l'est pas moins, puisque les calottes sont reliées par des boulons et peuvent être enlevées à volonté. Si un des tubes a une fissure, on le tamponne et on le supprime en le fermant avec un peu d'étain ou une lame de cuivre rouge matée.

L'enveloppe porte une soupape de sûreté jouant dans un tube communiquant à l'extérieur de l'appartement, et s'ouvrant sous une pression de très peu supérieure à celle de l'atmosphère, afin que la vapeur chauffante puisse sortir librement dans le cas où sa condensation ne s'opérerait pas par une cause quelconque. Cette vapeur, ne pouvant s'accumuler, n'acquerra aucune pression autre que celle correspondante au poids de la soupape, et de température que celle correspondante à cette pression. Elle a encore un autre but, celui de laisser échapper l'air contenu dans le cylindre et les tuyaux conducteurs au moment de la mise en marche de la machine; de même que, en cas de rupture d'un tube ou d'une fuite considérable de l'appareil vaporisateur, elle laissera fuir à l'air libre cette vapeur qui, sans cela, prenant dans l'enveloppe une pression considérable, pourrait occasionner des accidents fâcheux. Le vaporisateur est muni de niveaux spéciaux, de tubulures pour l'introduction du liquide, de baromètres, manomètres et robinets de distillation.

Les deux calottes supérieure et inférieure du condensateur (Pl. IV et V), assemblées aux plateaux de même que dans l'appareil précédent, n'ont à leur centre que cinq à six centimètres d'élévation. La calotte inférieure sert à recueillir le liquide résultant de la vapeur condensée, et porte à son centre un tube communiquant avec la pompe d'alimentation. La calotte supérieure sert à distribuer la vapeur du liquide auxiliaire dans les tubes formant les surfaces condensantes : elle porte à son centre un tube arrivant de l'échappement du cylindre dans lequel cette vapeur a accompli son travail mécanique. Un diaphragme placé directement sur la partie du plateau opposée à la section de ce tube empêche que la vapeur, au moment de son arrivée, ne se précipite exclusivement dans les tubes du milieu, et la divise également dans tous les points de la surface.

Cet appareil est placé verticalement dans une bâche ouverte à l'air libre et qui l'enveloppe. C'est dans cette bâche qu'arrive l'eau fraîche qui, par le refroidissement extérieur des tubes à l'intérieur desquels se trouve la vapeur du liquide auxiliaire, opère la condensation de cette vapeur en lui enlevant la chaleur qui la fait subsister. Les tubes, dans cet appareil, doivent être placés à la distance d'au moins 0,007 millimètres l'un de l'autre dans tous les sens, afin que l'eau puisse se renouveler et circuler facilement, qu'en outre le nettoyage du sable ou du limon puisse se faire sans peine. Le condensateur est muni de baromètre, de soupape d'air s'ouvrant à une certaine pression, et de robinet de distillation : le baromètre servira à indiquer le fonctionnement de l'appareil et l'état du vide et de la condensation. La soupape d'air, au moment de la mise en marche, laissera partir l'air qui remplit le cylindre et l'appareil lui-même; car cet air ne se condense pas, et il opérerait par sa diminution de volume une pression dans le condensateur qui serait d'une part nuisible à la mise en marche et qui pourrait, dans certains cas, rompre cet appareil.

Les robinets de distillation placés sur les appareils vaporisateur et condensateur ont pour but de faciliter la rectification du liquide qui, après un assez long usage, se charge des corps gras qui servent à lubréfier les diverses parties mouvantes de la machine, et qu'il tient en dissolution ou suspension. Ces robinets mettent les deux appareils en communication; il faut commencer la distillation quand la machine vient de fonctionner et quand le vide existe au condensateur. Si dans ce moment on arrête la machine en fermant le robinet de vapeur et qu'on ouvre les robinets de distillation, la vapeur passera directement du vaporisateur au condensateur, et le liquide se distillera dans le condensateur comme dans le meilleur alambic. Il faut faire cette opération avant de réalimenter la machine du liquide dont elle manque, afin que la quantité de ce liquide ne remplisse pas la capacité du condensateur. On maintient la chaleur au vaporisateur un peu au-dessus du point d'ébullition au moyen d'un jet de vapeur d'eau à cet effet et provenant de la chaudière, et on renouvelle, s'il est besoin, l'eau du condensateur au moyen de quelques seaux d'eau fraîche. Voyez, du reste, pour cette opération, les indications détaillées dans la troisième partie qui traite de la conduite des machines.

La manière particulière que j'ai adoptée pour assembler les tubes qui forment les surfaces chauffantes de mes appareils m'a fait rencontrer de sérieux obstacles dans l'emploi des tubes soudés tels qu'on les trouve dans le commerce, en ce que : 1° les soudures sont difficiles à bien faire dans des tubes d'un très petit diamètre et d'une si faible épaisseur ; 2° parce que, lorsque le métal liquide qui forme le plateau d'assemblage des tubes arrive en contact avec leurs extrémités, cette soudure fondant à une température moins élevée que celle où le bronze commence à se solidifier, l'air contenu dans le tube ou les gaz développés par le sable surchauffé, ne trouvant plus d'issue à travers le plateau qui se solidifie, passe par la soudure qui est encore liquide et forme, au collet de l'assemblage de chaque tube avec les plateaux, de petites piqûres imperceptibles qu'il est impossible de fermer : je n'ai pu réussir dans aucun assemblage de ces tubes malgré mes efforts, soit que je m'y fusse mal pris, soit que les soudures fussent mal faites ou d'un alliage trop fondant ; 3° parce que, les appareils devant être essayés à 12 et à 15 atm. de pression et les tubes étant aplatis, il faudrait donner une très grande épaisseur aux surfaces métalliques. Le cuivre, au moment où l'on applique la soudure, se ramollit singulièrement, et les tubes ne seraient pas capables de supporter les essais sans déformation. Dans l'emploi du tube embouti l'on n'a pas cet inconvénient, car le travail que subit le métal le récrouit et lui donne une grande résistance, à ce point que les tubes de nos machines pour vaporisateurs supportent sans déformations une pression de 25 atm. avec un millimètre d'épaisseur, tandis que les pareils tubes soudés résistent à peine à six atmosphères avec deux millimètres d'épaisseur. J'ai entièrement renoncé aux tubes soudés et je n'emploie plus aujourd'hui que des tubes emboutis ou étirés sans soudure, tels que les fabrique M. Palmer, tréfileur, rue Montmorency, 16, à Paris. Leur fabrication est devenue, entre les mains de ce mécanicien habile et ingénieux, si simple, si prompte, et ses produits sont si excellents et si peu coûteux, qu'il y a avantage sous tous les rapports à s'en servir exclusivement. Ces tubes, essayés avec soin à la presse hydraulique, ne sont plus sujets à aucune altération dans les machines à vapeurs combinées. Ces tubes ont fait le succès de mes appareils, mais je dois dire aussi que j'ai beaucoup contribué au développement et au perfectionnement de cette industrie en venant en aide de toute manière à leur inventeur M. Palmer, et en employant des milliers de ces tubes qui alors ne se fabriquaient que pour moi.

On voit que par le moyen que j'ai indiqué on peut assembler des tubes de toute forme et de toute épaisseur ; dans ce dernier cas, il faut pratiquer aux extrémités de chaque tube une espèce de gorge qui en réduise l'épaisseur à un millimètre sur une largeur égale aux deux tiers de l'épaisseur du plateau à former, et les étamer très gras : cet étamage a pour but d'empêcher dans le moulage l'oxidation, qui par son interposition nuirait à la soudure des tubes avec la fonte de bronze en empêchant le contact immédiat ; il doit recouvrir sur deux centimètres seulement l'extrémité de chaque tube.

J'ai essayé bien des manières de faire des appareils condensateurs et évaporatoires au moyen de plaques minces disposées et ployées circulairement et parallèlement ; aucune ne m'a donné d'aussi bons résultats que les tubes emboutis. Le travail que l'on fait subir au métal dans cette fabrication lui donne une qualité extraordinaire ; les dernières passes faites sans recuit le récrouissent, et mettent les tubes à même de supporter une grande pression sans fléchir ni se déformer. Dans tous les cas, et quels que soient les moyens qu'on emploie pour développer les surfaces, tubes ou feuilles ployées, il ne faut pas perdre de vue que leur assemblage doit être tellement parfait que l'appareil puisse contenir le liquide sous une pression de dix à quinze atmosphères, sans qu'on puisse apercevoir le plus léger suintement et la moindre humidité sur toutes les parties de sa surface.

C'est là le point le plus essentiel, et sans lequel il n'y a pas d'économie possible, autrement on perdrait en liquide ce que l'on gagnerait en charbon.

C'est pour éviter ce grave inconvénient qu'on doit apporter les plus grandes attentions à la confection des joints d'assemblage des diverses pièces qui composent la machine, et dans lesquelles circule le liquide ou sa vapeur. Le minium et les corps gras ne peuvent être employés dans ce but, car les quatre liquides nommés dans le chapitre précédent le dissolvent promptement. Le plomb en feuilles minces, dans certaines parties qui ne chauffent pas, bien dressées et tournées, est d'un assez bon usage. Il faut rigoureusement que toutes les faces des joints soient dressées avec soin au tour ou à la lime; les brides des tuyaux conducteurs du liquide ou de sa vapeur soudées fortement au tuyau, larges et épaisses. Le plomb doit être employé en feuilles extrêmement minces, car sa dilatation par la chaleur peut à la longue donner lieu à des fuites. Une longue expérience m'a démontré qu'une ou deux feuilles de papier trempées dans de la gomme arabique liquide et bien imbibées de cette substance étaient préférables; la chaleur n'a aucune action appréciable quand la bande de papier a été posée très humide dans le joint et fortement serrée. On peut donc remplacer le minium et tous les mastics par de la gomme arabique unie à du papier ou de la pâte de papier, de la toile de coton, du cuir ou de la peau; ces dernières substances, afin de lui donner du corps et du liant : elle est insoluble dans les quatre liquides que j'indique. Le lin trempé dans la gomme réussit très bien pour garniture des niveaux, mais les rondelles de cuir gommé valent encore mieux. Il faut autant que possible laisser sécher avant de soumettre le joint au contact du liquide, cependant cela n'est pas absolument indispensable.

Les fuites les plus considérables avaient lieu le long des tiges mouvantes de la machine, du piston, des tiroirs, des pompes : les garnitures d'étoupes, telles qu'on les emploie dans les machines à vapeur d'eau faites avec un soin extrême, n'étaient pas capables de contenir la vapeur de l'éther à trois ou quatre atmosphères plus de quelques minutes ; au bout de ce temps, cette vapeur, chassant et décomposant les graisses, passait au travers des étoupes comme au travers d'un crible. J'imaginai un nouveau genre de garniture à pression hydraulique et élastique (Pl. V, fig. 7), que j'employai dès mes premiers essais et qui surmonta cet obstacle avec le plus entier succès.

Depuis, bien des essais infructueux ont été tentés en France et en Angleterre pour remplacer ce genre de garniture auquel on reprochait une trop grande complication : jusqu'à présent aucun des nombreux moyens employés n'a donné un résultat satisfaisant, tandis que le temps et l'expérience ont prouvé l'excellence et le peu d'entretien des garnitures que je vais décrire ; aussi les ai-je entièrement et définitivement adoptées. Leur application est aussi certaine que facile. Elles se composaient dans l'origine d'une bande de cuir gras, d'une épaisseur bien égale de trois à quatre millimètres et de quinze à seize centimètres de largeur, d'une longueur suffisante pour s'enrouler de trois tours sur la tige autour de laquelle il s'agit d'empêcher la fuite. Ce cuir était aminci en biseau et amené à rien à chacune de ses extrémités : je l'ai remplacé par une bande d'étoffe de coton appelée moleskin en Angleterre. Le motif qui m'a fait mettre le cuir de côté est que la chaleur de la tige du piston le durcit et le rend cassant, ce qui nécessite pour cette tige un changement trop fréquent; il est d'un excellent emploi dans toutes les parties de la machine qui contiennent le liquide froid, la pompe d'alimentation, par exemple. La bande G de cuir ou de moleskin est, ainsi que je viens de le dire, roulée sur la tige de manière à l'envelopper de trois ou quatre tours; elle est retenue en cet état par une ficelle H proportionnée à la grosseur de la garniture, fortement tournée et serrée autour. Cette ficelle couvre les deux tiers de la partie moyenne de la bande. Le couvercle supérieur du cylindre F, dans la partie où la tige le traverse, est muni à l'extérieur d'un cône A en cuivre fixé à demeure et rivé avec soin : ce cône sera en fer ou en acier lorsque la tige sera en cuivre ou bronze; cette dernière le traverse dans sa hauteur et y glisse à frottement doux. Ce cône doit avoir le tiers de la hauteur totale de la boîte, soit cinq centimètres dans les boîtes de quinze centimètres. Il est très effilé à son sommet et a de quatre à dix millimètres d'épaisseur à sa base, selon le diamètre de la tige.

Une boîte de métal E de dix à quinze centimètres renferme la bande sans la joindre; elle est fondue avec le couvercle du cylindre, ou rapportée et fixée au moyen de boulons; elle porte elle-même un couvercle C qui, à sa face intérieure, est garni d'un cône B en tout semblable à celui du couvercle du cylindre. Ce couvercle est fixé à la boîte par des boulons DD; on met dans le joint du papier gommé.

Si, au moment où l'on a roulé la bande sur la tige, celle-ci se trouvait au plus haut point de sa course, en la faisant descendre elle entraînera la bande dans la boîte, et le cône du couvercle du cylindre, étant très effilé, pénétrera entre la bande et la tige en forçant la bande à s'ouvrir suffisamment. On descend alors le couvercle de la boîte décrite plus haut, et, au moyen de son poids et des boulons que l'on serre afin de fermer la boîte, on fait pénétrer le cône dont il est muni entre la bande et la tige. La boîte ainsi fermée, la bande s'appuie par un tiers de sa surface sur le cône supérieur, par un second tiers sur la tige, et par son troisième tiers sur le cône inférieur. La partie frottante n'étant égale qu'à la moitié de la partie résistante, on pourra mouvoir la tige sans craindre d'entraîner ni de déplacer la bande de dessus les cônes. La ficelle qui l'enveloppe lui donne d'ailleurs une grande résistance.

Si dans cet état, par le moyen d'une pompe dont un tube R traversant la paroi de la boîte y amène de l'huile ou tout autre liquide, on remplit l'espace vide tout autour de la bande et l'on exerce une pression hydraulique et élastique au moyen d'un réservoir d'air, la bande s'appuiera sur la tige et sur les deux cônes de toute la force de cette pression ; le liquide pénétrera à travers son tissu ou ses pores et lubréfiera la tige, qui pourra se mouvoir avec d'autant plus de facilité, sans entraîner la bande, que cette dernière adhérera aux cônes immobiles par une surface double de celle qu'elle présente au frottement de la tige.

Les cônes doivent être rapportés, afin qu'il soit facile de les changer lorsqu'ils s'usent ou s'ovalisent. Il est encore essentiel qu'ils soient fixés de manière à joindre parfaitement, autrement l'éther ou autre liquide auxiliaire passerait dans le joint et pénétrerait dans la garniture. On ne doit mettre la machine en marche que lorsqu'on aura vérifié la manière dont les joints des boîtes retiennent l'huile ou l'eau employées pour exercer la pression ; ils ne doivent pas laisser suinter la moindre goutte, autrement la pression ne se ferait pas ou baisserait trop rapidement ; le liquide auxiliaire dont on veut empêcher la fuite ne serait plus maintenu, et il y aurait perte considérable en même temps que destruction de la bande si elle était en cuir, qu'il faudrait changer.

La pression à faire dans la boîte à garnitures sera toujours supérieure à celle du liquide auxiliaire ou de la vapeur à contenir. La presse hydraulique portera en conséquence un manomètre, afin de savoir à chaque instant quelle est la pression de l'huile ou de l'eau dans la garniture, et de la maintenir toujours supérieure à celle du vaporisateur. Cette pompe doit avoir en outre un réservoir d'air, pour rendre la pression élastique et la maintenir plus longtemps. J'avais pensé d'abord à faire mouvoir cette petite pompe par la machine; elle portait une soupape de sûreté que l'on chargeait à volonté, et qui laissait échapper l'huile ou l'eau à la pression demandée; j'ai reconnu par l'expérience que cette précaution était inutile. Dans la machine de la Cristallerie de la Guillotière, que j'ai déjà citée plusieurs fois et que je citerai encore, parce que cette machine marche régulièrement depuis trois années et a servi à des expériences de tout genre, les garnitures sont si bien tenues et les joints si bien faits, que le mécanicien ne renouvelle la pression que tous les huit ou dix jours par un ou deux coups de pompe. Il est vrai que le réservoir à air est assez grand, et qu'il faut laisser fuir près d'un demi-litre de liquide pour que la pression baisse d'une atmosphère. On emploie l'eau dans les garnitures de cette machine qui marche par la vapeur de l'éther sulfurique.

Sur la partie inférieure du réservoir d'air on fixe une quantité de tubes convenable pour conduire l'eau ou l'huile aux diverses boîtes faisant la garniture des tiges mouvantes, et faire contre ces tiges une pression toujours supérieure à celle des vapeurs ou liquides auxiliaires qui tendent à fuir. L'action de cette garniture est facile à comprendre; car, si la vapeur tend à s'échapper avec la force de un, la bande peut être appuyée contre la tige avec la force de deux; les pores de cette bande sont remplis d'un liquide pressé avec cette même force. On conçoit donc que la fuite de la vapeur est impossible : si quelque chose devait fuir, ce serait l'eau ou l'huile faisant la pression; et comme elles passeraient avec une force et une vitesse supérieures à celles de la vapeur, elles feraient obstacle au passage de cette dernière.

Il semble, par le long détail dans lequel je suis entré relativement à cette garniture, qu'elle est minutieuse et difficile; je puis affirmer et tous ceux qui en ont fait quelquefois affirmeront avec moi que rien n'est plus simple ni plus facile : il m'a suffi de montrer une seule fois la manière de les faire, et l'ouvrier le plus maladroit a complètement réussi. Le mécanicien de la machine de la Cristallerie prétend qu'il faut deux fois moins de temps pour faire une garniture de ce genre que pour faire une garniture ordinaire d'étoupes. Les garnitures du cylindre de la machine qu'il conduit durent de quatre-vingt-dix à cent jours, sans qu'on ait besoin d'y toucher; après ce délai, il faut resserrer la ficelle et quelquefois changer la bande.

Il est arrivé plusieurs fois que la pression dans le réservoir à air est descendue au-dessous de celle du vaporisateur, sans que cependant il y ait eu la plus légère fuite de vapeur le long des tiges. Je ferai remarquer que la bande ne presse pas seulement contre la tige par l'action du liquide, mais encore par l'élasticité de la ficelle serrée fortement à sec sur la bande avant que celle-ci soit introduite dans la boîte; que là elle se trouve immergée dans un liquide qui, pénétrant dans ses pores, la force à s'enfler, la raccourcit et augmente le serrage. Il faut éviter cependant de laisser tomber la pression des garnitures au-dessous de celle du vaporisateur, surtout lorsqu'on se sert d'huile pour faire cette pression et que la garniture est un peu ancienne. Dans les premiers jours elle résiste parfaitement, pourvu que le liquide abonde dans la boîte autour de la bande; mais au bout de quelques jours il est indispensable de tenir la pression d'au moins $\frac{1}{2}$ atmosphère supérieure à celle du vaporisateur. Sans cette précaution, on aura une perte considérable le long de la tige de la pompe alimentaire du liquide auxiliaire.

Si l'on considère combien est petite la quantité du liquide qui garnit l'appareil vaporisateur, on ne s'étonnera pas qu'en moins d'une journée le niveau puisse baisser dans les tubes d'une manière suffisante pour entraver la marche de la machine, car chaque litre de perte découvre un mètre de surface chauffante, et la fuite qui laisse passer un litre de liquide par heure est bien peu appréciable. On ne s'en rend pas assez généralement compte dans la pratique, et j'ai vu attribuer à un vol de liquide ce qui pour moi n'était certainement que le résultat d'une garniture de pompe à liquide auxiliaire mal faite ou usée. Dans le cas dont je parle, qui s'est présenté deux fois en Angleterre sur une machine marchant par la vapeur du chloroforme, liquide extrêmement cher, et qui en effet aurait bien pu tenter la cupidité, mais dont il devait être extrêmement difficile de se défaire à cause des impuretés qu'il contenait après un mois de marche; dans ce cas, dis-je, la pompe à liquide auxiliaire était munie d'une garniture d'essai tout autre que celle que je décris, composée d'un tissu de coton enduit de gutta-percha parfaitement soluble dans le chloroforme ; cette garniture était serrée au moyen de boulons comme dans les presse-étoupes ordinaires, dont la forme n'était point changée : ce tissu était uniquement destiné à remplacer les étoupes, et agissait exactement de même. Par un excès de précaution, cette pompe était immergée dans l'eau du condensateur ainsi que son presse-étoupes, de sorte qu'il était impossible de reconnaître s'il y avait ou non fuite du chloroforme; ce liquide, très lourd, devait descendre dans la partie basse de l'enveloppe du condensateur, et être entraîné infiniment mélangé avec l'eau du trop-plein.

A deux époques différentes, le liquide disparut presque en totalité en moins d'une journée; de là grand émoi : c'était la première machine qu'on dirigeait, et elle n'avait marché que quelques jours. Ne sachant comment expliquer cette disparition subite, on l'attribua à un vol. Pour moi, qui ai connu la disposition de la machine et qui l'ai vue marcher dans l'intervalle des deux disparitions de liquide, je ne m'étais point étonné de la première et j'avais prédit la seconde. Elles ne peuvent être attribuées qu'au vice de la garniture de la pompe; ce genre de garniture était très défectueux, et n'aurait jamais dû être employé dans les machines à vapeurs combinées :

plusieurs fois, en l'espace de quelques heures, on avait resserré les garnitures du cylindre et du tiroir qui laissaient rentrer l'air, nuisaient au vide, et nécessairement devaient laisser fuir la vapeur. Quant à la garniture de la pompe, elle était d'un abord très difficile ; il n'était pas possible à l'œil ni à l'odorat de s'apercevoir de la fuite, puisqu'elle était noyée ; on l'a oubliée, et le chloroforme est parti par là. Cet accident ne m'est jamais arrivé aussi complet, d'abord parce que j'ai toujours cherché à rendre l'abord de mes pompes facile et l'inspection des garnitures aisée, et ensuite parce que, ayant surtout employé l'éther sulfurique dont l'odeur est très pénétrante, je me suis promptement aperçu à l'odorat de toute fuite qui s'est déclarée, et j'y ai porté remède. La légéreté spécifique de ce liquide relativement à l'eau en rend l'emploi très avantageux ; il vient toujours à la surface et son odeur âcre indique immédiatement s'il y a fuite. Cependant il m'est arrivé parfois de négliger la réparation d'une garniture mal faite, pour ne pas interrompre le travail de la machine : quand la fuite existait au cylindre, elle était d'une faible importance et les conséquences n'ont jamais été graves ; mais une fois ou deux j'ai négligé des fuites à la pompe d'alimentation, et en quelques heures j'ai perdu plus de la moitié du liquide qui garnissait mon vaporisateur. Ce qu'il y a de remarquable, c'est que la machine a pu continuer de marcher ; mais, après un temps d'arrêt assez long pour refroidir les parois, il a été impossible de remettre en marche ; on a tiré le liquide et constaté une perte énorme ; il ne paraissait même pas croyable que la machine ait pu fonctionner avec la faible quantité de liquide qui restait au vaporisateur. J'ai expliqué ce fait en remarquant que, lorsque la machine est en pleine marche, tout le liquide qu'elle contient se trouve dans le vaporisateur, parce que, les pompes alimentaires étant à la fois pompes à air, enlèvent entièrement tout le liquide du condensateur ; que, dans le cylindre et le tuyautage, il n'y a que de la vapeur ; que les parois du vaporisateur et de son enveloppe, ainsi que le cylindre et le tuyautage, sont en équilibre de chaleur avec la vapeur ; toutes choses qui n'existent jamais complètement lorsqu'on met en train. Il reste du liquide condensé dans les tuyaux, le cylindre et le condensateur ; les diverses parties de la machine n'ayant pas la chaleur nécessaire, il en résulte, au moment de la mise en marche, une mauvaise vaporisation d'une part et une condensation nuisible de la vapeur produite : si alors il n'y a qu'une faible quantité de liquide dans le vaporisateur, la production de vapeur est insuffisante malgré la température que peut prendre cet appareil. Voilà, selon moi, des motifs suffisants pour expliquer comment il se fait que la machine a bien pu marcher jusqu'au moment de l'arrêt, mais n'a pas pu fonctionner après quelques heures de repos.

J'ai dit plus haut que les quatre liquides que j'indique comme d'un bon emploi dans les machines à vapeurs combinées avaient la propriété de dissoudre les corps gras; on sait encore qu'il est à peu près impossible de faire des robinets qui ne se détériorent pas dans un temps plus ou moins court, lorsqu'ils sont destinés à donner passage à des liquides ou vapeurs à une température élevée. Cette détérioration est d'autant plus active que les surfaces frottantes du boisseau et de la clef seront moins lubréfiées par un corps gras et plus décapées pour ainsi dire, car alors il y aura grippement et l'altération sera presque immédiate ; ces motifs m'ont fait renoncer à l'emploi des robinets autant que possible, et surtout comme distribution de vapeur: j'ai donc imaginé un genre de soupape qui remplit parfaitement ce but et m'a donné de bons résultats.

A la partie supérieure du vaporisateur est fixée la prise de vapeur (Pl. III, fig. 4), qui s'ouvre ou se ferme au moyen d'une soupape agissant dans une tubulure à deux siéges, l'un supérieur, l'autre inférieur. La soupape, munie de deux lentilles en plomb, appuie en descendant l'une de ces lentilles sur le siége inférieur et ferme la communication entre la machine et le vaporisateur ; en montant elle établit cette communication, et appuyant l'autre lentille sur le siége supérieur que traverse la tige qui la fait mouvoir, elle empêche toute fuite à l'extérieur le long de cette tige munie d'une vis avec rappel, afin de donner le mouvement soit en haut soit en bas sans entraîner la soupape dans un mouvement de rotation, et ainsi faire porter constamment les mêmes parties des lentilles sur les mêmes parties des siéges. Pour éviter la fuite pendant le temps très court de la manœuvre de la soupape, la tige pourra traverser une garniture hydraulique telle que je l'ai décrite, ou un simple stuffingbox ordinaire dans lequel on remplacera l'étoupe par du coton. Ce genre de soupape, que je décrirai plus au long dans la deuxième partie, est excellent pour toute machine au-dessous de quarante chevaux, mais au-dessus de ce chiffre j'engage à employer un tiroir dont la tige sera munie d'une garniture hydraulique.

Comme on a pu s'en apercevoir par la description des appareils qui précèdent, leur but unique est la conservation du liquide précieux qu'on emploie dans les machines à vapeurs combinées; c'est encore pour l'économie de ce liquide que j'ai dû rechercher un autre moyen de faire le vide au condensateur, que ceux connus jusqu'à ce jour. Ainsi que dans les machines à vapeur à condensation, j'emploie des pompes à air pour arriver à ce but: elles sont semblables à celles qui sont en usage, à cette différence près que le piston doit être nécessairement métallique et qu'il vaut mieux augmenter la course que la surface du piston pour un volume donné. L'explication suivante en fera comprendre le motif. Si, comme dans les pompes à air ordinaire, on rejetait à l'air libre dans une bâche le liquide et l'air retiré par la pompe du condensateur, ce liquide, arrivant encore dans beaucoup de circonstances à une température assez rapprochée de son point d'ébullition, produirait des vapeurs qui, se répandant dans l'atmosphère, pourraient être ou dangereuses ou nuisibles, et qui, dans tous les cas, constitueraient une perte réelle. J'ai obvié à cet inconvénient par un appareil bien simple et qui agit d'une manière admirable. Au lieu de refouler à l'air libre le liquide auxiliaire et l'air qu'elle retire du condensateur, la pompe rejette le tout dans un réservoir hermétiquement fermé, d'une capacité égale à une fois et demie ou deux fois celle de la pompe. Ce réservoir cylindrique (Pl. V, fig. 2), ayant en hauteur cinq à six fois son diamètre, porte vers sa partie basse une tubulure communiquant à la pompe à air, et à sa partie la plus inférieure une deuxième tubulure mettant en rapport avec elle la calotte inférieure du vaporisateur. A sa partie la plus élevée est un robinet s'ouvrant à l'air libre.

L'appareil est muni d'un indicateur montrant la hauteur du liquide dans tous les moments du travail de la machine et du fonctionnement de la pompe. A l'instant de la mise en marche, la pompe à air refoule dans ce réservoir qui communique au vaporisateur l'air et le liquide qu'elle retire du condensateur; la pesanteur de l'air et de l'éther étant très différente, l'air plus léger gagne nécessairement la partie élevée du réservoir et s'y accumule sous une pression égale à celle du vaporisateur; le liquide tombe à la partie inférieure et passe seul dans ce dernier, puisque la tubulure qui le conduit est à la partie la plus basse. Si au moment de la mise en train le réservoir cylindrique était en partie rempli de liquide, le niveau de ce dernier s'abaissera au fur et à mesure que la pompe y accumulera l'air tiré du condensateur. Cet abaissement sera reconnu au moyen de l'indicateur dont est garni l'appareil. Il suffira alors d'ouvrir le robinet qui est à la partie supérieure pour laisser échapper l'air accumulé, en ayant soin de régler cette ouverture de manière à suffire seulement à l'échappement de l'air nouveau qu'amène la pompe, et de manière à ce que le niveau du liquide s'élève peu au-dessus de la tubulure d'arrivée. Cela se fait sans le moindre inconvénient pour la marche de la machine : au bout de quelques instants l'air se raréfiant dans le condensateur, le niveau monte rapidement dans l'appareil ; il faut alors fermer le robinet et ne plus le rouvrir que lorsque son abaissement indique qu'il y a une nouvelle quantité d'air accumulée.

Si cet appareil est isolé des parties chaudes de la machine, il n'y a point à craindre la perte de l'éther, car ce dernier y arrive froid et ne forme pas de vapeur, surtout sous une pression égale à celle du vaporisateur qui sera de 2 1/2 à 3 atm. En quelques minutes on obtiendra un excellent vide, que l'on pourra renouveler chaque fois qu'il en sera besoin ; il suffira d'être attentif à régler et fermer l'ouverture du robinet. Il n'y a, du reste, aucun inconvénient à laisser l'air s'accumuler dans le réservoir, pourvu que cet air ne soit pas en assez grande quantité pour le remplir entièrement, car alors il passerait avec le liquide au vaporisateur; mais le vide une fois établi se maintient pendant plusieurs heures. Cela se comprend :

les rentrées d'air sont proportionnelles aux fuites de vapeur ou de liquide, et tous les appareils tendent à les empêcher, même dans la proportion la plus faible. Puis, la petite quantité d'air qui rentre diminue considérablement de volume par la pression du vaporisateur avec laquelle elle est obligée de s'équilibrer.

Il est des cas où l'on ne peut arrêter immédiatement la machine, et où il est plus avantageux de marcher malgré la perte du liquide qu'occasionnerait l'usure d'une garniture ou un mauvais joint de la pompe à air, ou encore du condensateur. Il y aurait rentrée d'air considérable, et cet air devrait être expulsé constamment ; on arriverait à ce but en ouvrant très légèrement le robinet d'air et en le laissant fuir sans interruption.

J'arrive au dernier appareil qui complète la série de précautions prises pour la plus grande économie ou la moindre perte de liquide auxiliaire : je veux parler du nouvel indicateur magnétique à flotteur (Pl. IV, fig. 3), que j'applique aux machines à vapeurs combinées en remplacement du tube de cristal qui indique le niveau dans les machines ordinaires et que j'ai longtemps employé. Deux accidents qui auraient pu avoir des suites extrêmement graves, mais qui heureusement furent réparés assez à temps, me démontrèrent le danger des tubes de cristal dont la rupture, ouvrant un passage subit au liquide, peut donner lieu à des dangers imminents dans le cas où ce liquide ou sa vapeur sont inflammables comme l'éther sulfurique et le sulfure de carbone, moindres s'ils sont seulement nuisibles comme le chloroforme et le chlorure de carbone, mais dans tous les cas entraînant toujours une perte considérable du liquide.

Les robinets, ainsi que je l'ai déjà indiqué, sont rapidement détériorés par l'usage des quatre liquides que j'ai employés ; il est donc important de les ménager et de les ouvrir et fermer le plus rarement possible, autrement ils ne tardent point à laisser fuir le liquide, et il faut ou les roder de nouveau ou serrer assez fortement la clef dans le boisseau, ce qui en rend le maniement difficile et l'usage presque inutile dans un cas pressant. Ils ne sont placés là pourtant qu'en cas de rupture du tube ; mais alors la fuite des vapeurs ou liquides chauds, soit inflammables, soit asphyxiants, est tellement considérable que, si l'on n'est pas à l'instant en mesure de fermer les robinets et pour peu que ces derniers n'agissent pas, il devient dangereux et impossible de les fermer. J'ai pensé à supprimer tube de cristal et robinets, et j'ai remplacé le tout par le petit appareil que je vais décrire : il est basé sur la propriété qu'ont les aimants d'exercer leur action au travers des substances non magnétiques. Je ferai remarquer avant tout que les liquides purs que j'emploie dans mes machines ne donnent lieu à aucune incrustation, à aucun encrassement, ce qui me permet d'employer des moyens qui seraient tout-à-fait inapplicables dans les machines à vapeur d'eau.

J'ai donc un tube de cuivre rouge A tiré au banc ou embouti sans soudures, parfaitement calibré de un millim. d'épaisseur et de quatre à cinq centimètres de diamètre intérieur. Ce tube, long de cinquante centimètres, est mis en communication par le haut et par le bas avec le réservoir dont on veut connaître le niveau, au moyen de deux bouts de tubes BB' de 15 à 20 millim. de diamètre intérieur, lesquels sont soudés à chacune des petites calottes CC' qui ferment ses extrémités, et fixés au moyen de raccords coniques ou de brides au réservoir.

Dans le tube mis ainsi en communication et où s'établit nécessairement le niveau du liquide qui garnit le réservoir, joue un petit flotteur cylindrique D armé de galets EEE frottant contre les parois intérieures dudit tube. Ce petit flotteur, qui suivra tous les mouvements du liquide, peut être fait d'une substance quelconque, mais il sera garni de viroles de fer doux FF' vers sa partie inférieure et supérieure, d'un diamètre s'approchant autant que possible du diamètre intérieur du tube, sans pourtant donner lieu à des frottements. A l'extérieur du tube dans lequel se meut le petit flotteur ainsi préparé, glissent à frottement doux deux bagues en cuivre HK s'équilibrant l'une l'autre au moyen de cordes de soie passant sur des poulies LLL. L'une de ces bagues H est destinée à porter une armature aimantée MM' qui réagira sur la virole de fer doux adaptée au flotteur à l'intérieur du tube; l'autre virole K servira à porter un contre-poids qui équilibrera exactement le poids de ladite armature. Si dans cet état on fait monter ou descendre le flotteur dans le tube, la virole extérieure qui porte l'armature étant reliée au flotteur par l'action de l'aimant, chaîne invisible qui agit à travers la paroi du tube de cuivre rouge, montera ou descendra avec lui et indiquera exactement toutes ses variations.

Il n'est pas nécessaire d'un aimant bien fort, ni d'un flotteur d'une capacité considérable; car l'armature aimantée étant bien équilibrée, il ne restera que les frottements des poulies et des galets à vaincre. Ces frottements sont bien peu de chose si l'on apporte un peu de soin à la confection et à l'entretien de ces deux objets. Comme l'action des aimants décroît avec une rapidité extrême en raison de l'éloignement de l'élément sur lequel ils agissent, il faudra que les pôles de l'armature glissent le long des surfaces extérieures du tube le plus près possible, mais sans les frotter; il devra en être de même du flotteur à l'intérieur, ou du moins de la virole de fer doux qu'il porte, afin que la distance qui sépare les éléments soit aussi minime que faire se pourra. Dans l'emploi de l'indicateur que je viens de décrire, il n'y a aucune chance de rupture et il sera facile de s'assurer à chaque instant de la manière dont fonctionne l'appareil, en élevant ou en abaissant une des viroles extérieures, lesquelles devront revenir au point de départ du moment où l'on cessera de faire effort sur elles.

Une seule chance de fuite considérable et instantanée restait encore par la rupture du manomètre indiquant la pression du vaporisateur ou de l'éprouvette à vide du condensateur, et j'avais porté toute mon attention de ce côté-là pour faire disparaître cette dernière objection grave à l'emploi de mes machines, lorsque ont paru les manomètres et éprouvettes pour le vide à spirales métalliques de M. Bourdon : ces deux instruments, dont j'ai pu apprécier le bon fonctionnement à la vapeur d'eau, donneront certainement des résultats plus exacts encore lorsqu'ils travailleront sous la pression de liquides aussi purs que ceux dont je me sers.

Tels sont les divers appareils décrits dans mes brevets, qui établissent une différence entre la machine mue par la vapeur d'eau et celle mue par la vapeur du liquide auxiliaire dans les machines à vapeurs combinées. L'expérience et l'étude opiniâtre que j'ai faite de la manière dont se conduisent ces liquides toujours précieux, à cause de leur prix de revient, m'ont enseigné une foule de moyens et de précautions à prendre que je décrirai en temps et lieu. Leur but à peu près unique est l'économie du liquide auxiliaire ; car il ne suffit pas de trouver la théorie des choses, il faut encore les rendre applicables.

Après avoir trouvé l'emploi de la chaleur latente contenue dans la vapeur d'eau en la condensant par par la vaporisation d'un liquide bouillant à une basse température, j'ai recherché les moyens de maintenir ce liquide que jusqu'à présent la chimie ne peut fournir qu'à un prix assez élevé, de telle manière que la consommation ou la perte qui en serait faite par l'application de ma théorie ne pût balancer les avantages que cette dernière m'indiquait. Je dois le dire ici, cette application m'a coûté beaucoup de temps et de persévérance ; ce n'est qu'après les plus grands efforts que j'ai réussi à contenir le liquide auxiliaire dans mes machines, d'une manière, sinon parfaite, rien n'est parfait en ce monde et le progrès marche avec le temps, du moins d'une manière suffisante. Toute mon intelligence, tous mes essais se sont portés vers ce but, et je me suis peu occupé de la recherche des liquides qui pourraient être plus ou moins avantageusement employés dans mes machines ; cette question était surtout du domaine de la chimie. L'éther sulfurique est le liquide sur lequel j'ai fait toutes mes expériences, c'était le plus difficile à maintenir : beaucoup d'autres avant moi avaient cherché à en tirer parti, et, sauf son inflammabilité, il est supérieur, et pour la facilité et les avantages de son emploi et pour son prix de revient, à tous les liquides connus jusqu'à ce jour. Je n'ai donc point la prétention d'avoir employé le premier tel ou tel liquide comme moteur, mais je suis le premier qui ai songé à tirer un parti utile de la chaleur latente de la vapeur d'eau en condensant cette dernière par la vaporisation d'un liquide bouillant à une basse température ; je suis le premier qui ai combiné l'emploi de ces deux vapeurs, dont l'une née de l'anéantissement de l'autre continue et double le travail que la première avait commencé, et je suis le premier et le seul qui ai construit des appareils capables de réaliser les avantages promis par cette idée-mère, en contenant ces liquides précieux d'une manière à peu près parfaite, sans nuire en rien à leur vaporisation et condensation. Là s'est borné et se bornera encore ma tâche, à laquelle j'ai travaillé avec ardeur depuis huit années et à laquelle il reste encore tant à faire. J'ai trouvé l'emploi utile de la vapeur après sa détente, en faisant passer le calorique qu'elle contient dans des liquides bouillant à une basse température et les appareils nécessaires pour assurer les avantages de cet emploi : à d'autres plus habiles que moi en cette matière à découvrir de nouveaux liquides, ou à perfectionner ceux déjà découverts. Le chloroforme, appliqué pour la première fois dans une machine de mon système par M. Lafont, lieutenant de vaisseau, chargé par le ministre de la marine, alors M. de Mackau, d'en étudier la valeur, a été un grand pas fait dans cette voie; mais il a contre lui le prix de sa fabrication et le point un peu élevé de la température à laquelle il bout. Il n'est pas probable que la chimie ait dit son dernier mot et qu'elle ne trouve quelque liquide à base de chlore, ou autre non inflammable, qui pourra se produire à un prix moyen de deux francs le litre et qui aura son point d'ébullition vers cinquante degrés centig. Celui qui découvrira ce liquide aura certainement beaucoup fait pour l'emploi des machines à vapeurs combinées, mais il aura encore plus fait pour sa fortune personnelle; car, en faisant disparaître les dernières objections à l'application de ces machines, il aura ouvert une immense voie d'écoulement au liquide qu'il aura produit.

DEUXIÈME PARTIE.

CONSTRUCTION DES APPAREILS SPÉCIAUX AUX MACHINES A VAPEURS COMBINÉES.

CHAPITRE Ier.

Du Cylindre (Pl. 1re, fig. 1re).

J'ai dit dans la première partie de ce Manuel que la machine à vapeurs combinées se composait nécessairement de deux cylindres, et j'ai indiqué en quoi elle différait des machines à vapeur ordinaires. Je vais, dans cette deuxième partie, rassembler tous les documents que m'ont fournis la réflexion et l'expérience pour la construction des organes spéciaux qui la composent, que je n'ai fait qu'indiquer sommairement, et que je reprendrai un à un, négligeant, autant que possible, tout ce qui est de construction ordinaire. Laissant donc de côté le cylindre à vapeur d'eau, auquel je ne change rien et qui comporte tous les perfectionnements apportés à cette partie importante des machines, j'arrive au cylindre dans lequel doit agir la vapeur du liquide auxiliaire.

Enveloppe du cylindre.

On a reconnu comme d'un excellent usage l'enveloppe que beaucoup de constructeurs font venir de fonte, ou rapportent au cylindre. Ce soin, que j'approuve grandement et qui constitue, selon moi, une amélioration incontestable, est quelquefois négligé. Il ne peut, dans aucun cas, l'être dans le cylindre à liquide auxiliaire. Ce cylindre, quel que soit le liquide dont on emploie la vapeur, doit toujours être revêtu d'une enveloppe à peu près étanche, dans laquelle on fera arriver de la vapeur d'eau prise directement à la chaudière, pour le chauffer avant la mise en marche de la machine, et l'introduction de la vapeur qu'il doit contenir. Cette disposition, tout-à-fait essentielle et indispensable, a pour but d'éviter la condensation de cette vapeur, qui aurait lieu, sans cela, avec une extrême rapidité et en assez grande abondance pour dégarnir le vaporisateur du liquide qui couvre ses surfaces chauffantes, diminuer considérablement la production de vapeur et engorger le cylindre d'un liquide qui gênerait la marche du piston. Il n'est point nécessaire que ce cylindre ait la même course que le cylindre à vapeur d'eau, en conjugaison duquel il travaille.

Dans les machines de Woolf à balancier, on emploie depuis bien longtemps des cylindres dont la

course et le diamètre sont différents ; dans les ma_
chines à vapeurs combinées, comme il est à peu près
impossible ou tout au moins désavantageux d'éga-
liser la force et le travail des deux vapeurs, soit qu'elles
agissent sur un balancier, soit directement sur l'arbre
par la manivelle, les cylindres auront toujours une
grande différence soit dans la course, soit dans le diamètre ; car la capacité du cylindre dans lequel doit
agir la vapeur du liquide auxiliaire devra toujours
être beaucoup plus considérable : on pourra cependant
faire les cylindres de même diamètre en variant la
longueur des courses et des manivelles, ou de même
course en variant les diamètres. Le point essentiel
est de connaître la capacité proportionnelle des deux
cylindres entre eux, capacité qui varie suivant les
liquides qu'on emploie ; car il y a avantage à n'employer la vapeur du liquide auxiliaire qu'à une pression peu élevée et à une température qui n'excède
pas trop celle à laquelle s'opère la condensation de la
vapeur d'eau dans les bonnes machines à détente : à
une pression peu élevée ; parce que la perte ou consommation journalière du liquide auxiliaire s'accroît
considérablement à mesure qu'on use de la vapeur à
une pression plus élevée et à une basse température,
pour que la condensation de la vapeur d'eau chauffante se fasse bien le long des parois de l'appareil qui
contient le liquide dont la vaporisation opère sa condensation. Ainsi, dans les machines à vapeur d'eau
bien construites, où l'on emploie cette dernière à haute
pression et où on la laisse détendre soit dans le même

cylindre comme dans les machines de Mayer, soit dans un cylindre spécial comme dans celles de Woolf, la pression de la vapeur d'eau ainsi détendue est égale à 0 atm. 66 ou 0 atm. 70, et sa température à 82 ou 88°. C'est d'après cette pression et cette température que je vais indiquer la manière de déterminer la capacité d'un cylindre marchant par la pression auxiliaire de la vapeur de l'éther sulfurique. Il sera facile de faire, pour les autres liquides, les calculs que je vais tracer pour la vapeur de l'éther, en changeant les chiffres des températures, pesanteurs spécifiques et caloriques latents d'après le tableau annexé à ce Manuel et en se reportant aux données fixées dans la première partie.

Rapport des cylindres.

J'ai déjà dit qu'un volume de vapeur quelconque à une température donnée engendrait, par sa condensation intégrale, un volume supérieur de vapeur auxiliaire à la même pression ; que ce volume de vapeur auxiliaire pouvait être employé à une pression correspondante à la température de la vapeur chauffante, mais alors qu'il serait réduit au même volume qu'aurait la vapeur chauffante à une égale pression ; qu'ainsi, un mètre cube de vapeur d'eau à 0 atm. 66, résultant de la détente d'un sixième de mètre cube de vapeur à 4 atm., produirait au moins un pareil volume de vapeur auxiliaire à la même pression, si la vapeur auxiliaire pouvait être portée et subsister à cette pression avec la chaleur sensible que conserve la vapeur ainsi détendue; que cette vapeur auxiliaire serait capable de produire le même travail mécanique par une détente semblable, et que ce travail mécanique sera toujours obtenu par une détente proportionnelle dans le cas où on emploiera cette vapeur à une plus basse pression, parce qu'alors le volume réel s'augmentera de toute la différence entre les caloriques sensible et latent de la vapeur chauffante et celui de la vapeur créée, ce calorique sensible passant en calorique latent pour la création de cette dernière.

Prenons pour exemple et pour liquide auxiliaire l'éther sulfurique, qui bout à 37° et qui, à 100°, produit de la vapeur dont la pression est égale à 6 atm. 50. Je dis qu'un sixième de mètre cube de vapeur d'eau à 4 atm., utilisé par la détente dans un cylindre de manière à former un mètre cube de vapeur à 0 atm. 66 au moment de son émission au condensateur, alors que cette vapeur conserve encore une chaleur sensible de 88°, produira par sa condensation plus d'un sixième de mètre cube de vapeur d'éther, dont la pression sera correspondante à cette température, c'est-à-dire 4 atm. 75, laquelle vapeur, employée dans un cylindre de capacité proportionnellement supérieure à celui de la vapeur d'eau et détendue à la même pression, pourra donner un travail mécanique plus considérable. Mais j'ai dit aussi qu'il était convenable de n'employer la vapeur auxiliaire qu'à une pression correspondante à celle de la bonne condensation de la vapeur d'eau, pour deux motifs : le premier, pour que cette dernière puisse rendre tout son effet utile par le vide qu'elle laisse à sa place en se condensant ; le second, pour que cette condensation soit plus instantanée par la rapidité qu'acquiert la transmission de la chaleur d'une vapeur dans une autre, par la différence existant entre leurs températures respectives. Il serait donc convenable de n'employer la vapeur d'éther qu'à une pression maximum de 2 atm. 50 correspondant à la température de 66°, à laquelle la vapeur chauffante ne peut plus avoir qu'une pression de 0 atm. 25. Pourtant il ne faut pas croire qu'il y ait grande perte à employer la vapeur auxiliaire à cette pression au lieu de celle de 4 atm. 75 : car, si la pression est plus basse, le volume produit est plus que double, parce que la chaleur spécifique, passant en calorique latent, a augmenté la quantité de vapeur à 66° d'une quantité proportionnelle à la différence entre la température de la vapeur chauffante et celle de la vapeur chauffée ; en sorte que l'effet produit par la condensation et la détente sur un piston d'une surface plus grande, sera bien plus considérable.

Les diverses expériences faites, ainsi que je l'ai déjà dit bien des fois, ont donné toujours un volume de vapeur auxiliaire plus considérable que celui de la vapeur d'eau chauffante, dont le travail mécanique a toujours donné un résultat à peu près égal quels qu'aient été les liquides employés pour produire la vapeur auxiliaire et condenser la vapeur d'eau. Les avantages d'une ébullition à une plus basse température sont en partie détruits par la difficulté de la condensation et une plus haute pression moyenne dans le condensateur, tandis que les inconvénients d'une plus haute température d'ébullition et d'une moins bonne condensation de la vapeur d'eau sont rachetés par une meilleure condensation de la vapeur auxiliaire. Cependant les avantages de la détente se trouvent en faveur des vapeurs subsistant à une plus basse température et pouvant, par ce motif, être employées à une plus haute pression moyenne, toutes les fois qu'on peut avoir un volume d'eau assez considérable et à une assez basse température pour en opérer la bonne condensation.

Il faut remarquer qu'il n'est pas toujours possible de fonctionner à la même pression finale dans le cylindre à vapeur d'éther, à moins que cette pression ne soit assez élevée, à cause de la difficulté de trouver des eaux assez froides pour opérer la condensation de l'éther de manière à conserver dans le condensateur un vide en rapport avec cette pression finale, et du volume considérable d'eau qu'il faudra dans tous les cas. Ceci pourra parfaitement avoir lieu dans l'emploi du chloroforme et du perchloride de carbone, parce que, d'une part, la pression finale de la vapeur d'eau sera nécessairement plus élevée à cause du degré de température exigé pour l'ébullition de ces liquides, et, en second lieu, à cause de la facilité extrême de leur condensation qui demande une température moins basse et un moindre volume d'eau. Du reste, on comprend que le rapport varie suivant les pressions auxquelles on emploie chacune des vapeurs. Il ne faut pas beaucoup se tourmenter si l'on ne peut arriver à détendre la vapeur auxiliaire à une aussi basse pression que la vapeur chauffante; il se passe un fait bien extraordinaire, et que j'ai déjà énoncé dans la première partie de cet ouvrage, dans la production des vapeurs auxiliaires : la pression de ces vapeurs baisse dans le vaporisateur à mesure que la détente ou le vide deviennent plus considérables. J'ai pu remarquer que, lorsque le vide du condensateur de la vapeur auxiliaire dépasse 0,50 c., la pression baisse dans le vaporisateur quoique la quantité de vapeur chauffante soit exactement la même, que la machine marche avec la même vitesse et qu'elle dépense rigoureusement la même quantité de vapeur. La condensation se faisant parfaitement au-dessus de ,50, et la vapeur au vaporisateur étant 2 atm. 50, si, sans changer rien aux conditions d'admission et de détente des deux vapeurs dans leur cylindre respectif, vous abaissez la pression et la température dans le condensateur de la vapeur auxiliaire, soit en augmentant le volume d'eau froide qui circule autour de ses surfaces condensantes, soit en faisant un meilleur vide au moyen de la pompe à air, vous voyez sensiblement et presque à l'instant baisser la pression dans le vaporisateur; de telle sorte qu'il me paraît certain qu'il y a avantage peut-être et dans tous les cas compensation à ne pas trop détendre les vapeurs auxiliaires, ou avoir au condensateur un vide trop parfait. J'ai déjà indiqué les causes qui pouvaient produire un effet en apparence si bizarre; je suppose qu'il y a un rayonnement considérable à travers le piston et une grande absorption de chaleur par les parois du cylindre que refroidit l'action du condensateur, dont la température est bien au-dessous de celle du cylindre. L'effet inverse paraît avoir lieu quant à la production de vapeur auxiliaire par la grande détente de la vapeur d'eau; il semblerait que le volume produit est augmenté ou tout au moins qu'il n'est point diminué, tandis que la diminution serait la conséquence naturelle de l'observation ci-dessus, si les deux vapeurs se conduisaient de même. Il faut remarquer dans ce cas, et pour expliquer cette apparente anomalie, que le condensateur-vaporisateur utilise toute la chaleur et ne perd rien; qu'ainsi, quand même cet effet serait produit dans le travail de la vapeur d'eau, cette chaleur étant absorbée par la vaporisation du liquide auxiliaire, il n'y a aucune perte de force ni de chaleur, tandis que, dans le condensateur par injection ou par contact ordinaire au moyen d'eau froide, la chaleur, rayonnée ainsi que je l'explique, est entièrement perdue, puisqu'elle passe dans le volume d'eau rejeté au dehors.

Si ces effets sont vrais pour toutes les vapeurs, comme mes observations me portent à le croire, il y aurait pour la vapeur d'eau une certaine dépense de chaleur dont on ne tient pas compte dans l'emploi des grandes détentes et d'un vide complet : car, plus la pression est élevée et plus le vide est parfait dans le condensateur, plus la différence entre la température des deux faces du piston et des parois du cylindre avec le condensateur est considérable, et plus le rayonnement dont je parle et sa vitesse doivent être grands. On peut l'empêcher par les parois avec l'extérieur pour une faible partie, mais comment l'empêcher à travers le piston et à l'intérieur par ces mêmes parois qui rayonnent dans le vide la chaleur qu'ils absorbent à la vapeur? Cette chaleur, nécessairement perdue dans la condensation par injection et qui est en proportion du vide et de la détente de la vapeur chauffante, se trouve par le fait recueillie dans le condensateur-vaporisateur; de sorte qu'avec lui il n'y aurait nul inconvénient à pousser la détente et le vide de la vapeur d'eau aussi loin qu'on pourrait l'atteindre, s'il n'y avait nécessité de conserver une température suffisante pour créer la vapeur du liquide auxiliaire et la maintenir à une pression assez élevée. Il résulte de là qu'on ne doit point s'attacher à détendre la vapeur auxiliaire au-dessous de 0,70 ou 0,80, non plus qu'à conserver au condensateur un vide de plus de 0,50, parce qu'alors on perdrait par l'abaissement de la pression ce qu'on gagnerait par le travail d'une détente ou d'un vide plus parfaits, tandis qu'au contraire il faut pousser la détente de la vapeur d'eau jusqu'au point où la température sera suffisante pour produire de la vapeur auxiliaire dans de bonnes conditions de pression. Ce point variera suivant l'élévation de la température d'ébullition des divers liquides, et j'engage à ne pas les employer au-dessus de

2 atm. 50, pression initiale, par le motif surtout que les pertes de liquides deviennent considérables à mesure que la pression s'élève, ainsi que les pertes de chaleur par le rayonnement et la détente ; que ces pertes rendent moindre le travail du volume de vapeur, et que la chaleur passant dans l'eau de condensation est tout-à-fait perdue.

Peut-être les mêmes motifs doivent-ils prévaloir dans l'emploi de la vapeur d'eau à grande détente dans les machines ordinaires : ce qu'il y a de certain, c'est qu'il est difficile d'expliquer autrement le volume de vapeur auxiliaire créé malgré et souvent à cause de la plus grande détente de la vapeur d'eau ; ce volume croissant en dehors des proportions du calorique sensible qui passe en calorique latent, et du calorique latent du volume de vapeur chauffante, avec les caloriques de la vapeur créée. Cette hypothèse, basée sur l'observation qu'il y a une absorption ou un rayonnement de chaleur d'autant plus grands que la différence entre la pression initiale et finale de la vapeur et aussi la perfection du vide sont plus grands, explique parfaitement et peut seule expliquer le phénomène que je viens d'indiquer. Je suis bien loin d'induire de là que la détente doit être rejetée dans les machines auxiliaires, mais je dis seulement qu'il ne faut pas la porter trop loin, parce qu'alors ses résultats deviendraient nuls et peut-être nuisibles.

Voici donc la méthode que j'emploie pour calculer mes cylindres, et que je crois suffisante ; elle est fondée sur la théorie que j'ai posée dans la première partie de ce Manuel et sur l'expérience :

J'admets à 4 atmosphères la pression initiale maximum de la vapeur d'eau quand on emploie l'éther sulfurique pour liquide auxiliaire, et sa pression finale à 0,66, afin d'avoir sa température à 88°. Cette température serait capable de former de la vapeur d'éther ayant une pression égale à 4 atmosphères 75, si elle ne baissait encore dans l'enveloppe du vaporisateur par une nouvelle détente proportionnelle à la capacité de cette enveloppe, capacité que j'admets égale à celle du cylindre ; de sorte que la vapeur, au lieu d'avoir 0,66 de pression, n'aura plus que 0,33 et une température de 70°, ce qui fournira de la vapeur d'éther à la pression de 3 atmosphères. Pour avoir une plus grande rapidité de transmission et une production plus prompte et plus abondante, je n'emploierai cette vapeur qu'à la pression de 2 atm. ou 2 atm. 50 au plus.

La pression initiale de la vapeur d'éther sera donc 2 atm. 50, et la pression finale 0,66, comme celle de la vapeur d'eau, par le motif que j'ai indiqué ci-dessus de l'abaissement de pression au vaporisateur par une trop grande détente.

Si, au lieu d'éther sulfurique dont le point d'ébullition est 38°, je veux employer comme liquide auxiliaire le chloroforme qui ne bout qu'à 61°, j'élèverai à 4 atm. 25 la pression initiale de la vapeur d'eau et à 0,80 la pression finale ; la température sera 94°. Cette température pourrait former de la vapeur de chloroforme à 3 atm. 25, mais il faut déduire de 94° l'abaissement occasionné par la détente de la vapeur chauffante dans l'enveloppe du vaporisateur. J'aurai une température de 80°, laquelle peut former de la vapeur de chloroforme à la pression de 1 atm. 75 que j'emploierai seulement à la pression initiale de 1 atm. 50 et à la pression finale de 0,50.

Si au lieu de chloroforme j'emploie le perchloride de carbone dont le point d'ébullition est à 71°, j'agirai de même. J'élèverai à 4 atm. 50 la pression initiale de la vapeur d'eau et sa pression finale à 1 atm. : la température sera 100° réduite à 85°; j'aurai de la vapeur de perchloride à 1 atm. 65, que j'emploierai à la pression initiale de 1 atm. 50 et à la pression finale de 0 atm. 40.

Ceci admis, je recherche le volume produit par le rapport des caloriques latents et spécifiques de la vapeur à la pression de 1 atm. de chacun de ces liquides comparés à ceux de la vapeur d'eau, ainsi que je l'ai indiqué dans la première partie (Théorie des machines binaires), et j'y ajoute la quantité de vapeur produite par la différence entre la température de la vapeur chauffante et son échappement du cylindre et celle de la vapeur créée à la pression finale; ce qui me donne la capacité proportionnelle de mon cylindre auxiliaire. Ainsi, pour l'éther sulfurique, un volume de vapeur d'eau à 1 atm. représenté par 1000 produira un volume de vapeur d'éther représenté par 1489, produit de $1309 + 180$, la température de la vapeur d'éther étant amenée à 37° et sa pression à 1 atm.; mais nous l'employons à 0 atm. 66 et 25°, ce qui fait une différence de 12°, dont le produit est $63 : 180 :: 12 : x = 34$.

Le volume de vapeur créé sera donc 1523, celui de la vapeur chauffante étant 1000, capacité minimum à donner aux cylindres.

Si nous recherchons le travail théorique de ces deux vapeurs dont celle de l'eau détendue de six fois son volume produira 28,848, et celle de l'éther détendue de trois fois son volume 21,686, d'après les tables du travail de la détente dans l'emploi de la vapeur, en admettant un vide de 0,30 au condensateur-vaporisateur et 0,45 au condensateur de vapeur auxiliaire, nous aurons :

Travail de la vapeur d'eau : Contre-pression.
$$28,848 \times 1000 - 28,848 \times 0,30 = 20,184.$$
Travail de la vapeur d'éther : Id.
$$21,686 \times 1523 - 21,686 \times 0,45 = 19,203.$$

Vapeur d'eau. Travail utile : 20,184 ⎫
Id.   d'éther.   Id.   id.   19,203 ⎬ Rapp. 0,951.

Il résulte de ces chiffres que le travail de la vapeur d'éther est de 1/20 moindre que celui de la vapeur d'eau; mais si l'on considère que ce résultat provient uniquement de la différence du travail de la détente et de la contre-pression de chacune des vapeurs tel que l'indique rigoureusement la théorie, et non point la pratique ; si, d'autre part, l'on tient compte du rayonnement et de la dépense de chaleur qui doit venir en diminution du travail réel de la vapeur d'eau et en augmentation de la production et du travail réel de la vapeur auxiliaire, on verra que le travail des deux vapeurs est au moins égal, et que, si la contre-pression est plus forte et la détente moindre dans la vapeur auxiliaire, il y a compensation par l'augmentation de son volume.

Il faut bien remarquer que ce n'est point au volume de vapeur chauffante ni à sa détente proprement dite que j'attribue ce surcroît de volume, mais à la chaleur que dépense la plus grande détente de la vapeur chauffante par le rayonnement que cause son abaissement de température, rayonnement d'autant plus considérable que le vide sera plus parfait. On connaît déjà la nécessité d'envelopper les surfaces des cylindres pour empêcher le rayonnement extérieur, et pourtant l'air s'oppose à ce rayonnement par son peu de conductibilité; qu'on juge donc de ce que doit être le rayonnement à travers le piston et par les surfaces intérieures des cylindres dans le vide du condensateur avec lequel elles cherchent à équilibrer leur température. Tant que dure l'admission, ce rayonnement s'opère aux dépens de la chaudière qui remplace la vapeur condensée par cette perte de chaleur et maintient la même température et pression; mais du moment où le tiroir ferme la communication et où la détente commence, ce rayonnement, qui est proportionnel à la pression et à la température décroissantes de la vapeur, agit aux dépens de la vapeur détendue, en diminue le volume et la pression, et conséquemment l'effet. On peut donc penser que le travail utile de la détente n'est pas pratiquement celui qui est donné par les tables de détente, où l'on ne tient nul compte de cette perte de chaleur.

Dans les machines à vapeurs combinées, ce travail

de la chaleur perdue dans la détente de la vapeur d'eau ne l'est point totalement, car le vaporisateur en profite; et le volume de vapeur auxiliaire engendré étant proportionnel à la somme de chaleur qui arrive dans l'enveloppe quelles que soient les causes qui l'y amènent, cette chaleur produira dans la vapeur auxiliaire le travail qu'elle n'a pas donné dans son passage à travers la vapeur d'eau. Ainsi encore les pertes de vapeur par le piston et les tiroirs dans les machines usées ou mal entretenues, les volumes non utilisés par les défauts de construction et perdus pour le travail du cylindre, sont retrouvés dans la création de la vapeur auxiliaire. On comprendra, d'après ces observations, pourquoi il ne faut pas trop détendre la vapeur auxiliaire, ni s'astreindre à obtenir un grand vide au condensateur de cette vapeur : c'est pour ne pas perdre cette chaleur de rayonnement ou de refroidissement qu'on ne retrouverait plus, puisqu'elle passerait dans l'eau de condensation ; ni craindre de donner au cylindre à vapeur auxiliaire une capacité un peu plus grande que celle indiquée par le calcul.

Suivant donc que j'emploierai la vapeur d'eau plus ou moins détendue, j'augmenterai en outre la capacité de mon cylindre à vapeur auxiliaire, afin de pouvoir utiliser, sans élever la pression, le volume de vapeur créé en sus de tout calcul par la chaleur de rayonnement causée par le vide et la détente. Ainsi j'augmenterai d'un dixième la capacité théorique de ce cylindre, quelle que soit la vapeur auxiliaire employée, à mesure que la vapeur d'eau sera détendue de plus de quatre fois son volume dans un vide au-dessous de 0,60. Dans le cas qui précède, par exemple, le cylindre à vapeur d'eau ayant un volume ou capacité égale à 1000, je donnerai au cylindre à vapeur auxiliaire d'éther sulfurique une capacité égale à 1623. Cette même vapeur étant détendue de six fois son volume, la capacité du cylindre auxiliaire sera 1723, et ainsi de suite. Je rappelle ici que l'émission de la vapeur chauffante devant conserver à cette dernière une température d'au moins 21° au-dessus du point d'ébullition du liquide employé, après s'être détendue de nouveau dans la capacité de l'enveloppe du vaporisateur, il faut employer cette dernière à de très hautes pression et température pour pouvoir la détendre de plus de six fois son volume.

Voici, d'après ces indications, les proportions que j'ai données à une machine à vapeurs combinées de la force de 10 chevaux de 100 kilogrammètres.

Vapeur d'eau :

Pression initiale, 4 atm. absolues; finale, 0,80; admission, 1/5 ; vide, 0,70; diamètre du cylindre, 0,27; surface, 572 ; course, 0,60; nombre de tours, 50.

Travail brut de la vapeur d'eau sur le piston :

$572 \times 26,964 \text{ k}^m \times 4 \text{ at.} \times 1^m = 1233 \text{ k}^m 8$.

Contre-pression à déduire :

$572 \times 10,333 \text{ k}^m \times 0,30 \text{ atm.} \times 1^m = \overline{177 \text{ k}^m}$.

Travail net . . . . $\overline{1056 \text{ k}^m 8}$

Travail utile à 50 p. 0/0, 528,4 = 5 chevaux 28 de 100 kilogrammètres.

Vapeur auxiliaire :

Pression initiale, 2 atm. 50; finale, 0,75; admission, 1/3; vide, 0,25.

Diamètre du cylindre, 0,34; surface, 907; rapport des cylindres, 1634.

Travail brut de la vapeur auxiliaire :
907 × 21,686 × 2 atm. 50 × 1 =   1638

Contre-pression à déduire :
907 × 10,333 × 0,75 × 1 =   552. 9

Travail net 1085. 1

Travail utile à 50 p. 0/0 de rendement, 542.55 = 5 chevaux 42 de 100 kilogrammètres.

Dans les applications que j'ai faites jusqu'à ce jour, soit pour l'éther sulfurique, soit pour les autres liquides, j'ai admis les bases et rapports ci-dessus ; je ne puis donc qu'engager le constructeur à s'en tenir à ces chiffres. On pourra du reste toujours obtenir tout l'effet utile de la vapeur auxiliaire, en détendant plus ou moins la vapeur d'eau dans son cylindre. Une plus longue pratique et l'expérience qu'on prendra à mesure que ces machines se multiplieront et que les observations des gens de l'art feront connaître exactement le rapport des volumes de vapeur produits, modifieront peut-être ces chiffres, en déterminant la limite exacte à laquelle il faudra s'arrêter; mais je ne pense pas que jamais ces modifications s'écartent beaucoup des chiffres que je donne, et je crois, en attendant, la méthode que je viens d'indiquer suffisante et capable de donner les résultats d'économie que j'ai annoncé être de 50 p. 0/0.

Détente variable.

Il résulte de ce qui précède, que chacun des cylindres doit indispensablement être muni d'une détente variable, qui, en permettant de dépenser de la manière la plus convenable la vapeur amenée dans le cylindre, en rendra l'emploi plus avantageux. Je ferai remarquer ici que la détente du cylindre à vapeur auxiliaire devra se régler à la main et non point par le travail de la machine, comme pour la détente de la vapeur d'eau. Il est facile de se rendre compte de cette différence: la vapeur auxiliaire est le produit, le résultat de la chaleur qu'abandonne la vapeur d'eau chauffante au moment de sa condensation; son volume est donc toujours proportionnel à la quantité de vapeur d'eau dépensée dans le premier cylindre; volume qui croît et décroît avec cette quantité. Si les deux détentes marchaient ensemble, la pression, dans certains cas, s'élèverait au vaporisateur lorsque la dépense ne se trouverait plus en rapport avec la production; car, bien que la vaporisation soit extrêmement prompte, son effet n'est pas si instantané que la température du vaporisateur puisse baisser au moment même où une moindre émission ou une plus grande détente de la vapeur d'eau fait changer la température de cette dernière. Ainsi que je l'ai indiqué déjà, il faut éviter de laisser prendre au liquide auxiliaire et à son récipient une température trop élevée, afin de ne pas nuire à la condensation de la vapeur d'eau.

Je crois donc, et l'expérience jusqu'à présent m'en a donné la preuve, que la détente seule de la vapeur d'eau doit être réglée par le travail même de la machine; la détente de la vapeur auxiliaire devra être réglée à la main et proportionnellement à la pression du vaporisateur, de manière à dépenser toute la vapeur produite, tout en maintenant autant que possible la même pression dans le vaporisateur. Cette régularisation sera faite par le mécanicien ou conducteur de la machine, lorsque le travail de cette dernière sera, pour un temps un peu long, sensiblement augmenté ou diminué, et seulement dans ce cas. Dans les cas ordinaires, où la résistance changeant à chaque instant fait varier de même la détente du cylindre à vapeur d'eau, il sera tout-à-fait inutile et il serait même nuisible de toucher à la détente du cylindre auxiliaire. Cette détente est réglée lors de la mise en marche, de manière à maintenir la pression au vaporisateur à 2 ou 2 1/2 atmosphères. Dans les ateliers où le travail est à peu près journellement le même, on pourrait, au lieu d'une détente variable, avoir une détente fixe au cylindre à vapeur auxiliaire. La détente variable est toujours indispensable au cylindre à vapeur d'eau, à cause de la difficulté de maintenir bien régulière la pression de la vapeur dans la chaudière, pression qui varie suivant la nature du combustible qu'on emploie et le plus ou moins d'habileté du chauffeur. Il suffira donc, pour les machines fixes ayant un travail à peu près régulier, d'avoir une détente variable au cylindre à vapeur d'eau, laquelle détente sera réglée par le régulateur de la machine même. Mais dans les machines de locomotion, où le travail peut changer considérablement en peu d'instants et pour un temps assez long, chaque cylindre doit être muni d'une détente variable; celle du cylindre à vapeur d'eau pourra être réglée par la machine, celle du cylindre à vapeur auxiliaire le sera à la main.

Orifices du cylindre à vapeur auxiliaire.

Les orifices d'introduction et d'échappement de vapeur auxiliaire doivent être beaucoup plus grands, à peu près le double de ceux du cylindre à vapeur d'eau, calculés d'après les données indiquées par les meilleurs auteurs qui ont traité de la matière. Dans les dernières machines dont j'ai surveillé l'exécution, je les ai demandés de un quinzième de la section du cylindre pour l'introduction, de un onzième pour l'échappement. Cette disposition, qui peut varier suivant la densité de la vapeur des liquides que l'on emploie, a pour but de faciliter le passage de ces vapeurs, qui toutes sont beaucoup plus denses et conséquemment plus voisines de l'état liquide que celles de l'eau; elle est du reste fondée sur l'expérience, qui m'a coûteusement appris que les orifices ordinaires étaient insuffisants. Cette observation est commune à tous les orifices et tuyautages donnant passage à la vapeur seulement du liquide auxiliaire; quant à ceux par où il s'écoule à l'état liquide, ils doivent être proportionnels au volume du liquide qu'ils conduisent et à sa vitesse : ils seront calculés comme à l'ordinaire. On remarquera seulement que le volume de vapeur produit par un volume donné de liquide varie suivant qu'on se servira d'éther sulfurique, de chloroforme, de sulfure ou chlorure de carbone. Ainsi, un mètre cube d'éther sulfurique à la pression de une atm., réduit à l'état liquide, donnera 3 litres 900 g. Il faudra donc, suivant le liquide qu'on devra user dans la machine, rechercher quel est le volume de liquide produit par sa vapeur et régler là-dessus le diamètre des orifices et des tuyaux. Le tableau placé à la fin de ce Manuel contient les indications suffisantes pour les quatre liquides connus jusqu'à ce jour ; il sera facile du reste, à mesure de l'application d'un nouveau liquide, de le joindre à ce tableau, en recherchant son point d'ébullition, sa pesanteur spécifique, son volume à l'état de vapeur et son calorique latent.

Enveloppes du cylindre. — Robinet d'arrivée de vapeur d'eau dans l'enveloppe du cylindre. — Robinet de purge.

J'ai dit plus haut de quelle importance il est que le cylindre puisse être chauffé avant la mise en marche de la machine, et qu'à cet effet il doit être revêtu d'une enveloppe dans laquelle on amènera un courant de vapeur d'eau provenant directement de la chaudière et qui pourra être réglé et intercepté au moyen d'un robinet. Un autre robinet placé à la partie la plus basse de cette enveloppe laissera écouler l'eau résultat de la condensation opérée par le chauffage des surfaces froides, et un tube la conduira dans la bâche de la pompe à air d'où elle sera reportée par la pompe d'alimentation à la chaudière. Si l'on fait venir de fonte cette enveloppe avec le cylindre, il faudra bien s'assurer qu'il n'y a point de soufflures ni crevasses qui puissent établir une communication entre elle et l'intérieur du cylindre. Ce mauvais état de choses, d'un faible inconvénient et quelquefois réparable dans les machines à vapeur d'eau ordinaires, en aurait de très graves dans les machines à vapeur auxiliaires dans lesquelles la vapeur d'eau agit dans l'enveloppe du cylindre, tandis qu'une autre vapeur produite par un liquide coûteux agit à l'intérieur du même cylindre. Il y aurait fuite de cette vapeur dans l'enveloppe, condensation du liquide et perte considérable lorsqu'on purgerait l'enveloppe; indépendamment des dangers qui pourraient survenir si l'on amenait subitement de la vapeur d'eau en contact avec un liquide très volatil qui, passant rapidement en vapeur, pourrait déterminer la rupture d'une enveloppe nécessairement faible et légère, puisqu'elle n'est destinée à contenir aucune pression.

En général, les cylindres à enveloppes sont très lourds et difficiles à fondre; le noyau placé pour faire venir l'enveloppe détermine des soufflures qui quelquefois communiquent soit avec l'intérieur du cylindre, soit avec les conduits de vapeur, à la distribution ou à l'échappement. Ces soufflures ou piqûres sont difficiles à reconnaître, et parfois ne se découvrent qu'après un assez long usage. Je préfère, quant à moi, les enveloppes rapportées; et comme dans le cylindre à vapeur auxiliaire elles n'ont pour but que le chauffage de ce cylindre avant la mise en marche, elles n'ont pas besoin d'être rigoureusement étanches : elles n'ont à recevoir que de la vapeur sans pression; et dans le cas où il y aurait des fuites légères, le seul inconvénient qui pourrait en résulter serait le plus ou le moins de propreté du cylindre et de la plaque de fondation pendant seulement le temps bien court du chauffage. La vapeur chauffante introduite par le robinet à cet usage peut du reste s'échapper avec l'eau de condensation par celui placé à la partie la plus basse, et conséquemment elle n'exercera qu'une pression extrêmement faible qui servira à chasser l'eau condensée de l'enveloppe dans la bâche de la pompe à air. Aussitôt que le cylindre est chaud, on supprime la vapeur chauffante.

Il y a plusieurs manières de faire des cylindres à enveloppes rapportées en fonte, mais toutes ont l'inconvénient d'être coûteuses et de rendre le cylindre fort lourd; en voici une dont on a fait usage avec assez de succès chez M. Clément Desormes, aux ateliers d'Oullins, et que je recommande, parce que, à mon avis, elle remplit le but d'une manière suffisante. Le but unique de l'enveloppe étant le chauffage du cylindre, il n'est pas nécessaire que cette enveloppe recouvre toute sa surface; les deux tiers sont plus qu'il n'est utile: il faudra seulement un peu plus de temps pour que l'équilibre de chaleur soit atteint dans toutes les parties. C'est au chauffeur conducteur de machine à s'y prendre un peu plus tôt; mais cela facilite considérablement la construction. On fait venir de fonte, et contiguë à chacune des brides du cylindre, une portée circulaire de un ou deux centimètres de saillie au plus et de trois cent. de large. Cette portée s'arrête aux passages de la vapeur et les suit parallèlement jusqu'à la boîte à tiroirs qu'elle contourne, comme le représente la fig. 1re (Pl. Ire). Sur cette portée dressée à peu près se fixe la feuille de fer ou cuivre qui doit former l'enveloppe. On s'était, dans le principe, servi de cuivre rouge, parce qu'on avait pu mater plus facilement et faire un meilleur joint sur la partie fondue qu'on avait négligé de dresser et seulement blanchi à la grosse lime, afin d'enlever la croûte et le sable, de rendre le contact des deux métaux plus immédiat et de favoriser l'oxidation. A l'essai hydraulique cette enveloppe de cuivre rouge a donné d'excellents résultats, qui ne se sont pas maintenus à l'application. La chaleur de la vapeur chauffante passant beaucoup plus rapidement dans le métal plus conducteur et plus mince de l'enveloppe, y a produit une dilatation que n'ont pu compenser à beaucoup près l'échauffement lent et la faible dilatation de la fonte du cylindre: il est résulté de là des gerçures qui, sans nécessiter le changement de l'enveloppe, doivent et peuvent être évitées. Pour cela, il suffira d'employer de la tôle de fer de bonne qualité, à laquelle on donnera la forme nécessaire et que l'on maintiendra en place en cet état au moyen d'un billage fait avec des cordes mouillées, ou des cercles de tôle mince garnis de vis de rappel. Cela fait, on commence à percer les trous que l'on taraude de suite et dans lesquels on place un prisonnier en fer fin que l'on rive à l'instant, puis l'on passe au trou suivant.

Ce travail nécessite chez l'ouvrier qui le fait quelques connaissances en chaudronnerie; le point de départ doit être le milieu de la feuille par chacune des extrémités qui reposent sur les portées contiguës aux brides du cylindre. Les deux premiers rivets seront donc placés dans le milieu de la feuille, à l'opposé précisément du conduit des tiroirs. Il ne faut jamais percer les trous à l'avance, parce que, à mesure que l'on donne les coups de marteau sur les rivets pour les faire joindre, la feuille de métal s'allonge un peu et les trous percés à l'avance dans la feuille ne se rencontreraient plus avec ceux percés sur la portée. Pendant cette opération on maintient la feuille en place au moyen de cordes que l'on serre par la torsion; il faut commencer par les deux bouts du cylindre à la fois et les mener ensemble. La clouure le long des conduits et de la boîte à tiroirs sera faite en dernier lieu, lorsque celles longitudinales aux brides seront entièrement terminées. Il faudra placer d'abord des rivets sur plusieurs points, afin de maintenir les bords de la feuille et de partager le rallongement occasionné par la clouure ; puis faire disparaître ce rallongement par l'emboutissage, tout en faisant exactement joindre la feuille sur la portée. Cette opération terminée, on matera la tôle de fer comme cela se pratique pour les chaudières, et on fera oxider. Il ne faut pas mettre plus de deux centimètres d'intervalle entre chaque rivet, si l'on emploie de la tôle de moins de 4 millimètres. Ce travail, conduit avec un peu de soin par un ouvrier qui a quelques connaissances en chaudronnerie, réussit parfaitement.

Si le cylindre que l'on veut envelopper avait une grande longueur ou un grand diamètre, on ferait venir des portées pour soutenir la feuille si l'on craignait qu'elle n'eût pas assez de consistance. Il ne serait pas nécessaire pour ces portées de placer des rivets, ou du moins on pourrait les mettre à de plus grandes distances. Il faudra ménager des passages dans ces portées pour la circulation de la vapeur chauffante et de l'eau résultant de sa condensation, afin de n'avoir qu'un seul robinet d'introduction et un seul robinet de purge. Je ferai remarquer que le cylindre de vapeur auxiliaire ne doit point avoir de robinet purgeur, que le liquide qui reste dans ce cylindre se vaporise et passe au condensateur pendant le chauffage, et que ce n'est que lorsque tout le liquide est vaporisé que la température s'élève à un degré convenable. Il faut que cette température soit supérieure à celle de la vapeur qu'il doit contenir, et qu'il soit très chaud au moment où la première cylindrée de vapeur y arrive : elle a passé à travers les tuyaux, la boîte à tiroirs et les conduits qui ne peuvent être chauffés, et il y a une certaine quantité de condensation que la chaleur du piston et du cylindre doit vaporiser pour la faire retourner au condensateur.

Brides des cylindres et boîtes à tiroirs.

Les brides des couvercles du cylindre et des boîtes à tiroirs devront avoir une largeur suffisante pour qu'en dedans du trou percé pour recevoir les boulons, vis ou prisonniers, il y ait une largeur de deux centimètres au moins ; trois centimètres au plus suffisent dans toute machine, quelle que soit sa puissance. Une seule bande de papier gommé devant être interposée dans le joint, cette partie de la surface devra être parfaitement dressée sur le tour ou à la machine à raboter. Elle sera légèrement exhaussée au-dessus de la partie de la bride que traverse le boulon. Le tourneur se gardera surtout d'y faire avec un grain d'orge de ces rainures généralement en usage dans les joints des machines, et la laissera sans la polir avec les légères rayures qu'y aura faites l'outil mené par le chariot ou la machine à raboter. Cette recommandation est générale pour tous les joints de la machine et des appareils destinés à maintenir un liquide coûteux, qu'il faut surtout éviter de perdre. Tous ces joints doivent pour ainsi dire être faits métal sur métal, mais non rodés ; une feuille de papier gommée seule empêche les fuites et rend le contact parfait. Le constructeur doit apporter la plus grande attention à cette partie essentielle de la construction. Si je recommande les brides larges, je les recommande aussi épaisses, afin qu'elles ne puissent ni fléchir ni céder sous la pression des boulons ; ces derniers pourront être moins forts qu'on ne les emploie habituellement, mais très rapprochés ; je déterminerai dans un chapitre spécial l'épaisseur et la largeur des brides, la grosseur et l'écartement des boulons : si j'insiste maintenant sur cette observation, c'est que je ne crois pas pouvoir trop la répéter ; j'ai eu tant de fois à me plaindre à ce sujet et éprouvé de telles résistances chez la plupart des constructeurs qui ne comprenaient pas l'importance de cette recommandation, que je la rappellerai chaque fois qu'elle devra être mise en œuvre dans l'appareil que j'aurai à décrire.

On s'imagine que, parce que la fuite n'est pas perceptible à l'œil ou à l'odorat, elle n'existe pas ; c'est une grave erreur. La vapeur très chaude fuyant en couche très mince n'est pas visible et est fort peu odorante, même la vapeur de l'éther sulfurique. Partout où l'on verra des traces d'huile dans un joint, soyez convaincu qu'il y a fuite de la vapeur ou du liquide auxiliaire ; serrez les boulons, et, si ces traces grasses continuent quand vous êtes certain de n'y avoir pas mis d'huile, multipliez les boulons ou dressez vos surfaces ; elles fléchissent ou ne joignent pas : il n'y a point de preuve plus certaine et plus infaillible pour reconnaître comment un joint se comporte. Les quatre liquides que j'indique ont la propriété commune de dissoudre ou tenir en suspension les huiles et les corps gras; au bout de peu de temps ils en sont saturés, car ils s'emparent de l'huile qui sert à lubréfier les tiges : liquides ou en vapeur, ils entraînent avec eux, partout où ils passent, une certaine quantité de cette huile. Arrivés à l'air libre à travers un joint mal fait, ils se vaporisent et disparaissent; mais l'huile qu'ils ont emportée ne se vaporise pas et laisse la trace palpable de leur fuite.

Boulons, vis, prisonniers.

Aucuns des boulons, vis ou prisonniers qui maintiennent les couvercles du cylindre et de la boîte à tiroirs et de toutes autres pièces, et dans quelque but qu'ils soient placés, ne doivent traverser dans l'intérieur des pièces ou appareils sur lesquels ils sont fixés. Cette recommandation est aussi générale et n'est pas moins importante que la précédente; je n'ai jamais pu employer de pièces dans lesquelles cette précaution avait été négligée : ne comptez pas sur l'oxidation des prisonniers vissés dans la fonte lorsqu'ils traversent la paroi. Les quatre liquides facilement vaporisables que j'ai employés dissolvent la plupart des oxides : la gomme, qui seule pourrait empêcher le passage, prend mal entre deux surfaces métalliques; il lui faut un corps quelconque qui lui serve de véhicule, papier ou filasse. Partout où vous devrez placer une vis ou un prisonnier, laissez ou faites venir une épaisseur de métal suffisante pour n'être pas obligé de traverser la paroi, et n'employez jamais de boulon qui pénètre dans une pièce destinée à contenir le liquide ou sa vapeur; vous ne pourriez faire, sous la tête de ce boulon, un joint qui eût quelque durée.

Il est d'usage d'envelopper de feutre et de bois les cylindres des machines à vapeur ordinaires, à plus forte raison devra-t-on le faire pour les cylindres à vapeur auxiliaire : cette vapeur se condense avec la même promptitude qu'elle se produit. Je recommande donc, en outre de l'enveloppe métallique qui sert au chauffage, d'envelopper le cylindre de feutre et de bois, afin d'empêcher toute perte de chaleur par rayonnement ou contact avec l'air extérieur.

Piston.

Le piston du cylindre est en tout semblable aux pistons métalliques à segments et à ressorts, dont on fait actuellement usage; il en est de même de ses tiroirs : ils doivent être parfaitement ajustés, mais n'exigent pas d'autres soins ni d'autres précautions. Les boîtes à garnitures du cylindre et des tiroirs ou soupapes d'expansion diffèrent des stuffingboxes de la vapeur d'eau; j'en ai indiqué la différence dans la description générale des parties spéciales de ma machine, j'en dirai les détails de construction dans un chapitre particulier. Les couvercles ne portant point de stuffingbox ont à leur centre un renflement percé d'un trou, pour laisser passer la tige. Ce renflement, parfaitement dressé et d'une épaisseur suffisante pour recevoir des prisonniers qui ne doivent pas traverser son épaisseur, recevra la garniture dont je parle. Ces couvercles, lorsqu'ils seront d'un grand diamètre, devront porter une enveloppe métallique : dans ce cas, l'enveloppe sera polie ; on pourra remplir l'intervalle avec une substance non conductrice de la chaleur, comme du charbon pilé. La couche d'air est ordinairement suffisante, car l'air est fort mauvais conducteur du calorique, et, quand la surface extérieure est parfaitement polie, le rayonnement est presque nul. Quelques constructeurs soigneux et intelligents prennent cette précaution dans les machines à grande détente.

J'ai indiqué au commencement de ce chapitre la manière de déterminer le rapport du cylindre à vapeur auxiliaire avec celui à vapeur d'eau; et l'on a pu voir que, pour l'emploi de l'éther sulfurique, ce cylindre devait être d'une capacité d'environ une fois et demie, et que la pression de la vapeur pouvait être de 2 à 2 1/2 atmosphères. Dans l'exemple que j'ai choisi, j'aurais pu élever la pression de la vapeur et diminuer la capacité du cylindre ; car cette température, correspondante à la pression de 3 et 3 1/2 atmosphères pour la vapeur d'éther, est au-dessous de 66 degrés centigrades, température à laquelle la condensation de la vapeur d'eau se fait bien. Si j'ai fixé ma limite de pression à 2 atmosphères, c'est que j'ai reconnu que, passé cette pression, les fuites imperceptibles du liquide croissaient dans une énorme proportion. Dans l'emploi du chloroforme, dont le point d'ébullition est à 61°, température élevée et fort voisine de celle nuisible à la bonne condensation de la vapeur d'eau, on n'aura point à craindre les fuites par excès de pression; il faudra prendre pour unique base de cette pression la température, et se contenter d'employer la vapeur à un et 1/4 ou un et 1/2 atm. au plus : on augmentera conséquemment d'autant la capacité du cylindre, de manière à ce que la pression finale soit la même dans les deux. Il sera facile d'atteindre ce résultat, qui ne sera pas toujours possible pour l'éther sulfurique ; car la condensation est d'autant plus parfaite, que le liquide dont on veut condenser les vapeurs a son point d'ébullition plus élevé : il faudra donc un moindre volume d'eau pour le chloroforme que pour l'éther sulfurique, ou de l'eau à une moins basse température. La condensation plus parfaite permettra une plus grande détente, et les pressions finales pourront être les mêmes.

Chloroforme. Emploi du bronze.

Je rappellerai, avant de finir ce chapitre, ce que j'ai dit précédemment au sujet de ce dernier liquide, qui a l'inconvénient d'attaquer assez promptement le fer, la fonte et l'acier. Il sera donc nécessaire de faire en bronze les organes de la machine avec lesquels sa vapeur se trouve directement en contact, tels que l'intérieur des cylindres, les pistons, les faces de tiroirs et les tiroirs eux-mêmes.

CHAPITRE II.

DES APPAREILS DE VAPORISATION ET DE CONDENSATION
(Pl. Ire et IIme).

Section première. — *Du vaporisateur.*
(Pl. III, fig. 1, 2, 3.)

Le vaporisateur est l'appareil dans lequel se produisent les vapeurs du liquide auxiliaire, dont la puissance vient s'ajouter à celle de la vapeur d'eau. Destiné à contenir un liquide précieux et à supporter de fortes pressions, il doit être parfaitement étanche et d'une grande solidité; il doit, en outre, développer une surface chauffante assez considérable pour que la vaporisation fournisse abondamment à la dépense du cylindre, et pourtant avoir une faible capacité, afin de n'exiger pour son remplissage qu'une petite quantité de liquide. On peut prévoir le cas où la rupture subite de cet appareil laisserait échapper la totalité de son contenu, et l'on comprend dès lors l'intérêt qu'il y a à ce que la quantité nécessaire pour le garnir soit aussi réduite qu'il est possible. En effet, il y a perte égale à la valeur vénale que représente le liquide, et en outre la chance des accidents produits par l'inflammabilité, l'explosibilité ou l'insalubrité du liquide employé en est augmentée. De plus, le prix de ce liquide est un accroissement du prix réel des machines et un fonds d'argent ou capital mort qui effrayera toujours les propriétaires peu aisés. J'ai cherché à réunir à la fois une grande surface de chauffe, une solidité à toute épreuve, une conductibilité extrême de la chaleur et une capacité très faible. Les liquides de la nature des éthers bien purs ayant la propriété de se vaporiser sans reste, ne font point de dépôts et n'encrassent point les surfaces qu'ils recouvrent ; j'ai donc pu, pour arriver à ce but, employer des tubes aplatis dont la capacité n'est presque rien proportionnellement aux surfaces qu'ils développent. J'ai choisi le cuivre rouge comme étant le métal le plus malléable pour la confection des tubes, et le plus conducteur pour la transmission de la chaleur et la promptitude de la vaporisation. Afin d'aider encore à cette dernière, je n'ai pas donné une trop grande section à mes tubes, et j'ai pu les rendre capables de supporter une forte pression tout en ne laissant à leurs parois qu'une faible épaisseur. Après bien des essais, l'expérience m'a fait adopter les dimensions suivantes que je conseille pour tous les appareils, quelle que doive être leur puissance.

Section des tubes ; forme, épaisseur et longueur.

Le tube, d'une forme elliptique, aura dans son grand diamètre extérieur, parois comprises, trente millimètres ; dans son petit diamètre extérieur, parois comprises, sept millimètres (Pl. Ire, fig. 4). L'épaisseur des parois sera de un millim., ce qui réduira les diamètres intérieurs à 0,028 et 0,005 millim. La forme elliptique sera conservée par chaque extrémité du tube sur une longueur de 0, 10 c. dans toute la partie comprise entre ces deux extrémités, c'est-à-dire sur une longueur de 0,80 c. ou 1,30 c. selon sa dimension : le tube sera aplati de manière à ce qu'il n'y ait qu'un espace de deux millim. d'une paroi à l'autre. J'ai également adopté la longueur de un mètre pour toutes les machines au-dessous de la force de vingt-cinq chevaux : c'est le minimum de longueur à donner aux tubes vaporisateurs, comme un mètre cinquante cent. doit être le maximum. Des tubes plus longs donneraient lieu à des difficultés de fabrication sérieuses et à un déchet considérable ; car ces tubes ne doivent pas être soudés, le plus léger défaut ou fissure doit les faire rejeter : pris dans un flanc de métal qu'on ne peut vérifier ni sonder, ils ont d'autant plus de chance d'avoir un défaut que le flanc qui sert à les former sera plus grand. Les tubes devant être maintenus par deux calibres dont les trous qui les reçoivent sont exacts, ont besoin d'être parfaitement dressés et dégauchis pour que leurs extrémités aplaties n'opèrent pas un mouvement de torsion, en entrant dans les calibres, qui dérangerait ces derniers de leur parfait parallélisme ; condition de la plus extrême importance pour le rabotage des plateaux. Le maniement fréquent qu'occasionnent les différentes manœuvres préparatoires pour arriver à la fonte rend déjà l'emploi des tubes de 1 m. 50 très difficile ou du moins très long, parce que, après avoir passé dans tant de mains, il est rare qu'une grande partie ait conservé exactement ses formes rigoureuses, et le mouleur est alors obligé de les dresser et dégauchir à nouveau au moment même de les placer dans le moule. Cette opération ne réussit pas toujours sans entraîner quelques inconvénients, tels que la rupture du sable recuit qui forme le noyau à chaque extrémité des tubes. On peut, sans de grands inconvénients, atteindre la limite de 1 m. 50 c.; il faudra seulement apporter beaucoup de soins dans le moulage des tubes de cette dimension, et les maintenir dans une ligne parfaitement droite sans aucune flexion : autrement certains tubes, étant plus tendus que les autres lorsque les plateaux seraient fondus, auraient à supporter tout l'effort de traction d'une calotte de l'appareil sur l'autre, effort qui doit être réparti sur tous les tubes.

Un manque d'attention à cet égard pourrait entraîner à la longue la rupture des tubes les plus tendus : c'est ce qui est arrivé dans l'appareil vaporisateur de la machine de la Cristallerie, à la Guillotière. Dans cette machine, les appareils de vaporisation et de condensation sont formés de tubes de un mètre cinquante centimètres de longueur; ils se composent de mille et douze cents tubes assemblés d'après ma méthode. Ces appareils ont été des premiers faits, et tous les soins n'ont pas été apportés dans l'égale tension des tubes lors du moulage ; il en est résulté que ces tubes sont fort inégalement tendus et qu'une pression extraordinaire au vaporisateur, comme un choc occasionné par l'air violemment refoulé et sans issue au condensateur, a fait rompre au collet ceux de ces tubes les plus tendus qui ont eu à supporter tout l'effort subit de traction d'une calotte sur l'autre. Cet inconvénient est plus facile à éviter dans l'emploi des tubes de un mètre de longueur, ces tubes ayant plus de rigidité et moins de flexion. La dilatation des tubes de un mètre cinquante c. sera plus considérable, et il faudra aussi prendre garde de laisser le jeu nécessaire dans l'enveloppe du vaporisateur. Il pourrait résulter de la dilatation trop considérable des tubes un dérangement dans les joints du tuyau de conduite de vapeur au cylindre; car ce tuyau, fixé à la prise de vapeur qui est attachée elle-même au sommet de la calotte formant réservoir de vapeur, suit tous les mouvements de l'appareil. Si donc ce tuyau n'était pas assez long ni assez cintré pour fléchir de la différence de dilatation des tubes vaporisateurs, ses joints seraient évidemment détériorés ; il en est de même des joints de tous les tubes de niveau, manomètres, etc. Sauf ces quelques précautions à prendre, et sans dépasser la limite de un mètre cinquante c. qui entraînerait bien d'autres désagréments, j'engage à employer les tubes les plus longs possible. Il est facile de profiter de la place en hauteur qu'on pourrait avoir en superposant deux appareils comme on le voit dans la figure 6 (Pl. VI).

Cette disposition sera extrèmement avantageuse pour la vaporisation : on en obtiendra tous les résultats qu'on pourrait attendre de l'emploi de tubes plus longs, et on évitera tous les inconvénients que je viens de signaler. Il est pourtant vrai de dire que les plateaux seront du double en poids, puisqu'il y en aura quatre au lieu de deux ; mais on peut de cette manière avoir des appareils de 3 mètres de hauteur en tubes ou surfaces chauffantes parfaitement maniables, tandis que des appareils de cette hauteur n'auraient ni stabilité ni solidité, à cause de la délicatesse des tubes qui les composent et dont la force ne doit en aucun cas être augmentée : cette augmentation n'aurait aucun résultat avantageux, doublerait le poids des tubes et nuirait à la transmission de la chaleur.

Comme les appareils sont toujours placés verticalement, on profitera de tout ce que l'espace et la commodité permettront. Dans les bateaux à vapeur, cela dépendra beaucoup de la hauteur de la chambre des machines. Je suis persuadé que la vaporisation ne peut qu'y gagner, que la vapeur produite sera plus sèche et les projections de liquide moins à craindre ; car alors on pourra donner dans le tube un plus grand espace au gonflement produit par l'ébullition, en déterminant, par exemple, le niveau du liquide aux deux tiers de la longueur totale du tube.

J'ai donné aux tubes (Pl. Ire, fig. 4) la forme elliptique très aplatie, avec des arêtes aiguës, pour qu'ils puissent résister sans déformation à la pression qu'exerce le retrait du bronze qui forme par fusion les plateaux d'assemblage. Dans mes premiers appareils j'avais omis cette précaution, et quelques tubes se trouvaient déformés et mal soudés. Cette forme elliptique n'étant nécessaire qu'aux extrémités du tube qui entrent dans les plateaux, j'aplatis le reste du tube pour réduire encore sa capacité (Pl. Ire, fig. 6).

Afin de parer aux plus légères fuites, j'ai rejeté les tubes soudés, parce qu'il était d'une part fort difficile de souder des tubes d'un si faible diamètre, et qu'ensuite, lors de la fonte des plateaux d'assemblage, la soudure formée d'un métal plus coulant donnait lieu à des fissures ou piqûres imperceptibles, occasionnées par la dilatation de l'air surchauffé dans le tuyau ou par le gaz provenant du sable qui remplit les tubes. Je n'emploie plus que des tubes emboutis, tels que les fabriquent M. Palmer à Paris, et M. Clément Desormes à Lyon. Ces tubes ont en outre l'avantage d'être récrouis par le travail qu'ils ont eu à supporter, et, formés d'un métal parfaitement homogène, ils ne sont sujets à aucune détérioration partielle. Je ne décrirai point ici leur fabrication qui fait l'objet d'un brevet, et qui par conséquent ne peut être mise en usage. Quoique ces messieurs les fournissent de bonne qualité et essayés à la presse hydraulique, il est indispensable de les réessayer soi-même avec le plus grand soin avant de les employer. Deux garanties en ce cas ne sont pas nuisibles; car tout tube percé ou de mauvaise qualité, placé dans un appareil terminé, doit être tamponné par chaque extrémité et devient complètement inutile : c'est donc d'abord une perte de métal, puis une perte de temps, par la difficulté de déterminer le tube qui fuit, les recherches que cela occasionne et le tamponnage. Il est bien rare que, sur une grande quantité de tubes, quelques-uns n'échappent pas à l'attention de l'ouvrier : il faut donc les essayer de nouveau. Voici un moyen prompt et facile d'arriver à ce but :

Presse à essayer les tubes (Pl. Ire, fig. 3).

B est une petite pompe foulant dans le réservoir A l'eau prise dans la bâche Q. Une soupape C, chargée d'un poids convenable, se lève à la pression que l'on veut opérer dans le réservoir A avec la partie inférieure duquel elle communique. Un robinet F, plongeant jusqu'à la partie inférieure du réservoir A et hermétiquement ajusté à sa partie supérieure, porte en E une petite plate-forme circulaire, et se termine en une forme elliptique légèrement conique entrant à frottement doux dans le tube qu'on veut essayer. M est une petite plate-forme exactement semblable à celle que je viens de décrire, reliée à la première par deux tringles NN sur lesquelles elle glisse au moyen d'une vis de rappel M'. Chacune de ces petites plates-formes est garnie d'une rondelle de cuir ou de caoutchouc ; on peut ménager à l'avance une légère cavité destinée à la recevoir.

Lorsqu'on veut essayer un tube, on l'emboîte sur l'extrémité E du robinet de la presse hydraulique, et on appuie sur l'autre extrémité la plate-forme M, que l'on fait descendre et que l'on maintient serrée au moyen de la vis de rappel M'. Si alors on met en mouvement la pompe B, l'eau s'accumulera à la partie inférieure du réservoir A en comprimant dans la partie supérieure l'air qui remplissait le réservoir, jusqu'à ce que la soupape C se lève. On ouvrira le robinet F, et l'eau remplissant le tube X y exercera la même pression que dans le réservoir A. Cette pression, entretenue par le réservoir dont la capacité est considérable proportionnellement à celle du tube et à l'air comprimé qui se détend, pourra durer un temps suffisant pour que l'ouvrier puisse vérifier sans peine et avec soin si le tube n'a aucune fuite ou fissure.

Pression à exercer.

Il faut essayer les tubes de vaporisateur à 15 ou 20 atmosphères : non pas que cette pression doive jamais être supportée par les appareils qu'ils sont destinés à former ; mais, le cuivre étant extrêmement récroui, il pourrait se faire qu'une fissure fût tellement serrée qu'elle ne laissât pas fuir à une pression de 7 à 8 atmosphères. Plus tard, la dilatation, une forte pression longuement soutenue, ou d'autres causes, la feraient ouvrir. Il faut exercer à l'essai une pression telle, que tout tube vicieux ou de mauvaise qualité n'y puisse résister. Les tubes ayant les formes, diamètres et épaisseurs que j'ai indiqués, peuvent supporter, sans déformation, une pression de 20 atmosphères. Tout tube ayant une fuite sera marqué à l'instant à la place même où est cette fuite, et mis de côté. Si la fuite est proche de l'une des extrémités, il pourra être coupé et employé à la confection d'appareils plus courts.

Biseautage et étamage.

Lorsqu'on se sera bien assuré que les tubes sont étanches, on taillera leurs extrémités en biseau à la lime ou au moyen d'une fraise mue par la machine, de manière à réduire leur partie la plus extrême à la moitié de son épaisseur ; cette taille s'étendra sur une longueur de quinze millimètres au plus coniquement, et on les étamera fortement sur une longueur de trois centimètres au plus par chaque bout (Pl. Ire, fig. 6). En les retirant du bain d'étain, qui devra être très chaud et très liquide, on les secouera fortement afin de faire tomber l'étain qui pourrait adhérer aux parois intérieures du tube : cet étain nuirait au remplissage qui doit être fait avec du sable, et, se fondant au moment de la formation des plateaux, formerait une couche ou feuille abreuvée de sable et qu'on ne pourrait enlever sans altérer et même percer le tube. Toutes les fois que le bain d'étain, dans lequel on plonge l'extrémité du tube pour l'étamer, n'est pas parfaitement chaud, il reste de l'étain aggloméré à l'intérieur entre les deux parois, à la partie la plus haute qu'a atteinte le niveau du bain : cet étain ne venant point jusqu'à l'extrémité, ne peut être aperçu d'emblée ; il faut donc y apporter son attention. Il sera bon de ne plonger, pour ce motif, qu'un tube à la fois dans le bain, et de ne le retirer que lorsqu'il sera assez chaud pour que l'étain engagé à l'intérieur puisse parfaitement se détacher. Quelles que soient les précautions qui aient été prises dans l'étamage, il faudra les vérifier un à un et s'assurer qu'ils sont bien propres à l'intérieur : on s'évitera par là de grands désagréments au moment du moulage et surtout du débouchage des tubes, lorsque les plateaux ont été rabotés. J'ai dit que l'étamage ne devait recouvrir l'extrémité du tube que sur une longueur de trois centimètres au plus, parce que c'est cette longueur de tube qui se trouve engagée dans le plateau, et qu'il est préférable que l'étain ne dépasse pas le plateau ; autrement il y aurait à craindre que l'extrême chaleur que communique à la rangée de tubes la plus extérieure le voisinage du métal chaud qui forme la bride du plateau, métal qui n'est pas refroidi comme celui du plateau lui-même que divise la grande quantité de tubes qui y plongent, ne rendît ces tubes cassants en faisant pénétrer le surplus de l'étain dans le métal pur qui les compose, et qu'au moment où le retrait s'opère, au lieu de céder, ils ne se rompissent. Cet accident m'étant arrivé quelquefois, je recommande de prendre en sérieuse considération cette observation. Ces tubes ainsi préparés seront mis en réserve, et pourront être employés à la confection de tous appareils.

Plateaux d'assemblage.

La nécessité de donner peu de capacité aux tubes vaporisateurs m'ayant fait adopter la forme elliptique très aplatie, il se présentait une grande difficulté de les assembler dans les plateaux qui devaient les réunir. En effet, il n'était guère possible de le faire au moyen de bagues, et, lorsqu'il s'agissait de réunir des milliers de ces tubes, on ne pouvait songer à les souder dans un plateau commun. Pour arriver à ce but et afin de rendre cet assemblage aussi solide qu'étanche, j'imaginai de fondre en bronze sur leurs extrémités le plateau qui les réunit. Après bien des essais infructueux, essais qui ont été tentés depuis par d'autres que par moi sous toute espèce de forme et avec une persistance digne d'un meilleur succès, j'ai réussi complètement, et, depuis cinq ans, si le nombre d'appareils fondus et réussis n'a pas été plus grand, ce n'est point à mes procédés qu'il faut en attribuer la faute ; car, chaque fois qu'on y est revenu et qu'on a suivi de point en point mes indications, le succès a couronné la tentative. Les seuls appareils fonctionnant que nous possédons, fondus chez MM. Estlimbaum à Paris, et chez MM. Burdin, rue de Condé, à Lyon, ont été faits de la manière que je vais décrire, et aucun de ceux tentés par d'autres moyens n'a pu être employé.

Sans aucun doute, il pourrait exister des moyens autres que ceux que j'indique pour arriver au même but : une plus grande persévérance et des dépenses considérables pourront les faire découvrir ; mais, jusqu'à présent, rien de ce qui a été essayé n'a été nouveau pour moi, et rien n'a été plus simple et moins coûteux que le procédé que je vais décrire. La crainte de la difficulté a fait exagérer cette difficulté ; on a voulu mieux faire, et l'on n'a rien fait de bon : cette série d'insuccès a jeté un discrédit fâcheux sur des appareils simples en eux-mêmes et excellents, tandis que, si l'on eût voulu suivre la voie que j'avais tracée, dans laquelle avaient marché avec un succès complet MM. Estlimbaum et MM. Burdin, et à laquelle, après un temps perdu considérable et des dépenses excessives, il a bien fallu revenir, on aurait perfectionné par la pratique et l'expérience ; on aurait fait d'abord peut-être mal, mais on serait arrivé à faire bien, puis mieux encore. Mais on a voulu faire mieux tout de suite, et c'est surtout en innovation que le mieux est l'ennemi du bien. Ce n'est qu'après avoir essayé quatre-vingt-trois manières de fondre les plateaux que j'ai réussi la quatre-vingt-quatrième fois à souder les tubes dans ces plateaux : c'est une expérience que j'avais assez chèrement payée pour qu'on m'en tînt compte ; malheureusement on fait peu de cas de l'expérience qu'on n'a pas acquise soi-même. En Angleterre et en France, chaque fois qu'on a eu à fondre des plateaux hors de ma direction, on les a fondus par d'autres procédés que les miens et on les a manqués.

J'engage donc le fondeur à suivre de point en point

les indications que je vais donner et avec la plus minutieuse attention. Cette recommandation est du plus haut intérêt; car, si le plateau est manqué, soit à cause des soufflures, soit parce que les tubes sont mal soudés, il faut couper les tubes à fleur et toujours sacrifier les deux plateaux, quoique l'un des deux soit bon, à cause de la difficulté qu'il y a dans les grands appareils et presque l'impossibilité de préparer à nouveau l'extrémité des tubes coupés quand ils sont déjà assemblés par l'autre bout. Une ruineuse expérience a appris à l'un des fondeurs qui se sont occupés de ces appareils combien il était imprudent de s'écarter des indications que je trace : il n'a pu réussir dans un seul, malgré plus de vingt tentatives aussi infructueuses les unes que les autres, tandis qu'un de ses confrères, après une première épreuve manquée dans laquelle il avait essayé seul et sans conseils, ayant ensuite appliqué mes procédés, a généralement bien réussi et est arrivé à ce point de certitude de pouvoir presque garantir et prendre un appareil à périls et risques; non que les plateaux qu'il a fondus fussent toujours parfaitement sains et sans soufflures, mais toujours les tubes se sont trouvés parfaitement soudés et l'assemblage étanche. Les soufflures, bien que profondes et peu gracieuses, ne nuisaient pas aux appareils, et, lorsqu'elles se trouvaient sur les brides, on les réparait en rapportant des pièces ou en les remplissant avec de l'étain. Je dois dire ici qu'il est extrêmement difficile et presque impossible d'éviter les soufflures, c'est un vice inhérent à la manière de couler et de préparer les tubes ; mais on peut faire venir ces soufflures dans la partie du plateau qui doit être enlevée par le tour ou la machine à raboter. C'est à cela que doivent tendre tous les soins et toute l'intelligence du fondeur ; c'est à cela surtout que je me suis appliqué.

Nombre de tubes par mètre carré, et surface par force de cheval.

On prend, dans la réserve des tubes préparés ainsi que je l'ai indiqué plus haut, un nombre de tubes suffisant pour former la surface chauffante de l'appareil à construire : dix-sept tubes de un mètre de long, ou onze tubes de un mètre cinquante, donnent un mètre carré de surface. Il faut compter un mètre 80 c. au minimum ou deux mètres au maximum par force de cheval-vapeur. Les surfaces de vaporisation et de condensation indiquées ici sont celles nécessaires pour la production des vapeurs d'éther sulfurique ; elles devront être augmentées pour l'emploi du chloroforme et du perchloride de carbone, en raison de la différence du point d'ébullition et de la température de la vapeur d'eau chauffante, la rapidité de la transmission de chaleur et de l'absorption devant évidemment varier suivant la différence de température du corps chauffant avec celui chauffé. C'est ainsi que dans les chaudières à vapeur d'eau on compte une surface moins grande pour une production de vapeur donnée, lorsque cette surface est directement exposée à l'action de la flamme, que lorsqu'elle est exposée seulement aux gaz chauds, quoique la température entre ces derniers et celle du point d'ébullition de l'eau soit considérable. Ainsi je pense que, pour les surfaces de vaporisation, il faut, dans l'emploi du chloroforme et surtout du perchloride, donner à l'appareil au minimum 2 mètr. 50 cent., surtout si l'émission de la vapeur d'eau chauffante se fait au-dessous de 0 atm. Il faut agir en sens inverse pour les surfaces condensantes : la raison en est que la condensation des vapeurs de ces deux liquides s'opérant avec une extrême facilité, et la différence de la température moyenne entre l'eau de condensation et le point de condensation même de la vapeur de ces liquides étant considérable, la transmission de la chaleur contenue dans leur vapeur se fait avec une plus grande rapidité. Il vaudra mieux, quand on le pourra, injecter un peu plus d'eau froide. En définitive, la quantité de surface totale de vaporisation et condensation restera la même, seulement cette surface sera diversement répartie suivant le liquide employé. Je ne pense pas qu'en aucun cas il soit nécessaire de plus de 4 mètres 50 cent. de surface totale, ni qu'il soit prudent de réduire cette surface au-dessous de quatre mètres, cependant l'excès en plus ne peut jamais être nuisible.

La surface de 1 mètre 95 suffit rigoureusement pour produire par heure 61,200 litres de vapeur d'éther sulfurique à la pression de une atmosphère utile, ou 30,600 à la pression de 2 atm. 6/10es absolues. J'admets seulement $4/10^{es}$ de vide au condensateur. Cette même surface, par la production de cette vapeur, condensera 61,200 litres de vapeur d'eau injectée à une atmosphère absolue, correspondant à 36 kilogr. de vapeur d'eau par heure, faisant la force d'un cheval-vapeur, calculée d'après les règles admises à la marine.

Préparation des tubes.

Ces tubes sont étamés par chacune de leurs extrémités sur une longueur de deux centimètres (Pl. Ire, fig. 6). On garnit de sable vert, fortement tassé, l'une des extrémités de chacun de ces tubes sur une longueur de quatre centimètres, puis on remplit de sable parfaitement sec, grillé et coulant, toute sa capacité jusqu'à quatre centimètres de l'autre extrémité. On ferme cette extrémité, comme la première, avec du sable vert humide que l'on foule fortement. Le sable vert forme une espèce de noyau destiné à résister en cas de fusion du tube lors de la fonte du plateau, et à conserver son orifice dans sa forme exacte. Pour donner plus de résistance à ce noyau, on y plante une épingle à deux branches semblable à celles dont se servent les femmes pour maintenir leurs cheveux, ou même simplement deux petites épinglettes. Elles doivent avoir cinq à six centimètres de long et être placées de manière à diviser le noyau en trois parties égales, bien dans le milieu (voyez la planche II, fig. 5, et pl. Ire, fig. 6). Les tubes ainsi préparés seront mis à l'étuve pendant douze heures au moins, afin d'enlever toute l'humidité du sable qui les remplit. Il ne s'agira plus que de les disposer dans le châssis, et de former le moule qui doit produire la plaque d'assemblage destinée à les réunir.

Du châssis; sa forme (Pl. II, fig. 3, 4 et 7).

Ce châssis, formé de trois parties XXX fortement assemblées, doit avoir en longueur celle des tubes, plus cinq centimètres environ ; il est ouvert sur une de ses faces latérales et par ses deux extrémités, destinées à recevoir chacune un châssis KK qui s'y adapte solidement (voy. pl. II, fig. 3, 4 et 7). Il porte vers le milieu de sa longueur et de sa hauteur à l'extérieur deux tourillons TT, destinés à lui permettre de prendre au moment de la fonte des plateaux, soit par un bout, soit par l'autre, une inclinaison de 67° 5, par un simple mouvement de bascule, de manière à ce que les extrémités KK du châssis ouvrent un angle de 22° 5 avec la ligne de terre parallèle à l'horizon. On maintiendra l'écartement du côté où le châssis est ouvert pendant le moulage, au moyen de deux traverses étroites placées à chacune des extrémités MM. Deux supports NN solidement fixés dans le sol de la fonderie, munis de paliers et coussinets, supportent le châssis, qui, au moyen de ses tourillons, pourra prendre toutes les inclinaisons désirables soit pour la fonte, soit pour le moulage. Au moment de poser les tubes, on le place dans la position horizontale et on l'y fixe solidement; on place à chacune des extrémités du châssis un calibre A (Pl. II, fig. 3), percé de trous destinés à les maintenir et à fixer leur distance régulière. Ce calibre doit avoir en épaisseur celle qui doit rester au plateau lorsque l'appareil sera raboté, nettoyé et terminé, deux centimètres au moins, trois centimètres au plus, quelles que soient la grandeur et la puissance de l'appareil à faire.

Position des calibres.

Ces deux calibres doivent être placés à une distance telle, que le tube, dont chaque extrémité traverse leur épaisseur, affleure leur face extérieure. Il faut apporter le plus grand soin à ce que ces deux calibres soient parfaitement parallèles entre eux et d'équerre avec l'horizon et avec les tubes qu'ils sont destinés à maintenir : cette précaution est fort essentielle; car la pièce doit être mise sur le tour et les deux faces des plateaux tournées ensemble; le gauche, qui pourrait se rencontrer, diminuerait d'autant l'épaisseur du plateau, car il faut découvrir les tubes recouverts par la contre-épaisseur. Ces calibres doivent être maintenus dans cet état assez solidement, pour qu'en foulant le sable entre les tuyaux ils ne se dérangent pas.

Disposition des tubes.

On place alors les tubes en commençant par le bas, de manière à former une rangée; on foule du sable vert et fort dans l'espace qui les divise, tout contre les calibres, sur une longueur de chaque côté seulement de 0,20 à 0,30 centimètres. Le milieu se remplit de sable ordinaire peu tassé. Lorsqu'on aura à fondre des plateaux d'un diamètre excédant 50 à 60 centimètres, il faudra préparer le sable destiné à être foulé entre les tubes avec un mélange de crottin ou de fiente de vache, ainsi qu'on l'emploie pour la fabrication des noyaux. Ce sable aura l'avantage, lorsque la pièce sera coulée, de céder sous l'effort du retrait, parce que les parties combustibles qu'il contiendra étant brûlées par la chaleur du métal, il deviendra moins compacte. Je ne crois pas qu'il soit possible de couler des plateaux d'assemblage, d'après mes procédés, de plus d'un mètre de diamètre, à cause des effets du retrait auxquels il devient extrêmement difficile de parer au-delà de ce diamètre. Il faut remarquer que les tubes fixés dans un sable ferme qui les retient ne peuvent suivre l'effet du retrait sur le plateau; alors le tube se rompt près de l'assemblage, ou le plateau se fend. Il faut, dans toutes les circonstances où les plateaux seront des parallélogrammes, disposer les tubes de manière à ce que leur grand diamètre se trouve dans l'axe de la plus grande largeur du plateau, afin que les tubes aient plus de force et de facilité à briser le sable qui les maintient au moment du retrait du plateau et à suivre ce dernier dans son mouvement. Le plus grand retrait se faisant dans le sens de la plus grande longueur du plateau, le peu de surface des tubes dans ce sens et leur forme leur permettent d'entrer dans le sable comme le ferait un coin;

ajoutez à cela qu'ils ont dans ce sens-là une énorme résistance. Il n'en est pas de même dans l'autre sens : ils appuient sur le sable par une surface considérable, et il est bien difficile qu'ils suivent le retrait. Je crois donc qu'on ne devrait pas dépasser en largeur 0 m. 60, et en longueur 1 m. 20. En disposant les tubes ainsi que je viens de le dire, on n'aurait point à craindre les effets du retrait dont je viens de parler. Pour former de grands plateaux on assemblera ces diverses parties au moyen d'une bride relevée à angle droit, comme dans la figure 4 (Pl. VI). On les fixera avec des boulons en formant un joint au papier, ou au moyen d'une frette en fer placée rouge, forte et bien serrée ; alors on fera avec la machine à raboter ou avec le burin un sillon sur le joint des deux parties et on coulera de l'étain de manière à remplir le sillon, en ayant soin que la soudure se fasse bien (Pl. VI, fig. 5). Je n'ai pas besoin de dire que les parties des plateaux qui devront être réunies seront préalablement dressées avec le plus grand soin à la machine à raboter. Si l'on fait le joint au moyen d'une bride relevée à angle droit, cette bride s'arrêtera à la partie du plateau qui forme la bride d'assemblage avec les calottes. Lorsque toutes les parties de plateau qui doivent former un appareil seront ainsi réunies, on rabotera d'un seul coup la bride et on placera une seule calotte sur le tout. Toutes les fois qu'on aura de la hauteur, il sera préférable, au lieu de réunir par côté les appareils ou portions d'appareils, de les superposer comme dans la fig. 6 (Pl. VI). Le joint se fera alors avec une extrême facilité, et sera parfaitement sûr. Dans les grands appareils, on pourra employer les deux moyens : on y trouvera cet avantage de diminuer de moitié le poids des calottes supérieure et inférieure, tout en donnant la même surface chauffante. Il faut prendre garde en foulant le sable de ne pas faire fléchir le tube, et pour cela il convient de le soutenir dans le milieu de sa longueur au moyen de petites cales qui empêchent sa flexion. On retire ces cales à mesure du moulage ; on avance en ne foulant le sable que lorsqu'on a posé une ligne entière de tubes.

Précautions contre le retrait.

Quand chaque trou du calibre est garni de son tube, on achève de remplir le châssis en ne tassant le sable que vers les extrémités. Cette recommandation a un motif, que voici : lors du refroidissement des plateaux d'assemblage, il s'opère un retrait proportionnel à la largeur de ces plateaux ; les tubes sont entraînés dans ce mouvement général de la masse qui les contient ; leur rigidité suffit pour vaincre la résistance que leur oppose le sable vers chacune des bases ; mais, à mesure que cette résistance s'écarte de la base, la flexion du tube devenant plus grande à mesure que sa rigidité décroît par l'élasticité du métal, le sable pourrait, s'il était tassé, gêner le mouvement général qui s'opère vers le centre et briser ou déformer les tubes qui en sont le plus éloignés. Il ne faut donc fouler le sable que sur une longueur suffisante pour maintenir solidement les tubes dans le moule. Le châssis, au moyen de ses tourillons, se prêtant à toutes les nécessités du moulage sans chocs et sans secousses, il ne sera pas nécessaire de fouler le sable sur une longueur de plus de 20 à 30 centimètres. Les tubes entièrement placés et le châssis garni de sable, on le ferme avec la quatrième partie qui s'assemble solidement avec les trois autres au moyen de traverses de bois et de tirants de fer se serrant avec des écrous.

Contre-épaisseur ; son épaisseur, son but.

Le moule en cet état, on place sur chacune des extrémités et juxta-posée aux calibres une rondelle de bois de 8 à 10 millimètres d'épaisseur, que j'appellerai contre-épaisseur du calibre ; on fixe les châssis qui s'ajustent par chacun des bouts du châssis principal, et l'on foule fortement le sable dont on les remplit. Enlevant alors chacun de ces châssis, on retire les contre-épaisseurs et les calibres qui forment la cavité que doit remplir la fonte de bronze et qui fera les plateaux d'assemblage. On remarquera (Pl. II, fig. 4) que le tube ne s'avance dans cette cavité que de deux ou trois centimètres, suivant l'épaisseur du calibre, et que le métal doit le noyer et le recouvrir de 8 à 10 millimètres, épaisseur de la rondelle ajoutée après coup et que j'appelle contre-épaisseur. Cette contre-épaisseur n'est qu'un réservoir de chaleur dont le but est de fournir et entretenir une chaleur suffisante pour maintenir un instant la masse du métal liquide malgré le refroidissement occasionné par les bouts de tubes qui y plongent et qui s'équilibrent de température au préjudice de cette masse, et faciliter la soudure du bout de tube, amené ainsi à l'état voisin de la fusion, avec le bronze qui forme le plateau. Cette soudure se fait d'autant mieux que l'étamage a conservé l'extrémité du tube parfaitement propre en la préservant de l'oxidation dans le moule, et que cet étain en fondant lui-même lui vient encore en aide. La contre-épaisseur a encore un autre but : c'est que, n'étant pas refroidie aussi rapidement que la portion de métal qui remplit l'intervalle entre les tubes et qui est directement en contact avec eux, elle fige moins promptement et reçoit les bulles d'air ou de gaz qui s'échappent par l'extrémité des tubes et sont produites par l'humidité ou le surchauffement du sable qui forme les noyaux. Dans les appareils de plus de 50 centimètres de large, la contre-épaisseur ne devra recouvrir que la partie du plateau dans laquelle sont fixés les tubes; celle qui forme la bride qui doit réunir l'appareil avec ses calottes sera de l'épaisseur seulement que doit avoir la bride, en y ajoutant deux ou trois millimètres pour le rabotage. Outre que le métal en sus qu'on mettrait sur cette partie du plateau serait tout-à-fait inutile et nécessiterait un travail de plus pour l'enlever à la machine à raboter, il aurait le grave inconvénient 1° par sa chaleur d'altérer la rangée de tubes la plus voisine en les surchauffant et faisant passer ainsi dans le métal pur des tubes l'étain qui n'en recouvre que la surface, dans le cas où l'étamage aurait été poussé un peu trop haut, ce qui rendrait le tube cassant comme la matière même qui forme les plateaux, et lui ôterait la qualité nécessaire pour résister aux effets du retrait; 2° les brides ne se refroidissant qu'un certain temps après le milieu du plateau comme je l'ai dit plus haut, les effets du retrait seraient contrariés et cette portion du plateau aurait infailliblement quelques fissures, ou du moins serait moins compacte. La contre-épaisseur, sur la partie du plateau qui porte les tubes, maintiendra le métal liquide pendant tout le temps de la coulée et empêchera que le centre ne se fige et ne prenne son retrait avant que les brides ne soient dans le même cas. Il n'y a rien à craindre, si la contre-épaisseur ne dépasse pas la dernière rangée de tubes, à lui donner jusqu'à deux centimètres d'épaisseur; mais il est dangereux de lui faire recouvrir les brides. On pourra lui donner la forme indiquée dans la figure 8 (Pl. II), car la chaleur fournie par la bride sera suffisante pour opérer la soudure parfaite de la dernière rangée de tubes.

Epingles; leur but.

Les épingles fichées dans le sable ont pour but, dans le cas où le bout du tube fondrait dans la chaleur du bronze, de maintenir le sable et de conserver l'orifice et la forme du tube qui ne fond jamais sur toute l'épaisseur du plateau, et d'empêcher que le noyau, se détachant et se plaçant mal à propos dans le bronze, ne fasse une percée fâcheuse.

Coulées et évents; leur place.

Les deux châssis qui s'ajoutent par bout au châssis principal contenant les tubes portent les coulées. Les évents sont tranchés sur chacune des extrémités du grand châssis, du côté de la face intérieure du plateau. Ils doivent régner, autant que faire se pourra, sur toute sa largeur et avoir 15 à 20 millimètres d'épaisseur. Je ne puis trop recommander de donner une large issue à l'air; car la position dans laquelle on fond les plateaux n'est pas favorable à sa sortie et tend à fixer les soufflures qui se produiraient par un dégagement vicieux, justement dans la partie du plateau qu'il est désirable d'avoir parfaitement saine. C'est pour éviter ou remédier, autant que possible, à ce grave inconvénient, qu'il convient de couler avec beaucoup de promptitude; et aussitôt que le moule est plein et que les évents commencent à rejeter la matière, il faut relever le châssis jusqu'à ce qu'il reprenne une position parallèle à l'horizon; c'est-à-dire que les plateaux deviennent perpendiculaires au sol avec lequel ils doivent alors ouvrir un angle de 45°. Pour que la coulée se fasse en un temps très court, il faudra tenir les coulées très larges et les faire tomber sur les deux côtés du plateau vers la partie qui forme les brides (Pl. II, fig. 7); elles seront tranchées dans la partie du moule qui forme la contre-épaisseur et n'auront que 8 à 10 millimètres d'épaisseur sur la plus grande largeur possible. Il faut éviter, en général, qu'elles tombent sur les tubes; le courant de bronze liquide les fondrait et les entraînerait.

L'inclinaison que je donne au plateau au moment de fondre a pour but de faire tomber le courant liquide sur le fond du moule et dans la partie creuse qui forme la contre-épaisseur; il s'y étale sans toucher tout d'abord les tubes, de telle sorte que non-seulement il ne peut les entraîner par son courant, mais encore, ne les touchant point par son passage, il conserve toute sa chaleur jusqu'au moment où il les saisit en s'élevant parallèlement à l'horizon, sans passer sur les uns pour aller abreuver les autres. Cette disposition a fait la réussite de mes appareils, qu'il est impossible de bien fondre autrement. Beaucoup de méthodes ont été essayées, qui n'ont donné aucun bon résultat, parce que, dans toutes, le métal liquide perdait de sa chaleur soit en tombant sur les tubes, soit en passant sur les uns pour aller abreuver les autres; quelques tubes étaient complètement fondus, et d'autres à côté n'étaient pas soudés. Cela arrive surtout si l'on fond les plateaux horizontalement, les tubes en dessous. Ils viennent très beaux à l'œil, mais les tubes ne sont point soudés et laissent des fuites au collet de chaque tube; fuites fort légères à la vérité, mais suffisantes pour mettre l'appareil hors de service. C'est pour éviter la contre-épaisseur, et conséquemment le rabotage de cette masse de métal devenue inutile, qu'on a fait le plus d'essais, sans songer que c'est justement cette quantité de métal non refroidie qui opère la soudure des tubes. Une heureuse idée a pourtant été le résultat des nombreux essais faits chez M. Clément Desormes : cette idée a été, tout en acceptant ma méthode de fondre et la contre-épaisseur que l'expérience a démontrée indispensable, de percer cette contre-épaisseur. La difficulté était d'employer à faire le noyau qui devait prolonger le tube à travers la contre-épaisseur une substance infiniment peu conductrice, de manière à n'enlever au métal qu'une faible partie de sa chaleur. Ce noyau devait avoir une certaine résistance pour n'être pas rompu par le courant du métal qui le heurte par son passage : on le fit en terre réfractaire; on lui donna la forme exacte de l'intérieur du tube, au moyen d'un moule à noyau; on l'arma de petites pointes dites finettes, et on le fixa en le faisant entrer d'un centimètre dans le tube. Ainsi préparés, on disposa les tubes dans le châssis exactement comme je l'ai indiqué plus haut. La réussite n'a pas été complète jusqu'à ce jour, peut-être parce que les noyaux absorbent encore une trop grande partie de la chaleur de la contre-épaisseur; mais je crois néanmoins que le moyen est bon et qu'on peut arriver. Il est vrai de dire que, s'il y a un travail de moins à faire subir à l'appareil par ce procédé, la préparation des tubes est plus longue et plus coûteuse; qu'en outre, le métal qu'on n'enlève pas reste au plateau et le rend plus lourd; que les frais de rabotage sont payés bien au-delà par le métal enlevé; qu'en somme, le premier procédé est moins coûteux.

Le seul avantage réel que l'on pourrait reconnaître au perfectionnement de M. Clément Desormes (qui n'a cependant pu avoir une solution pratique, aucun des appareils fondus avec ce perfectionnement n'ayant encore réussi), est que l'on n'a pas à craindre qu'un ouvrier peu soigneux perde un appareil en poussant le rabotage trop profondément; car la partie la mieux soudée est l'extrémité du tube qui touche à la contre-épaisseur. Il faut, lorsqu'on enlève celle-ci, s'arrêter aussitôt que le tube est découvert et qu'il y a facilité d'arracher le sable qui le remplit. Si les deux plateaux n'ont pas été faits bien parallèles et qu'on se serve du tour pour opérer le rabotage, il arrivera que, pour découvrir tous les tubes et rendre les deux faces des plateaux parallèles, il faudra attaquer beaucoup plus profondément un côté que l'autre de la même face, afin de compenser le gauche qu'il peut y avoir. Si les tubes ne sont pas soudés un peu profondément, il y aura à craindre d'enlever la partie la mieux soudée et de dégrader l'appareil. Ceci n'est qu'une mesure de précaution peut-être outrée: car, dans tous les plateaux fondus par M. Burdin, quelle que soit la profondeur à laquelle on ait été obligé d'attaquer les tubes pour les découvrir tous, la soudure s'est toujours trouvée parfaite. Une fois entre autres, sur un appareil de dix-sept chevaux, on a attaqué une partie des tubes de 1 c., par suite d'un gauche considérable entre les deux plateaux, occasionné parce que le sable n'avait pas été assez fortement foulé, et cette opération n'a entraîné aucune dégradation des tubes. Cet inconvénient, s'il existe quelquefois, n'a pas lieu quand la contre-épaisseur est percée, car alors on n'a plus besoin de raboter les plateaux pour déboucher les tubes du sable qu'ils contiennent ; si les plateaux ne sont pas parallèles, il suffira de dresser les brides de manière à ce qu'elles le soient et que les calottes qui doivent fermer chaque plateau puissent être montées d'équerre. Ceci constituerait, dans ce cas, un avantage sérieux et que je me plais à reconnaître. J'engage seulement à réduire l'épaisseur du noyau, qui traverse la contre-épaisseur, autant qu'on le pourra, et à ne le faire pénétrer dans le tube, préalablement garni de sable comme je l'ai dit, que de quatre à cinq millimètres au plus. On ne mettra pas d'épingles dans le sable vert ; mais chaque noyau de 13 à 15 millimètres de long, fait en terre réfractaire, parfaitement recuit, sera percé longitudinalement de deux trous destinés à laisser passer deux épingles de 0,05 à 0,06 centim. de long, qui, tout en le fixant et le maintenant dans le bout du tube, soutiendront le sable vert qui achève de le remplir. Si on me demande à quoi bon le sable vert et pourquoi ne pas faire le noyau assez grand pour remplir et garnir le bout du tube? je répondrai que tous les essais ainsi tentés avec des soins inouïs ont été infructueux, et que, chaque fois qu'on a mis un noyau au lieu de sable foulé pour garnir l'extrémité du tube, on a échoué dans la soudure de celui-ci. Plus de trente essais ont eu lieu, soit en perçant la contre-épaisseur, soit en ne la perçant pas, soit encore en la supprimant. Les plateaux se sont trouvés beaucoup plus beaux ; on a, par ce moyen, évité les soufflures, mais on n'a pas soudé. Nous avons pensé que, le noyau ne pouvant jamais joindre la paroi intérieure du tube aussi bien que le sable foulé, la faible portion d'air ou le courant de gaz ou vapeurs d'eau qui s'établissait entre le noyau et la paroi empêchait sa fusion et son amalgame avec le bronze du plateau. Quoi qu'il en soit des causes, le fait est certain, et nous avons dû renoncer à l'emploi des noyaux autrement que pour percer la contre-épaisseur ; j'ai cru devoir indiquer ce nouveau mode de préparation des tubes et les avantages qu'il pourrait présenter. Je continue l'explication de ma méthode, qui est la même, soit que l'on rabote la contre-épaisseur, soit qu'on la perce au moyen de noyaux rapportés.

Inclinaison du châssis (Pl. II , fig. 1 et 4).

Au moment de verser le métal, on incline le châssis tournant sur ses tourillons, jusqu'à ce que le côté du plateau que l'on veut fondre ouvre avec la ligne de terre parallèle à l'horizon un angle de vingt-deux degrés. Par cette disposition, ainsi qu'on peut le voir, le métal, sans passer sur aucun tube ni les laver, les saisit en s'élevant dans le moule suivant les parallèles AAAA ; si l'évent N est suffisant et bien posé sur l'arête intérieure du plateau et à peu près dans toute sa largeur, l'air se dégagera très bien et on obtiendra un plateau d'autant plus sain que l'on aura relevé plus vivement le châssis de manière à lui faire prendre une position parallèle à l'horizon, et que le plateau fondu sera perpendiculaire à la ligne de terre. Remarquez que, le châssis ainsi relevé, les coulées et évents viennent en charge de toute leur hauteur. Il faut que cette opération finale soit menée avec une adresse et une vitesse suffisantes pour que la matière n'ait pas le temps de figer dans les coulées et évents, et qu'on puisse achever de les remplir quand le moule est dans cet état. Les coulées et évents doivent avoir une masse suffisante pour former masselotte et éviter un trop prompt refroidissement, et leur hauteur doit être de trente centimètres à partir de la partie supérieure du plateau lorsque le châssis est parallèle à l'horizon. Il faut cette charge-là pour que celui-ci soit compacte et que les soufflures gagnent les masselotes; autrement, la matière, qui est promptement refroidie par son contact avec le métal froid et très conducteur qui forme les tubes, figeant rapidement, le grain n'en est pas serré; et l'air qui se trouve dans les tubes, malgré le sable dont on les remplit, et les gaz formés par ce même sable, déterminent des soufflures qui peuvent nuire considérablement aux plateaux.

Métal des plateaux. Alliage.

Cette observation est d'autant plus importante, qu'il n'est pas possible d'employer du bronze de bonne qualité. Si l'on mettait trop de cuivre rouge, le métal ne serait pas assez coulant, resterait pâteux malgré son haut degré de chaleur et ne souderait pas. Il faut un alliage d'étain considérable, une sorte de métal blanc très coulant connu sous le nom de métal de cloches. Voici, du reste, l'alliage qui m'a paru donner les meilleurs résultats sous le rapport de la soudure : c'est un composé de 78 parties de cuivre rouge pur, 15 parties d'étain et 7 parties de zinc. Cet alliage a l'avantage, tout en soudant convenablement, d'être d'assez bonne qualité. J'en ai employé qui soudait mieux encore, mais qui était peu compacte : il était composé de 75 parties cuivre rouge, 8 parties zinc et 17 parties étain. Il faut éviter de former l'alliage du métal au moment de couler : il pourrait se faire que cet alliage ne fût pas bien homogène, et il en résulterait des accidents graves au moment du refroidissement dans le retrait. Pour cela, il faut d'avance préparer son alliage qu'on tiendra en réserve en lingots; pour avoir négligé cette précaution qu'on prenait habituellement, un plateau d'un mètre de diamètre, fondu à Paris chez MM. Estlimbaum, a été fendu par un effet de retrait et de manque d'homogénéité dans la matière : ce plateau a été fondu de nouveau avec le même métal, et est parfaitement venu. Il faut donc n'employer que du bronze allié, comme je l'ai dit, de seconde fusion. Le premier alliage indiqué doit être coulé extrêmement chaud, pour opérer la soudure aussi parfaitement que le dernier; mais il présente moins de danger de fissures au moment du retrait, et moins de résistance au rabotage. On peut également former des plateaux avec un alliage composé de

78 parties cuivre rouge et 22 parties d'étain, mais il est très dur et très long à raboter; je n'ai pas remarqué, du reste, qu'il soudât mieux ni donnât de meilleurs résultats sous le rapport des soufflures : celui dont je conseille l'emploi est le premier dans la composition duquel le zinc entre pour 7 p. 0/0. Le métal doit être versé très chaud et très rapidement, surtout vers le milieu de l'opération.

Lorsqu'on a coulé chez MM. Estlimbaum, à Paris, les appareils que j'ai fournis à la Marine et à la Cristallerie de la Guillotière, appareils composés de plus de mille tubes chacun, la quantité de métal a été versée entièrement dans un bassin pratiqué sur les coulées : ce bassin, de forme conique, se terminait par un seul conduit communiquant aux coulées, lequel était fermé par un tampon; au moment donné on enlevait le tampon, et le métal se précipitait à plein jet dans le moule et sans interruption. Ce moyen est excellent, surtout si l'on y joint la précaution que l'on prenait de faire arriver le métal en source en faisant passer la coulée dans le châssis qui contient le plateau, de manière à ce que le métal arrive par la partie la plus basse de ce châssis. On ménage dans cette partie un conduit assez large qui débouche par sa partie haute sur toute la longueur ou largeur du plateau à fondre, et justement dans la partie qui doit former la contre-épaisseur; on donne à la tranchée 8 à 10 millimètres au plus d'épaisseur. Ce conduit est destiné à recevoir le métal qui arrive en abondance par la coulée, et à le distribuer également sur toute la largeur du plateau. Les deux plateaux se coulent successivement en faisant basculer le moule sur son axe: il faut cependant le laisser quelques minutes dans la position horizontale, pour que le métal qui a formé le premier plateau ait le temps de figer et ne s'écoule pas par les évents et coulées lorsqu'on fera prendre l'inclinaison contraire que nécessite la fonte du second plateau. Cette opération est, comme on le voit, délicate et difficile; elle exige du fondeur de l'habileté, des soins et de l'intelligence: elle ne peut être confiée à tous; mais, si l'on suit exactement les prescriptions que j'ai tracées, on ne peut manquer d'arriver à un bon résultat. Il ne faut point s'effrayer des projections de métal par les évents et coulées, elles ont lieu quand le moule n'est pas parfaitement sec.

Séchage des châssis.

C'est une recommandation importante que je fais, de mettre à l'étuve et de laisser sécher à fond les deux châssis qui se rapportent par bout au châssis principal. Quant à ce dernier, il ne doit point être déplacé; on le fixera dans la position horizontale, et on fera sécher les deux extrémités en mettant du coak embrasé entre deux plaques percées de trous qu'on approchera de l'extrémité du moule, de manière à ce que le feu soit assez ardent pour sécher, mais non pour fondre l'étamage des bouts de tubes. Si, malgré cette précaution préalable, il y a barbottement dans le moule et projection de liquide, il ne faut pas pour cela s'arrêter de verser ; il faut verser un peu moins abondamment, mais continuer jusqu'à ce que le métal remplisse les évents et les coulées. Les projections n'ont qu'un moment ; à l'instant où les évents et les coulées sont pleins, on relève le moule à la position horizontale, comme je l'ai dit.

Du moment où il peut y avoir projection et conséquemment emploi en pure perte d'une certaine quantité de métal, le fondeur doit comprendre qu'il faut tenir en réserve une beaucoup plus grande quantité de métal fondu que celle qui est jugée nécessaire pour le remplissage du moule. L'économie, sous ce rapport, est pernicieuse, et plusieurs fois j'ai vu mes plateaux manqués uniquement parce qu'on n'avait pas assez de métal pour achever de remplir le moule, lorsqu'il y avait eu quelques projections en commençant de couler ; et si l'on se rappelle ce que j'ai dit plus haut, qu'il faut perdre les deux plateaux pour préparer les tubes à nouveau, on verra de quelle importance il est de ne pas manquer de métal. On pourrait, chaque fois que dans une fonderie de cuivre on aura des appareils de ce genre à couler, tenir quelque autre pièce prête, afin d'utiliser le métal fondu qui ne serait pas employé audit appareil.

La question la plus importante est que la soudure se fasse bien entre les tubes et les plateaux. On peut toujours boucher une soufflure avec de l'étain ou avec une pièce, en sacrifiant deux ou trois tubes ; quand, au contraire, il y a quelques tubes non soudés, il y a peu de remède et il est impossible d'empêcher les fuites. Il est extrêmement rare que, lorsque deux ou trois tubes ne sont pas soudés, il n'y en ait pas une grande quantité. Il faut alors couper avec la scie les tubes ras le plateau, les préparer de nouveau et recommencer l'opération. Dans ce cas, le tube est raccourci de 5 à 6 centimètres; il faut en ajouter un nombre suffisant pour compenser cette diminution de la surface chauffante.

Il est difficile, dans les grandes pièces, de disposer ses coulées et ses évents soit sur les deux châssis qui ferment les extrémités, soit sur le châssis principal, surtout à cause de la hauteur de 30 centimètres que je recommande de leur donner; alors on ajoute un petit châssis R uniquement destiné à recevoir les évents et les coulées et qui se place, comme dans les fig. 1 et 2 (Pl. II), sur le joint des grands châssis.

Calibres qui maintiennent les tubes.

J'ai dit plus haut que les tubes étaient maintenus dans le moule au moyen de calibres percés de trous qui en fixaient l'écartement. Ces calibres, pour les petits appareils de deux à trois cents tubes, peuvent être faits en tôle de fer ou de cuivre découpée à l'emporte-pièce; on leur donne l'épaisseur convenable en chargeant avec du bois la partie qui doit former la bride du plateau. Quand on les place dans le châssis, on met la feuille percée du côté où doit être foulé le sable (Pl. II, fig. 8); le tube traverse ladite feuille, et ressort jusqu'à fleur de la partie chargée qui forme la bride. On peut, d'un côté, joindre la contre-épaisseur qui, étant une feuille pleine, empêchera le tube d'aller plus loin qu'il n'est convenable. Mais, pour les grands appareils, il est impossible de se servir de ce genre de calibre, à cause de l'extrême difficulté d'arracher le calibre lorsque les tubes sont moulés dans le sable. Le motif en est que, quelque largeur qu'on ait donnée aux trous dans lesquels entrent les extrémités des tubes, lorsqu'on foule le sable entre ces tubes on fait nécessairement appuyer une de leurs faces contre la face contiguë du calibre. Ce frottement qui n'est rien pour un tube, répété et additionné sur un millier, fait une résistance telle que j'ai vu des calibres en tôle de fer ne pouvoir être arrachés que par morceaux. Pour obvier à cet inconvénient, j'ai imaginé de faire des réglettes (Pl. II, fig. 6) ayant en longueur celle du plateau à former, en épaisseur l'épaisseur de ce plateau, et en largeur celle qui doit exister entre un tube et l'autre d'axe en axe de ces deux tubes dans l'assemblage. Elles portent à des intervalles réguliers des échancrures égales en forme et en capacité à la demi-surface et capacité d'un des tubes à assembler, de telle sorte qu'en joignant deux de ces réglettes on ait exactement le passage de l'extrémité du tube. On les fait très facilement au rabot avec une lame ayant la forme à donner à l'échancrure ; on trace la rainure sur une planche ayant en épaisseur la largeur que doit avoir la réglette. Quand les rainures ou échancrures sont faites, on en détache autant de réglettes qu'on en a besoin : de cette manière les orifices à former viendront très bien, car les échancrures faites d'un seul trait coïncideront parfaitement pour la largeur et la distance.

Il faut faire attention dans la disposition de ces réglettes (Pl. II, fig. 6), qu'elles doivent se placer dans le châssis de manière à ce que les tubes présentent aux coulées, dans le sens où arrive le métal, leur diamètre le plus étroit, afin que les chocs ne se fassent pas sur une aussi large surface et que le métal passe mieux à travers les tubes. On place ces réglettes comme dans la figure 6 (Pl. II), et on les maintient au moyen d'un cercle A de même épaisseur dans le cas où le plateau doit être rond : ce cercle, de la largeur de la bride du plateau, reçoit les réglettes BBBB dont l'extrémité est taillée coniquement dans sa circonférence intérieure ouverte coniquement. La contre-épaisseur qu'on adapte de suite d'un côté, et une traverse provisoire qu'on place de l'autre, les empêchent de se déranger sous la pression du sable pendant qu'on le foule. Si le plateau à former est carré, on les maintient dans un cadre de même épaisseur qui forme la bride, et au moyen de deux traverses provisoires BB adaptées avec des vis.

Lorsque le moulage des tubes sera terminé et qu'il s'agira d'enlever les calibres, l'opération sera très facile, parce qu'on n'aura qu'à tirer une réglette à la fois. On y arrivera en enfonçant un outil pointu ou une tige taraudée dans les petits trous CCCC, ménagés à l'avance à chaque extrémité de la réglette. En agissant ainsi, on n'aura point à craindre de dégrader le moule. J'engage le fondeur qui aura une certaine quantité d'appareils à fondre de même force, ou du moins de même diamètre dans le sens de la longueur des réglettes, à faire des réglettes en zinc. Celles en bois ont l'inconvénient de renfler un peu et de se tourmenter dans le sable humide. Ces réglettes peuvent servir pour toute espèce d'appareils; car, quelle que soit la force de ces appareils, les tubes, leur distance entre eux et l'épaisseur des plateaux restent toujours les mêmes. J'ai adopté, comme espace suffisant entre les tubes, l'écartement de 0,007 millim. dans tous les sens : la tranche de métal est assez considérable pour que la soudure se fasse bien ; j'ai même réussi pour des plateaux dont l'écartement des tubes n'était que de cinq millimètres dans tous les sens, et dans lesquels les tubes étaient disposés en quinconce, disposition qui, en multipliant les chocs du métal contre les tubes, nuisait à la facilité de son écoulement dans le moule.

Disposition des tubes dans les calibres.

J'ai entièrement renoncé à cette disposition des tubes en quinconce, d'abord à cause du motif que je viens d'indiquer, en second lieu parce qu'elle rend le nettoyage des tubes très difficile quand ils sont encrassés par une cause quelconque, et la recherche des tubes percés très fatigante. Je recommande donc de disposer les tubes en lignes parallèlés, de manière à ce que l'on puisse nettoyer leurs quatre faces en passant une règle et un chiffon dans les espaces réguliers et en ligne droite qui les séparent. Il n'y a point de doute qu'on ne réussisse très bien avec un écartement de 5 millimètres, cependant j'engage à laisser 7 millimètres quand on aura la place suffisante. J'indique l'écartement de 0,007 millimètres comme le maximum ; un plus grand écartement serait à la fois inutile, coûteux et nuisible, surtout dans les appareils vaporisateurs. Il ne faut point oublier que la vapeur d'eau chauffante doit être détendue le moins possible dans son condensateur qui est l'appareil vaporisateur, afin qu'elle le soit le plus possible dans le cylindre, par la raison qu'il faut qu'elle conserve la plus haute température dans l'enveloppe de cet appareil ; que cette température, ou calorique sensible, produit l'élévation de pression des vapeurs auxiliaires, et qu'elle s'abaissera d'autant plus que la capacité dans laquelle elle arrivera à sa sortie du cylindre sera plus considérable et lui permettra de se détendre davantage. Il est bien vrai que le volume de vapeur auxiliaire produite ne sera pas diminué ; mais, en ne l'employant pas à une pression convenablement élevée, on perdra le bénéfice de la détente, et cela sans aucun motif avantageux. On voit donc qu'il serait préférable en quelque sorte de fixer l'écartement des tubes à 5 millim. si l'on n'avait à craindre de ne pas souder : outre l'avantage qu'on y trouverait dans la moindre capacité de l'enveloppe, on y trouverait encore celui d'avoir des plateaux moins larges pour le même développement de surface, et d'avoir moins à redouter les effets du retrait. Le tube, l'épaisseur de ses parois comprise, ayant 7 millimètres de diamètre dans l'axe des sommets de ses surfaces courbes, chaque ligne de tubes occupera une largeur de 14 à 15 millimètres, à cause du jeu du tube dans le calibre et de celui-ci dans le sable, sur une hauteur dans l'autre sens de 37 millimètres. On peut donc, dans un mètre carré de surface, en placer vingt-sept dans un sens et soixante-six dans l'autre, ce qui fait un total de dix-huit cent cinquante-neuf tubes, égal à cent neuf mètres de surface développée dans un mètre cube. Mais si l'on emploie, comme il est convenable pour des appareils dont les plateaux ont cette dimension, des tubes de un mètre cinquante centimètres de longueur, et si l'on rapproche les tubes en diminuant leur écartement et ne laissant entre eux qu'un espace de 4 à 5 millimètres, ce qui réussit parfaitement à la fonte et, en diminuant la capacité vide de l'enveloppe, est très favorable au maintien de la température de la vapeur chauffante, on aura une surface de chauffe égale à cent soixante-trois mètres carrés dans un espace extrêmement restreint.

La vaporisation par force de cheval exige un mètre quatre-vingts centimètres de surface au moins. Quant à moi, je donne un mètre quatre-vingt-dix centimètres à deux mètres : le motif en est que les surfaces vaporisantes du liquide auxiliaire sont en même temps condensantes de la vapeur d'eau à laquelle elles prennent la chaleur qu'elles transmettent au liquide; que plus ces surfaces seront considérables, plus instantanées seront la transmission et l'absorption de chaleur, conséquemment la condensation. Ce n'est donc pas un mal d'exagérer un peu les surfaces du vaporisateur; la vaporisation du liquide auxiliaire n'y peut rien perdre, et la condensation de la vapeur d'eau y gagne.

On doit, pendant l'opération du moulage, éviter toute cause d'oxidation de l'extrémité étamée des tubes, et pour cela il faut mener cette opération rapidement et frotter l'extrémité des tubes avec une brosse, lorsque l'action du feu qui sèche les extrémités du grand châssis les a noircis. Quelques fondeurs ont l'habitude de blanchir les surfaces intérieures de leur moule, pour que le sable se détache mieux et que ces surfaces soient plus propres. Cette précaution est surtout excellente dans la fonte de ces plateaux hérissés de tubes, mais alors il faut apporter la plus grande attention à ne pas blanchir les extrémités des tubes qui doivent être noyées dans le métal: cette matière blanche, interposée entre la surface du tube et la matière liquide, empêcherait le contact immédiat et la soudure. Il vaut mieux renoncer à cette opération que de la mal faire.

Il faut attendre, avant de démouler, que le métal soit à peu près froid. Cependant on peut, en enlevant le petit châssis qui porte les évents et les coulées, briser celles-ci; mais alors il faut le faire pendant que le métal est encore très chaud et qu'il n'a pas encore de consistance : du moment où il résiste, il faut attendre. On coupera les évents et coulées à la scie ou au burin ; autrement, il serait à craindre que les contre-coups des chocs que l'on produirait pour les casser ne se répercutassent sur les tubes qui, amenés à l'état rouge par la haute température du plateau, sont très cassants, et que plusieurs ne fussent brisés ras le plateau. Il faut encore éviter que la pièce fondue ne se refroidisse trop rapidement, afin que le retrait, se faisant très insensiblement, donne le temps au sable de se tasser sous l'effort des tubes. Dans les appareils d'une grande dimension il serait bon d'aider à cet effet en dégarnissant le sable tassé entre les tubes dans le milieu, tout en laissant le plateau renfermé dans son moule à l'abri du contact de l'air.

Lorsque la pièce est démoulée, on enlève avec soin le sable et l'on nettoie très proprement les plateaux : il faut détacher tout le sable qui pourrait rester dans l'angle que forment les tubes avec les plateaux, afin que lorsque l'appareil sera soumis à la pression hydraulique on puisse vérifier s'il n'y a aucune fuite, aucun suintement, et reconnaître ainsi si les tubes sont bien ou mal soudés avec ledit plateau. Il est arrivé plusieurs fois que, les projections qui ont ordinairement lieu pendant la coulée des plateaux ayant dépassé la prévoyance et les calculs du fondeur, on a manqué de matière pour remplir le moule, et que la partie de la bride la plus élevée et la plus rapprochée des évents n'est pas venue ou est venue mauvaise. Il est facile d'y remédier si la partie dans laquelle sont fixés les tubes est saine. On coupe au burin toute la partie mauvaise, on fait un bout de moule qu'on applique dessus et on moule avec du sable vert comme on le voit dans la fig. 2 (Pl. Ire); on dispose la pièce de manière à pouvoir chauffer le plateau qu'on veut réparer avec un feu de coak ou de charbon de bois, jusqu'à la température rouge brun. La partie moulée porte un évent au milieu, une coulée à droite et une issue à gauche. Il faut préparer quinze ou vingt fois autant de métal que la quantité nécessaire pour remplir le moule, verser très chaud par la coulée de droite et laisser sortir le métal par l'issue de gauche, jusqu'à ce qu'on n'ait plus que la quantité nécessaire pour remplir le moule. Alors avec un tampon de terre grasse fraîche on bouche subitement l'issue, et on laisse le métal sortir par l'évent du milieu. Cette opération, bien conduite, est infaillible; elle nous a parfaitement réussi dans toutes les circonstances où nous l'avons appliquée. Il faut bien faire attention de ne pas verser le métal avant que le plateau à réparer ne soit convenablement chaud, ni compter sur le métal liquide pour le chauffer. Autrement, la dilatation subite occasionnée par un chauffage trop prompt ferait fendre le plateau: le remède serait alors pire que le mal.

Rabotage des plateaux.

La pièce ainsi préparée est portée à l'atelier d'ajustage et on la monte ou sur le tour ou sur la machine à raboter, pour enlever les huit ou dix millimètres de métal qui recouvrent l'extrémité des tubes et que nous avons appelés contre-épaisseur. Si la pièce est ronde, on pourra n'enlever cette contre-épaisseur que sur la partie du plateau où sont enchâssés les tubes et la laisser subsister sur la bride : cela donnera un surcroît d'épaisseur et de solidité à cette dernière, et il est facile d'atteindre ce but avec le tour ou la machine à raboter circulaire. Quand les plateaux de l'appareil seront carrés, il sera difficile de ne pas raboter toute la surface. En général, j'engage à ne pas monter les appareils sur le tour entre deux pointes ; car, lorsqu'on tourne les plateaux, il y a un fouettement et une vibration occasionnés par la flexibilité et l'élasticité des tubes qui s'opposent à ce qu'on puisse mener le travail un peu habilement en faisant de fortes passes. Il faut, dans ce cas, soutenir les plateaux en les rendant solidaires l'un de l'autre au moyen de quatre pièces de bois mises à égales distances et enfoncées un peu de force : cette précaution est excellente dans tous les cas, parce qu'elle préserve les tubes des chocs qu'ils pourraient recevoir dans les divers maniements de l'appareil. Il convient de placer ces pièces de bois avant que la pièce ne quitte la fonderie.

Lorsqu'on montera la pièce pour en opérer le rabotage, soit au moyen du tour, soit au moyen de la machine à raboter, il faut la fixer solidement par le plateau même qui doit être raboté ; la pièce ainsi placée n'éprouvera aucune vibration, et on pourra faire des passes très fortes. Lorsqu'on aura enlevé les trois quarts de la contre-épaisseur, on modérera ces passes de manière à ne prendre que très peu de métal au moment où les tubes se découvriront; aussitôt que la majeure partie des tubes apparaîtront suffisamment pour qu'au moyen d'une pointe on puisse faire tomber le sable qui les remplit, on arrêtera le rabotage et on prendra bien garde d'enlever plus d'un millimètre ou deux de l'extrémité de ces tubes, car cette partie est toujours la mieux soudée. Si une portion seulement des tubes apparaissait, on présenterait la pièce sous un léger angle à l'outil de la machine à raboter, de manière qu'il ne prît le métal que dans la partie non rabotée. Cette surface ne serait plus, à la vérité, d'équerre avec les tubes et parallèle à la surface de l'autre plateau, mais cela importe peu. Il suffira de raboter la partie qui forme la bride, de manière à ce qu'elle soit d'équerre avec les tubes et parallèle à la bride du second plateau. On peut, lorsqu'on manque de machine à raboter, se servir d'un tour. On fixe l'appareil sur le banc de tour de manière à ce que le centre se trouve dans l'axe des pointes du tour, et on monte sur le tour un plateau muni d'un chariot dont l'outil travaillant circulairement avancera au moyen d'une étoile. Un tourneur intelligent ne sera pas, du reste, embarrassé pour conduire à bien cette opération.

Nettoyage des tubes.

Quand l'appareil (Pl. Ire, fig. 5) sera raboté des deux côtés jusqu'à ce que la plus grande partie des tubes soient découverts, on cherchera dans la ligne avec un burin ceux des tubes un peu plus noyés qui n'auraient pas paru ; puis on retirera avec des pinces les épingles qui ont servi de soutien aux noyaux ; cette opération les dégrade en partie et favorise l'enlèvement du sable qui les forme. Pour enlever le sable il faut se servir de lames minces d'acier taillées en pointes de couteau émoussées et légèrement recourbées, ne jamais faire usage de burin, outils aigus, et surtout de marteau. Les tubes sont étroits et leurs parois minces ; un manque d'attention suffirait pour qu'on perçât la paroi du tube, qui alors serait tout-à-fait irréparable, et qu'il faudrait tamponner par les deux extrémités. Le sable qui formait le noyau enlevé, le sable coulant qui a servi à remplir le surplus de la capacité du tube tombera facilement en frappant de petits coups avec un maillet de bois sur un des plateaux de l'appareil placé debout sur des tréteaux.

Pendant qu'on enlève le sable foulé, l'appareil doit être disposé horizontalement, de manière à ce que le plateau fasse un angle droit avec la terre : de cette manière, ce sable tombera à mesure des efforts qu'on fera pour l'arracher, et on ne courra pas risque de le fouler de nouveau, comme si le plateau était horizontal. Il faut nettoyer ces appareils avec beaucoup de soins au dedans et au dehors, et n'y point laisser de sable. Si, malgré un lavage persistant, on apercevait encore des traces de sable, on pourrait se servir d'eau acidulée, dans laquelle on mettrait tremper quelques heures l'appareil tout entier pour le détacher : cette précaution est indispensable, car ce sable serait plus tard entraîné, à l'intérieur par le liquide auxiliaire, et à l'extérieur par le résultat de la condensation de la vapeur d'eau dans les clapets des pompes ou dans les robinets qu'il détériorerait promptement. Il est en outre essentiel, comme je l'ai dit plus haut, que la surface extérieure du plateau entre les tubes soit parfaitement propre, afin que, lorsqu'on en fera l'essai à la presse hydraulique, on puisse apercevoir la plus légère fuite et le moindre suintement.

Soufflures ; moyen de les réparer.

L'appareil nettoyé et lavé, on remplira avec de l'étain les soufflures qui pourraient exister sur la surface rabotée du plateau, surtout celles qui se trouveront sur les brides; lorsque ces soufflures sur les brides seront de grande dimension, il sera plus convenable d'y rapporter une pièce de bronze soudée à l'étain. Si on les remplissait seulement avec de l'étain, il serait très difficile de dresser la surface et de faire un bon joint avec les calottes; car l'étain est un métal moins dur que le bronze et un peu pâteux; la lime ne mord pas également, et, malgré les soins et l'habileté de l'ouvrier, il est difficile d'obtenir une surface parfaitement droite. Qu'on se rappelle que le joint doit être fait au moyen d'une seule épaisseur de papier gommé. Le moyen le plus convenable et le plus certain dans ce cas est de former sur le tour, dans la bride et à la place même où la partie légèrement saillante de la bride de la calotte doit se reposer et faire le joint, un sillon circulaire en queue d'hirondelle A, comme on peut le voir dans la fig. 5 (Pl. Ire), que l'on étamera avec soin et dans lequel on coulera de la soudure d'étain, de manière à remplir parfaitement le sillon et s'élever de un ou deux millimètres au-dessus de la surface de la bride. Ce sillon aura en profondeur 5 à 6 millimètres, et en largeur celle de la partie saillante de la calotte et deux millimètres en sus. On battra légèrement au marteau cette bande circulaire d'étain, afin de rendre le métal plus dur, de le récrouir et qu'il remplisse mieux le sillon, et l'on enlèvera au moyen du tour, en faisant des passes très légères, non-seulement la partie excédant la surface de la bride, mais un millimètre en contre-bas, afin de mettre à l'abri de tout choc, frottement et avarie, cette partie qui doit former le joint. On obtiendra ainsi une surface parfaitement plane, puisque ce ruban circulaire sera d'un métal homogène, et une soudure beaucoup plus parfaite que celle que pourrait avoir la petite quantité de métal, qui n'aurait pour but que de remplir une soufflure.

Largeur des brides.

Les brides doivent fixer l'appareil à ses calottes par des boulons forts, nombreux et rapprochés ; leur largeur doit être suffisante pour qu'il reste un espace de trois centimètres entre le boulon et les tubes qui débouchent dans les plateaux, et pour que la tête du boulon et de l'écrou affleure leur circonférence extérieure. Il y a une raison très sérieuse de ne leur donner que la largeur strictement nécessaire, si on se sert d'enveloppes faites d'une seule pièce en forme de cloche, comme dans la fig. 3 (Pl. III). Ces enveloppes ont nécessairement pour diamètre celui de la bride, auquel il faut ajouter le jeu nécessaire pour les placer facilement. Si donc la bride est trop large, elle augmentera sans motif la capacité de l'enveloppe, capacité qui doit être réduite autant qu'il sera possible pour les causes que j'ai déjà indiquées plusieurs fois, et que je répéterai quand je traiterai de cette partie de l'appareil vaporisateur. Il sera bon de laisser cette partie de la bride qui fait le joint saillir de un ou deux millimètres sur le reste du plateau ; elle sera ainsi plus facile à dresser et forcera le monteur à ne pas mettre son papier sur toute la largeur de la bride, mais seulement à l'intérieur de l'espace circonscrit par les trous destinés aux boulons sur cette partie réservée au joint. Il y a un grave inconvénient à faire les brides de niveau sur toute leur largeur, parce que le monteur croit bien faire de mettre du papier sur toute la largeur du joint ; et si la bride n'est pas parfaitement de niveau et qu'elle creuse un peu vers l'intérieur, les bords extrêmes seuls portent et le liquide fuit par les boulons. Dans les cas mêmes où la bride est parfaitement dressée, elle peut fléchir un peu sous l'effort des boulons, d'autant plus que le métal qui forme la bride de la calotte, étant de la fonte de fer, est beaucoup plus rigide et ne fléchit pas, ou fléchit moins. Alors, encore une fois, les bords extérieurs seuls de la bride portent et le joint est mauvais. Cette partie importante du vaporisateur, puisqu'elle forme sa surface chauffante, étant terminée, on s'occupera de fixer les deux calottes qui la complètent et mettent les tubes en communication entre eux.

Calottes ; leur capacité.

Ces calottes (Pl. III, fig. 1re et 2e) peuvent être en fonte de fer, en bronze, ou même faites de feuilles de cuivre rouge brasées entre elles ; les brides doivent en être fortes et préparées comme celles de l'appareil que je viens de décrire. La production de vapeur étant instantanée, abondante et fournissant coup par coup, pour ainsi dire, à la dépense du cylindre, j'ai négligé de faire un réservoir de vapeur. Ainsi, la calotte supérieure qui en tient lieu n'a généralement pas dans les appareils que j'ai fait construire plus de cinquante centimètres d'élévation, et sa capacité est à peu près égale à la moitié de celle du cylindre auquel elle fournit la vapeur. Je n'ai eu, du reste, en vue dans cette disposition que de gagner du poids et de la place; et comme il est nécessaire, pour éviter la condensation de la vapeur formée, que cette calotte soit renfermée dans l'enveloppe générale de l'appareil, enveloppe étanche qui doit tenir le vide et que j'engage à faire en fonte de fer, cette enveloppe deviendrait d'une proportion et d'un poids énormes si l'on augmentait trop la capacité de la calotte supérieure. Je ne crois pas que, sous d'autres rapports, il puisse être nuisible de faire cette calotte plus grande.

Projections du liquide. — Diaphragmes.

Le peu d'élévation de cette espèce de réservoir de vapeur m'a fait rechercher les moyens d'obvier aux projections du liquide et à son entraînement dans les tuyaux de prise de vapeur. Pour arriver à ce but, je place à 20 centimètres de hauteur, dans l'intérieur de la calotte (Pl. III, fig. 1re), le diaphragme circulaire C adhérent aux parois, et qui fait retomber sur le plateau le liquide entraîné le long de ces parois par les courants de vapeur qui s'échappent des tubes. Je fais ensuite descendre le tube de prise de vapeur B dans la calotte de 10 à 15 centimètres ; ce tube est percé circulairement de trous capables de donner passage à un volume suffisant de vapeur, et fermé à son extrémité D par une feuille hémisphérique également percée de trous. Dans la portion d'espace comprise entre l'extrémité du tuyau de prise de vapeur et le diaphragme circulaire C, est un autre diaphragme E formé d'une feuille de tôle ou de cuivre légèrement cintrée et maintenue, au moyen de supports $x\,x\,x$, à égale distance du tube B et du diaphragme C. Ce diaphragme doit excéder en largeur de 1 ou 2 centimètres l'orifice ou passage que laisse à la vapeur le diaphragme circulaire C. Par cette disposition de diaphragmes, les projections liquides, de quelque point qu'elles partent, sont rejetées sur le plateau où elles se reforment en vapeur. Le meilleur moyen d'avoir de la vapeur sèche et d'éviter les projections, est d'arrêter le niveau du liquide dans les surfaces chauffantes aux deux tiers de la hauteur des tubes. La partie supérieure de la calotte à laquelle sera fixée la prise de vapeur, que je décrirai plus loin, se termine par une partie cylindrique tournée A. Cette partie, de 10 à 15 centimètres de hauteur, est destinée à traverser l'enveloppe qui renferme tout l'appareil, et qui, comme nous l'avons dit, doit être assez étanche pour maintenir le vide. Cette espèce de tubulure aura des parois très épaisses, pour qu'on puisse y planter les prisonniers qui y fixeront le robinet de vapeur, et laisser au moins 2 centimètres de largeur au métal à l'intérieur de ces prisonniers pour faire le joint. Cette portion de surface sera exhaussée de 1 à 2 millimètres. Je rappelle ici qu'il faut éviter de jamais faire traverser un boulon, une vis ou un prisonnier dans une capacité destinée à contenir le liquide auxiliaire ou sa vapeur.

Socle ou calotte inférieure.

La calotte inférieure du vaporisateur n'a pas besoin d'être renfermée dans l'enveloppe ; elle fait ordinairement partie du siége qui doit le porter, et est fondue avec lui comme dans la fig. 2 (Pl. III). Sa plus grande hauteur est de 10 à 15 centimètres. Elle porte en A une tubulure pour l'alimentation, dont l'orifice est le même que celui de la pompe alimentaire que je décrirai plus loin. C'est une partie cylindrique venue de fonte, que l'on perce d'un trou de 15 millimètres pour y ajuster le tube du niveau. A la partie la plus basse B on laissera venir de fonte une portée que l'on percera après coup, et sur laquelle s'ajustera le robinet de vidange. Ce robinet, proportionné à la force de l'appareil, sera mis en communication, au moyen de raccords coniques et d'un tube pouvant s'enlever à volonté, avec le robinet placé à la partie inférieure du condensateur, afin que, dans le cas où une fuite grave viendrait à se déclarer à l'appareil vaporisateur, on puisse en un instant faire passer tout le liquide au condensateur: il s'y précipitera avec une vitesse proportionnelle à la pression de la vapeur et au vide qui existe au condensateur. Un seul des deux robinets, celui du vaporisateur, sera ordinairement fermé, afin que la manœuvre soit plus prompte en cas d'accident. Lorsqu'on voudra tirer le liquide qui remplit le vaporisateur, ce qui arrive fort rarement, il suffira de démonter le tube de communication, et avant de fermer les deux robinets. C'est sur le socle formant la calotte inférieure du vaporisateur que sont montés et l'assemblage de tubes qui forment ses surfaces chauffantes, et l'enveloppe qui doit le contenir tout entier en même temps que recevoir la vapeur d'eau qui doit les chauffer. La bride qui l'assemblera à ces deux pièces sera dressée et tournée avec soin. Je recommande de faire saillir de 3 à 4 millimètres la partie de cette bride, intérieure aux boulons, qui fait le joint avec le plateau d'assemblage des tubes. La bride de ce plateau doit être tournée ou dressée sur ses deux faces, et les boulons qu'on emploiera également tournés. Les têtes des boulons porteront sur la bride du plateau, et les écrous seront placés en dehors de la calotte sous le socle qui la forme. Il y a deux motifs pour cette disposition : la facilité de resserrer les boulons quand l'appareil est monté ; et en outre la nécessité d'empêcher la fuite par les boulons entre la capacité intérieure de l'enveloppe et l'air extérieur qui tendra à y rentrer lorsque le vide s'y opérera. En plaçant les écrous sur les boulons, on mettra dans la partie filetée du boulon de la filasse et du minium en petite quantité, de manière à ce que le trou dans lequel passe le boulon soit hermétiquement rempli et ne laisse aucun passage à l'air. Le surplus de la bride, également dressé, recevra l'enveloppe qui renfermera l'appareil (Pl. III, fig. 3).

Enveloppe.

Cette enveloppe n'ayant à résister qu'à la pression extérieure de l'atmosphère, n'a pas besoin d'être reliée au socle par un grand nombre de boulons; on pourrait même n'en pas mettre du tout en relevant par un cordon la bride du socle qui la reçoit, de manière à former un emboîtement dans lequel on mettra soit du mastic de fer, soit seulement du minium : la pression de l'atmosphère sera suffisante pour serrer le joint, si la bride de l'enveloppe et celle du socle formant emboîtement sont bien dressées. L'enveloppe peut être faite en tôle de fer ou de cuivre, mais mieux en fonte de fer; elle doit être parfaitement étanche, et capable de résister extérieurement ou par écrasement à la pression de l'atmosphère. Elle contient l'appareil vaporisateur tout entier, et doit avoir intérieurement en hauteur 2 ou 3 centimètres de plus que la partie la plus haute de la calotte supérieure de cet appareil, sauf la partie cylindrique qu'elle laisse passer, afin de permettre la dilatation des tubes qui composent l'appareil, ainsi que je le dirai ailleurs. C'est dans cette enveloppe qu'arrive l'échappement de la vapeur d'eau, après qu'elle a travaillé dans le cylindre qui lui est spécial; c'est là qu'elle se condense, en abandonnant la chaleur qui la fait subsister à un liquide qui en est plus avide qu'elle. Cette enveloppe doit avoir une tubulure, pour l'arrivée de cette vapeur, égale en orifice à celui de l'échappement du cylindre. Cette tubulure A (Pl. III, fig. 3), fixée à la moitié de la hauteur des tubes pour les appareils qui ont des tubes de 1 mètre, et aux deux tiers de cette hauteur pour ceux qui ont des tubes de 1 mètre 50 centimètres, sera placée sur l'enveloppe de manière à ce que la vapeur frappe les tubes sur leur diamètre le plus étroit. J'ai fait arriver l'échappement de vapeur vers le milieu ou les deux tiers de la hauteur de la surface chauffante, afin de surchauffer la partie la plus élevée de cette surface, de maintenir le liquide dans les tubes en portant l'ébullition la plus active dans la partie haute, et d'éviter la formation d'une trop grande quantité de vapeur dans la partie basse qui, trouvant un écoulement et un courant par la prise de vapeur et la dépense de la machine, projetterait avec violence le liquide superposé en s'échappant des tubes dans la calotte supérieure, et en entraînerait une grande quantité dans le cylindre. Cette disposition a parfaitement atteint le but que je m'étais proposé. Dans la bonne marche de la machine et lorsque l'appareil est garni de la quantité de liquide convenable pour couvrir la moitié où les deux tiers de la surface de chauffe, la partie supérieure a toujours une température excédant considérablement celle de la partie basse sur laquelle on peut constamment tenir la main.

Capacité de l'enveloppe.

L'enveloppe doit avoir la capacité la plus faible

qu'il sera possible de lui donner, c'est-à-dire que ses parois doivent être tout contre la dernière rangée des tubes qui forment les surfaces vaporisantes. Il faudrait, pour qu'on obtînt tous les avantages de l'emploi de la vapeur d'échappement comme chauffage du liquide auxiliaire, que l'enveloppe du vaporisateur eût seulement en capacité celle du cylindre : car, alors, la vapeur sortant de ce dernier ne ferait que doubler de volume ou se détendre de moitié ; sa température, restant proportionnelle à cette détente, pourrait porter la vapeur du liquide auxiliaire à une pression correspondante qui serait encore assez élevée, et la vapeur d'eau pourrait être employée à la plus grande détente dans le cylindre même. Mais il est bien difficile que la capacité vide dans l'enveloppe, résultant de l'espace compris entre les tubes et celui compris entre les parois de l'enveloppe et de la calotte du vaporisateur, ne soit pas plus considérable que la capacité du cylindre. La vapeur à son échappement, trouvant donc un espace dans lequel elle peut se détendre, baisse nécessairement de température en proportion de cette détente ; et comme la pression de la vapeur du liquide auxiliaire ne peut s'élever que relativement à cette température, on courrait le risque, si l'on ne restreignait autant que faire se pourra la capacité de l'enveloppe, de n'avoir pas assez d'élévation dans la température pour marcher à la pression initiale calculée d'après la température de la vapeur d'eau prise à l'échappement. Cette observation est donc d'une grande importance, parce qu'on pourrait, si l'on n'y prenait garde, commettre des erreurs graves en calculant la capacité des cylindres, qu'on établirait comme devant marcher à une pression initiale qu'on ne pourrait atteindre. Il est bien vrai que le volume de vapeur créée resterait toujours le même, mais sa pression changerait et la capacité du cylindre pourrait ne plus être suffisante pour son emploi total. J'ai dit ailleurs combien il importait de dépenser toute la vapeur formée; car la température ne pouvant s'élever, malgré une moindre dépense, au-dessus de celle que conserve la vapeur d'eau détendue chauffante, toute la vapeur non dépensée est produite en pure perte et se condense par sa propre pression le long des parois qui la produisent. On peut donner aux enveloppes des grands appareils la forme de la fig. 1re (Pl. VII), comme je l'ai fait dans la machine de la Cristallerie dont j'ai déjà parlé; mais, pour de petits appareils, la forme de la fig. 3 (Pl. III) est préférable : on évite les joints latéraux, qui sont une cause de rentrée d'air et qui sont difficiles à bien faire. On pourrait néanmoins se dispenser de faire des joints latéraux, et employer les enveloppes de la fig. 3 (Pl. III), en remplissant l'espace obligé qu'elles laissent entre leurs parois et la dernière rangée des tubes avec un corps quelconque autant que possible peu conducteur de la chaleur, et que la vapeur environnante ne pourrait point dissoudre. Le seul but à atteindre est d'occuper l'espace, afin d'empêcher l'augmentation de volume de la vapeur et son abaissement de température ou calorique sensible; on peut y arriver de bien des manières, il suffit de l'indiquer au constructeur en lui laissant le choix de la méthode la plus simple. Des caisses de tôle remplies de charbon pilé ou de sable ou de sciure de bois, ou des douves en bois garnies et recouvertes de feuilles de cuivre ou de ferblanc, seraient parfaitement suffisantes. On pratiquera dans cette espèce d'enveloppe intérieure un orifice correspondant à la tubulure qui amène la vapeur d'eau chauffante, afin qu'elle se distribue à l'intérieur au travers des tubes. Ce remplissage aurait, en hauteur, celle comprise entre les boulons d'un plateau à l'autre qui les relient avec les enveloppes. Pour les machines fixes, ce remplissage peut être fait avec toute espèce de matériaux, même fort pesants; pour les machines de locomotion, ces matériaux devront être légers. Je n'indique, du reste, ces moyens de remplissage qu'autant qu'on trouvera avantage à faire des enveloppes d'une seule pièce; car, dans le cas où on les fera en plusieurs parties, il sera beaucoup plus simple de rapprocher les parois de l'enveloppe très près des tubes vaporisateurs. Si l'on a lu attentivement au chapitre *du cylindre* les observations nombreuses relatives à la capacité proportionnelle à lui donner, on concevra de quelle importance il est de conserver le plus possible la température de la vapeur chauffante à son émission et de diminuer la capacité de l'enveloppe, qui, en opérant une plus grande détente, baisse nécessairement cette température.

A la partie la plus inférieure de l'enveloppe, tout près de son assemblage avec le socle, est une deuxième tubulure par laquelle la pompe à air enlèvera l'eau produite par la condensation de la vapeur, et l'air qui peut rentrer par les joints ou assemblages des diverses parties de la machine et même de l'enveloppe.

XX sont deux renflements destinés à recevoir les robinets et boîtes pour le niveau. Ils sont placés l'un à 50 centimètres, l'autre à 80 centimètres au-dessus du plateau inférieur de l'appareil, lorsque ce dernier est composé de tubes de 1 mètre, et à 1 m. 00 et 1 m. 30 c. lorsqu'il se compose de tubes de 1 mètre 50 centimètres. Ces renflements ne doivent pas être entièrement percés ; l'intérieur de l'enveloppe n'ayant aucune communication avec le niveau, ils sont uniquement destinés à fixer et supporter ce niveau, dont le robinet inférieur communique au moyen d'un tube avec la tubulure C de la calotte inférieure, l'autre par la partie supérieure avec la prise ou robinet de vapeur dans la portion où il y a constamment communication avec le réservoir de vapeur, c'est-à-dire au-dessous de la lentille ou du tiroir qui ferme le passage de cette vapeur au cylindre.

Soupape de l'enveloppe.

Au sommet de l'enveloppe est une tubulure M dans laquelle joue une soupape large et légère s'ouvrant sous la moindre pression intérieure ; elle doit avoir en diamètre celui de l'orifice de l'arrivée de vapeur chauffante. Son but est de laisser échapper l'air qui remplit l'enveloppe, le cylindre et le tuyautage au moment de l'arrivée de la première bouffée de vapeur d'échappement, et d'empêcher cette dernière d'acquérir une pression quelconque en attendant que la pompe à air ait opéré le vide dans l'enveloppe, ou même dans le cas où par une cause quelconque la condensation de la vapeur d'eau ne s'opérerait pas. Cette soupape est à la fois soupape de sûreté pour l'enveloppe et soupape de sûreté pour le vaporisateur lui-même. En effet, aussitôt que la vapeur d'échappement du cylindre à vapeur d'eau arrive dans l'enveloppe, ou elle est y condensée, et alors le liquide à l'intérieur du vaporisateur n'a qu'une température au-dessous de cent degrés, et sa vapeur conséquemment une pression correspondante à cette température, c'est-à-dire sans aucun danger pour les appareils; ou cette vapeur d'eau chauffante n'est pas condensée, sa pression augmente à chaque coup de piston qui vient s'accumuler dans l'enveloppe, la température s'élève, mais alors la soupape se lève, et, la pression ne pouvant être que celle de l'atmosphère augmentée du faible poids de la soupape, la température ne peut dépasser 100 à 105 degrés. Le liquide à l'intérieur du vaporisateur ne peut donc que s'équilibrer avec cette température, et ne former des vapeurs que sous une pression qui y correspond. Or, les appareils sont essayés à une pression égale au moins à deux fois le maximum de pression que peut prendre à 110 degrés le liquide qui doit les garnir. Cette limite de 110 degrés est infranchissable, elle ne peut même être atteinte, car tout le monde sait que la vapeur à l'air libre ne peut acquérir une température de plus de cent degrés. En donnant donc à la soupape une largeur égale à celle de l'échappement du cylindre qui fournit la vapeur, celle-ci s'écoulera avec trop de facilité et en trop grande abondance pour qu'elle puisse prendre un excès de pression. On voit ainsi que, théoriquement, les dangers d'explosion du vaporisateur sont impossibles, parce que le chauffage fait par de la vapeur d'eau employée régulièrement et distribuée par la détente en même volume n'est point sujet aux variations du chauffage à feu nu, et qu'il n'y a rien de plus facile que d'empêcher l'excès de chauffage par la soupape que j'indique. Pratiquement, les nombreux essais publics que j'ai faits ont démontré que la température des appareils ne pouvait dépasser 103 à 105 degrés, même en laissant un courant de vapeur pris directement à la chaudière traverser le cylindre et les orifices des tiroirs déréglés exprès et s'échappant avec violence dans l'atmosphère par la soupape de sûreté de l'enveloppe surchauffée.

Dans les premiers appareils que j'ai fait construire, j'avais placé une soupape de sûreté, non point sur l'enveloppe, mais sur la calotte même faisant réservoir de vapeur : cette soupape jouait dans une tubulure communiquant au moyen du tube avec le condensateur. Il était fort difficile de s'assurer du jeu de cette soupape, et dans les temps d'arrêt l'eau du condensateur, n'étant pas renouvelée par le mouvement de la pompe, s'échauffait, et au bout d'un certain temps cette soupape devenait inutile, parce que la pression dans le condensateur s'équilibrait avec celle du vaporisateur; il valait beaucoup mieux s'opposer à la production d'un excès de pression en donnant au chauffage une limite certaine, que de chercher à diminuer cet excès de pression par la condensation une fois qu'il était produit. La soupape placée sur la calotte du vaporisateur était plus nuisible qu'utile, car c'était une chance de fuite constante de cet appareil au condensateur; fuite qu'il était extrêmement difficile de reconnaître, à moins de démonter la tubulure dans laquelle jouait la soupape. J'ai tout-à-fait supprimé cette soupape, que je regarde comme nuisible et au moins inutile.

Tubulure de l'enveloppe.

L'enveloppe à sa partie supérieure porte une espèce de tubulure cylindrique B, comme on peut le voir dans la fig. 3 (Pl. III), destinée à laisser passer la partie tournée et cylindrique de la calotte qui doit porter la prise ou robinet de vapeur. Cette tubulure, faite en forme de stuffingbox, est d'un diamètre intérieur égal en BB au diamètre extérieur de la tubulure du vaporisateur qui la traverse à frottement doux; le reste de la tubulure en CC est de deux centimètres plus large en diamètre que celui de la tubulure du vaporisateur. Cet espace est rempli d'étoupes et de mastic se ramollissant à la chaleur; celui dont se servent les chaudronniers pour remplir les tubes de cuivre qu'ils veulent cintrer, est excellent. Cette garniture a pour but d'empêcher la rentrée de l'air dans l'enveloppe; et, comme elle est molle, elle laisse glisser cette partie de la calotte qui s'élève lorsque la chaleur dilate les tubes de cuivre rouge qui composent les surfaces chauffantes du vaporisateur. Cette dilatation peut être de trois à quatre millimètres et plus si l'on a employé du tube de un mètre cinquante centimètres, et si la température s'élève à cent degrés. On conçoit donc de quelle importance il est de permettre à l'appareil de jouer dans son enveloppe : sans cette disposition les joints les meilleurs seraient promptement dégradés, et peut-être l'enveloppe serait-elle brisée sous l'effort des tubes au moment de la dilatation. La gorge comprise entre la paroi intérieure de la tubulure de l'enveloppe et la partie cylindrique de la calotte aura en largeur, nous l'avons dit, un centimètre, et en hauteur de cinq à dix centimètres, suivant la force de l'appareil.

Portées pour le baromètre, pour le robinet de vapeur d'eau et d'injection.

Dans la partie la plus en vue et à une hauteur convenable, on fera venir sur l'enveloppe une portée D pour le baromètre destiné à montrer le vide produit dans l'enveloppe du vaporisateur formant condensateur de la vapeur d'eau chauffante et le bon fonctionnement de la pompe à air. Dans la partie la plus inférieure on laissera venir une autre portée E, où mamelon propre à recevoir un robinet ouvrant une communication avec la chaudière à vapeur d'eau. Ce robinet amènera la vapeur d'eau nécessaire pour chauffer l'appareil vaporisateur et mettre sa vapeur en état avant la mise en marche; il servira encore lorsqu'on voudra distiller le liquide pour le nettoyer de toutes les impuretés qu'il ramasse après un long usage. Enfin, une troisième et dernière portée E sera fixée tout à côté ou précisément en face de la tubulure d'arrivée F de vapeur chauffante; là encore sera un robinet ouvrant une communication entre l'enveloppe du condensateur et celle du vaporisateur. Cette portée sera percée d'une infinité de petits trous, de manière à faire former la gerbe à l'eau froide qui se précipitera dans l'enveloppe lorsqu'on ouvrira le robinet.

Marche indépendante des deux machines.

On pourra, au moyen de cette injection, refroidir promptement les surfaces chauffantes lorsqu'il en sera besoin, et en outre on pourra marcher à pleine vapeur au cylindre à vapeur d'eau dans un cas nécessaire, tout en maintenant une bonne condensation dans l'enveloppe du vaporisateur et une production de vapeur à une plus haute pression dans ce dernier. En réglant l'ouverture de ce robinet, on condensera par injection toute la quantité de vapeur d'eau que ne pourra pas condenser la vaporisation du liquide auxiliaire ou sa trop haute température. Certainement, dans ce cas, les deux vapeurs ne seront pas utilisées complètement, mais cela ne sera point la marche normale de la machine; on n'usera de ce moyen que lorsqu'on aura besoin d'un grand excès de puissance, ou encore lorsque, quelques parties de la machine à liquide auxiliaire s'étant subitement dérangées, il y aura nécessité, pour ne pas interrompre le travail, de marcher uniquement par la vapeur d'eau : la machine à vapeur d'eau travaillera alors comme une machine à condensation ordinaire. L'eau d'injection se précipitera avec grande force dans l'enveloppe du vaporisateur, à cause du vide plus ou moins parfait qui y existe. La mise en communication du vaporisateur avec le condensateur au moyen des robinets de distillation dont je parlerai tout-à-l'heure, permettra de réparer la machine à vapeur auxiliaire sans interrompre le travail de la machine à vapeur d'eau; de même qu'au moyen du robinet de prise de vapeur d'eau à la chaudière on pourra faire marcher la machine à vapeur auxiliaire indépendamment de la machine à vapeur d'eau, et réparer cette dernière sans interrompre le travail de la première. La bride inférieure qui relie l'enveloppe au siège formant aussi calotte inférieure de l'appareil vaporisateur, sera tournée ou dressée avec soin; elle devra s'assembler avec ce dernier de manière à former un joint étanche et hermétique. J'ai indiqué déjà la manière d'arriver à ce but.

Robinet de vapeur (Pl. III, fig. 4).

La prise ou robinet de vapeur (Pl. III, fig. 4) complète le vaporisateur : on connaît les motifs qui empêchent qu'on ne puisse se servir de robinets pour remplir ce but dans les machines à liquide auxiliaire.

Ces liquides ont la propriété de dissoudre les huiles ou graisses, et le métal ne pouvant être maintenu gras se grippe par le frottement, ce qui donne promptement lieu à des fuites graves. Le robinet de vapeur dont la figure est jointe à ce Manuel est celui auquel je me suis arrêté pour toute machine au-dessous de quarante chevaux, et qui m'a donné, sous tous les rapports, les meilleurs résultats. J'en ai décrit plusieurs dans mes brevets ; celui-ci est le dernier et fait l'objet d'un brevet spécial. Voyez la fig. 4 (Pl. III). AA est une tubulure à deux siéges opposés, C et C' : l'un est venu de fonte avec la tubulure, l'autre est rapporté et maintenu au moyen d'une bride. Dans l'espace compris entre les deux siéges joue une soupape B : cette soupape en fer est garnie de plomb sur ses deux faces ; elle glisse au moyen de guides dans deux coulisses LL qui l'empêchent de tourner, et vient alternativement s'appliquer sur le siége inférieur ou sur le siége supérieur. Elle prend son mouvement au moyen d'une tige filetée engagée dans un écrou lenticulaire D rodé avec soin, auquel on donnera un mouvement de rotation par la manivelle M. Lorsque la soupape appuie sur le siége inférieur et ferme la communication avec la chaudière, l'écrou D appuie avec une force égale contre les parois rodées de la cavité dans laquelle il tourne prisonnier, et empêche la rentrée de l'air. Quand au contraire on veut ouvrir le passage à la vapeur, la soupape vient s'appuyer contre le siége supérieur et empêche toute fuite de vapeur à l'extérieur, tandis que l'écrou lenticulaire appuie lui-même dans sa cavité et lui vient en aide. Cette soupape, ne tournant pas et garnie de plomb, prend toutes les empreintes des deux siéges et fait une excellente fermeture. Elle est assemblée par une bride dressée et tournée, au moyen d'une simple rondelle de papier gommé, avec la partie cylindrique traversant l'enveloppe de la calotte du vaporisateur. Les passages d'entrée et de sortie de la vapeur P et R doivent avoir une section égale au moins à celle des lumières du cylindre. La sortie R est munie d'une bride avec laquelle s'assemble le tube conducteur de la vapeur au cylindre. La section de la tubulure A doit être suffisante pour que, tout autour de la soupape B, assez large pour reposer sur les deux siéges, il y ait un passage d'une section égale au moins à celles d'entrée et de sortie P et R, en admettant que la soupape B ne s'élève que d'une quantité égale à trois ou quatre filets de la vis de rappel qui la fait monter et descendre. Il faut que, quel que soit le diamètre de l'introduction et la quantité de vapeur à introduire, le mécanicien puisse en quatre ou cinq tours au plus ouvrir ou fermer la soupape. Lorsque le volume de vapeur sera considérable, on devra calculer en conséquence la largeur de la tubulure et les passages P et R. La soupape B est garnie de plomb sur ses deux faces et fortement appuyée sur les siéges par la vis de rappel, elle en doit prendre toutes les empreintes. Pour cela il faut donner à la partie des siéges immédiatement en contact avec la soupape une inclinaison assez forte pour que leur arête intérieure fasse un angle assez aigu au lieu d'un angle droit, ainsi qu'on le voit dans la fig. 4 (Pl. III). La largeur de ces siéges ainsi inclinés ne doit pas être moindre de cinq millimètres, de même qu'elle ne doit pas dépasser un centimètre. Si l'on faisait les siéges trop étroits, on couperait ou mâcherait le plomb ; et si on les faisait trop larges, il faudrait un effort considérable pour faire imprimer les siéges dans le plomb.

La soupape peut être fixée à la tige filetée ou à l'écrou de rappel; il faudra donner du jeu à ces deux pièces, de manière à ce que, quand même il y aurait un peu de gauche dans les filets, la soupape puisse appuyer et s'asseoir parfaitement et sans obstacle sur les deux siéges. Les guides de la soupape qui doivent l'empêcher de tourner seront polis avec soin, et les tiges en acier assez fortes pour ne pas céder sous le mouvement de torsion que leur fera éprouver la soupape au moment où la vis l'appuiera sur les siéges. Ces guides sont fixés dans la figure à la partie massive du siége supérieur ; ils seront ainsi faciles à placer, vérifier et réparer. La soupape, avec sa tige, est faite d'une seule pièce de fer forgé; sa largeur doit excéder de cinq millimètres le diamètre extérieur des siéges sur lesquels elle repose. Cette pièce est creusée sur ses deux faces SS' de un centimètre de profondeur, de manière à former au centre et sur ses bords une gorge circulaire en queue d'hironde. Cette cavité SS' sera remplie de plomb fondu pur; on battra ce plomb à coups de marteau pour le récrouir un peu, le rendre très compacte et lui faire remplir exactement la cavité SS'. De cette manière, le plomb sera solidement fixé sur les deux faces de la pièce de fer; on peut encore lui donner plus de solidité en réunissant le plomb des deux faces au moyen de trois ou quatre trous percés dans la partie solide. On pourrait, dans ce cas, se dispenser de faire une gorge au bord de la pièce de fer et n'y laisser qu'un rebord à angle droit de deux à trois millimètres d'épaisseur et d'un centimètre de hauteur. On fera saillir le siége inférieur de la prise de vapeur de un ou deux centimètres au-dessus du fond de la tubulure A, afin que les grains de sable ou les copeaux de tour, limaille ou autres scories qui pourraient être entraînés par le courant de vapeur ne s'arrêtent pas sur les siéges et trouvent à se loger tout autour. Dans les premiers jours de marche d'une machine à vapeur auxiliaire, les courants de liquide ou de vapeur emmènent du sable qui altérerait les siéges de toutes les soupapes et clapets, si on ne prenait le soin que j'indique de les faire saillir partout. La lentille D, fixée à la tige ou à l'écrou, doit être tournée avec soin et rodée entre les deux pièces E et K. La pièce E se fixe à la pièce K au moyen de trois vis, et emprisonne la lentille sans la serrer. Au montage, on mettra au-dessus et au-dessous de cette lentille une pièce de molleskin dont on se sert pour faire les garnitures, et on serrera fortement jusqu'à ce que la lentille mue par la manivelle tourne avec un peu d'effort. Le réservoir placé sur la pièce E, et que traverse le bout de tige qui porte la manivelle, sera rempli d'huile qui, pénétrant dans le molleskin, rendra le frottement très doux. Tous les joints des diverses pièces de cette prise de vapeur seront soigneusement dressés et rodés et faits au moyen de papier gommé.

Tiroir de distribution.

Dans les machines de grande puissance, dépassant quarante chevaux, je conseille l'emploi d'un simple tiroir parfaitement rodé pour la prise de vapeur. Voyez la figure 5 (Pl. III). A est une tubulure portant l'introduction de liquide M et les deux robinets XX de distillation et de niveau que je viens d'indiquer : cette tubulure se termine en B par une plateforme percée de deux orifices de même section C D, le premier pour l'arrivée de la vapeur dans la boîte M, le second pour l'écoulement de cette même vapeur par la tubulure H. Ces deux orifices rectangulaires seront séparés par un intervalle un peu plus qu'égal à la section des orifices. L'orifice D sera fermé par le tiroir E au moyen d'une tige traversant la paroi de la boîte M, et munie d'une garniture hydraulique de mon système. De cette manière on pourra régler le passage de la vapeur au cylindre par la tubulure H, et la vapeur appuyant constamment sur le tiroir le fera fermer hermétiquement; on peut, du reste, y adapter un ressort. Je ferai remarquer que, bien que la fermeture au moyen d'un tiroir ne soit pas aussi hermétique que celle qui serait faite au moyen d'une soupape garnie de plomb, elle est pourtant suffisante, en ce que les fuites qui ont lieu n'occasionnent point une perte de liquide; que, le cylindre dans lequel elles se rendent étant maintenu chaud ou pouvant être chauffé par le jet de vapeur d'eau qui arrive dans son enveloppe, la vapeur de liquide auxiliaire qui pourra fuir à travers le tiroir se rendra au condensateur, et sera ramenée liquide au vaporisateur au premier coup de pompe. Une simple soupape de Cornwall serait excellente, et j'ai employé avec succès un papillon tel que ceux dont on se sert pour régler l'admission de vapeur dans les machines et qui sont mus par le régulateur. La tige qui fera mouvoir ou la soupape ou le papillon, doit traverser une garniture hydraulique fixée à la boîte.

Tubulure d'introduction du liquide.

Le tampon de la tubulure d'introduction M (Pl. III, fig. 4) est fixé au moyen d'une arcade et d'une vis de pression : cette tubulure, qui sert à garnir le vaporisateur du liquide qui le remplit, est adaptée et venue de fonte avec la portion de la prise de vapeur qui se trouve au-dessous du siège inférieur et de la soupape ; cette portion est constamment en communication avec la calotte du vaporisateur.

Robinets du manomètre, de distillation et de niveau.

C'est encore sur cette même partie de la prise de vapeur que se fixent deux robinets XX (Pl. III, fig. 3 et 4.), l'un qui donnera la pression du vaporisateur au manomètre, et le second qui servira à la distillation du liquide et au libre écoulement de la vapeur formée dans le vaporisateur avec le condensateur. On laissera donc venir deux portées qui seront dressées, et sur lesquelles s'ajusteront les robinets, lesquels auront chacun une base assez large pour qu'on puisse faire un joint bien étanche au moyen d'une rondelle de papier gommé prise entre les deux surfaces. Le robinet qui portera la pression au manomètre portera un double embranchement, qui servira à établir la communication entre le réservoir de vapeur et la partie supérieure du niveau. On prendra garde de ne percer cette prise de vapeur d'aucune vis ni boulons communiquant de l'intérieur à l'extérieur ; partout où l'on sera obligé de le faire, on placera des prisonniers dont le filet conique remplira exactement le taraudage du trou : on les entrera de force et l'on fera oxider, afin de remplir les moindres fissures et d'éviter les fuites par le filet des parties taraudées. Il vaut encore mieux faire venir de fonte des portées, et éviter de percer entièrement la paroi.

Section deuxième. — *Du condensateur.*
(Pl. IV, fig. 1, 2, 4; Pl. V, fig. 1re.)

Si l'appareil générateur des vapeurs du liquide auxiliaire exige les soins et les attentions minutieuses du constructeur de machines à vapeurs combinées, l'appareil qui doit condenser ces vapeurs n'est pas moins digne de ces mêmes soins et attentions. De même que le premier, il est composé d'une quantité de tubes métalliques tirés au banc ou emboutis sans soudure, et assemblés dans un plateau commun par le procédé de fusion que j'ai décrit.

Epaisseur de la paroi des tubes.

Les surfaces condensantes n'étant point destinées à supporter une pression aussi considérable que celles qui développent la vapeur, il suffira de donner aux tubes qui les composent une épaisseur de trois quarts de millim. ou sept dix-millièmes. On pourrait même encore réduire cette épaisseur, si l'on n'avait à craindre la fusion trop facile ou la détérioration des tubes au moment où se forment les plateaux d'assemblage. Il faut encore que ces tubes puissent supporter sans se déformer une pression de quatre à cinq atmosphères, qui peut exister si l'eau du condensateur s'échauffe par l'interruption ou le mauvais fonctionnement de la pompe qui l'alimente d'eau froide, par une trop grande abondance de vapeur en cas de fuite par les tiroirs ou par le piston, par le mauvais fonctionnement de la pompe d'extraction du liquide auxiliaire qui fait l'office de pompe à air pour le condensateur de ces vapeurs, ou enfin si la machine mise brusquement en marche avec les deux vapeurs refoule tout l'air contenu dans le cylindre et le tuyautage au condensateur plein lui-même d'air, avant que la pompe à air ne l'ait rejeté à l'appareil séparateur. Dans ce dernier cas surtout cet air donne des chocs et des secousses dans le condensateur capables de briser ou de déformer les tubes, s'ils n'avaient une épaisseur de parois et une résistance suffisantes.

Forme, diamètre et longueur.

Dans un but d'économie et pour n'avoir que les mêmes calibres, je donne à ces tubes le même diamètre extérieur dans tous les sens qu'à ceux du vaporisateur. Leur diamètre intérieur est donc plus considérable de la différence d'épaisseur de leurs parois. Cela n'a pas la même importance que pour les premiers, qui doivent être remplis d'un liquide coûteux et dont il faut, pour ce motif, diminuer la capacité; aussi je ne leur fais pas subir un aplatissage partiel comme dans les premiers, mais je les laisse du même diamètre dans toute leur longueur. Je crois au contraire qu'il est utile que les tubes condensateurs aient un certain volume intérieur, afin que la capacité totale de l'appareil soit au moins égale à la demi-capacité du cylindre, pour que la vapeur d'échappement, au moment où elle arrive dans le condensateur, soit encore détendue par l'espace qu'elle peut occuper, et sa pression réduite. Jusqu'à présent j'ai donné la même longueur aux tubes formant les surfaces condensantes qu'à ceux qui forment les surfaces de vaporisation ; je n'ai eu d'autre motif, en cela, que d'éviter d'avoir des plateaux d'assemblage trop larges. J'ai été obligé d'agir ainsi parce que, contraint de rapprocher les tubes les uns des autres pour gagner de la place et éviter le poids d'un trop grand volume d'eau, cette dernière, bien qu'injectée avec force, affecte certains courants très nuisibles à une bonne condensation. Il serait à désirer que l'eau froide montât également à travers le faisceau de tubes, et que l'eau chaude, plus légère, gagnant par la différence de sa densité la partie supérieure, s'écoulât régulièrement et seule par le trop-plein.

Position verticale du condensateur.

Si l'on pouvait placer les deux plateaux des appareils et leurs calottes verticalement et les tubes horizontalement, il n'y a pas de doute que les courants d'eau froide pourraient être très réguliers; mais alors l'introduction de la vapeur à condenser se ferait mal, d'une part, et de l'autre le liquide condensé s'écoulerait difficilement dans la calotte destinée à le recevoir, et obstruerait les tubes. La meilleure disposition pour une bonne distribution de la vapeur dans les tubes condensateurs et le prompt et facile écoulement du liquide condensé, est la position verticale des appareils, leurs plateaux d'assemblage étant parallèles à l'horizon. C'est cette position que j'ai adoptée après bien des essais, et celle qui m'a semblé donner les meilleurs résultats; mais alors les courants ascendants d'eau froide se dirigent surtout là où ils peuvent avoir un écoulement direct, et les tubes remplissant le milieu des appareils sont mal rafraîchis dans leur partie haute, parce que ces mêmes courants sont détournés par la large surface du plateau supérieur qui fait obstacle à leur marche régulière ascendante (1). Voilà pourquoi j'ai toujours employé, pour des machines ne dépassant pas 25 chevaux de force, des tubes de un mètre, afin d'avoir des plateaux d'une petite dimension et des appareils réguliers. Dans les condensateurs de grande puissance, il sera bon d'employer des tubes de un mètre cinquante centimètres, de faire les appareils en forme parallélogramique rectangulaire, en faisant un côté beaucoup plus étroit que l'autre : on évitera de cette manière, en partie, l'inconvénient que je viens de signaler. On ne saurait attacher trop d'importance à la disposition des tubes sur les plateaux : un espace de cinq à sept millimètres au plus est nécessaire entre chaque tube dans tous les sens.

---

(1) J'engage beaucoup les constructeurs et ingénieurs à rechercher une disposition inclinée, qui, tout en facilitant le renouvellement de l'eau également dans toutes les parties de l'appareil, permettrait au liquide condensé de s'écouler sans obstruer les tubes.

Ils doivent être indispensablement rangés en lignes parallèles, de manière à ce qu'on puisse facilement passer soit une lanière, soit une règle de fer entre chaque ligne de tubes. Cet agencement a deux buts, celui de faciliter l'établissement régulier des courants froids et le nettoyage de l'appareil lorsque, par un long usage, les dépôts de terre ou de sable l'ont encombré, ou ont attaché un sédiment calcaire à ses surfaces.

Surface de condensation par force de cheval.

La surface nécessaire par force de cheval pour la condensation est de 2 mètres au moins, 2 mètres 50 centimètres au plus (1). Cependant l'excès ne peut être nuisible, et j'engage fort les constructeurs à ne pas faire d'économie de ce côté-là; la condensation en sera plus instantanée. De même que pour le vaporisateur, les tubes sont réunis par deux calottes ajustées et fixées avec soin sur les plateaux d'assemblage.

Calotte supérieure.

La calotte supérieure est destinée à recevoir la vapeur à condenser, et à la distribuer également dans les tubes condensateurs. Cette calotte (Pl. V, fig. 1re)

---

(1) Voyez, page 140, l'observation relative aux différents liquides et à leur point de condensation qui permet de réduire la surface pour le chloroforme et le perchlorure de carbone.

doit avoir quinze à vingt centimètres dans sa partie la plus élevée; à son centre arrive le tuyau d'échappement A amenant la vapeur du cylindre : elle porte donc une tubulure A, propre à le recevoir, tubulure d'une section égale à celle de l'orifice d'échappement du cylindre à vapeur auxiliaire. Cette calotte aura, en outre, deux portées XX pour recevoir les robinets de distillation et du baromètre. Vers le centre et le plus près possible de l'arrivée de vapeur, sera une tubulure garnie d'une soupape d'échappement d'air retenue au moyen d'une arcade de fer et d'une vis de pression, comme on le voit dans la fig. 1re (Pl. V).

Soupape d'échappement d'air.

Cette soupape large et légère, parfaitement rodée et ajustée sur son siége, a pour but de laisser échapper l'air contenu dans le cylindre, le tuyautage et le condensateur lui-même au moment de la mise en marche de la machine, avant que la pompe à air ait pu fonctionner et établir le vide. Elle servira également à accélérer le vide au condensateur, en ne laissant à la pompe à air qu'une faible quantité de l'air contenu dans les appareils. Il faudra avoir soin, lorsque la machine aura fait trois ou quatre tours, de fermer la soupape en serrant la vis de pression, afin que, si la pression dans le condensateur était le résultat non de l'accumulation de l'air, mais de la vapeur à condenser, on ne perdît pas cette vapeur. Après trois ou quatre coups de piston, l'air des cylindre et tuyautage est parti, et, si la pompe à air fonctionne bien, il doit y avoir un commencement de vide suffisant pour que la soupape ferme seule. Cette précaution de la fermer sera utile en ce qu'elle préviendra la fuite de vapeur si, pendant la marche de la machine, la pompe à eau fonctionnant mal et le condensateur s'échauffant, la vapeur prenait une pression supérieure à celle de l'atmosphère. La tubulure formant siége de la soupape sera assez élevée pour que l'eau du condensateur ne puisse jamais atteindre le siége de la soupape. Cette soupape, guidée à l'intérieur de la tubulure par un croisillon qui réglera son ouverture, sera d'un diamètre plus large que le siége sur lequel elle repose, et portera circulairement un cordon de un ou deux centimètres de hauteur formant comme un emboîtement à tabatière sur le siége, en sorte toutefois qu'il y ait un espace suffisant entre ce cordon et le diamètre extérieur du siége, pour laisser le libre passage de l'air. De cette manière, l'air chargé de vapeur et cette vapeur même seront rabattus et précipités sur l'eau du condensateur, s'y mélangeront, et, entraînés par le courant, laisseront peu ou point d'odeur dans l'appartement.

Calotte inférieure, ou socle.

La calotte inférieure formant socle du condensaseur est, comme on le voit par la figure 1re (Pl. V), très semblable à celle du vaporisateur, à la seule différence qu'elle porte à son centre une tubulure B qui recevra le tuyau communiquant à la pompe qui retire l'air et le liquide condensé; cette tubulure aura la même section que l'orifice des clapets de cette pompe. On fera venir sur la calotte inférieure un renflement C sur lequel sera fixé le robinet établissant une communication directe entre la partie basse des deux appareils de vaporisation et de condensation. Les joints de ces deux calottes doivent être parfaitement tournés ou dressés; on observera pour les faire les prescriptions indiquées pour celles du vaporisateur. Elles seront retenues au moyen de boulons rapprochés et d'un petit calibre. La calotte inférieure, formant chaise et support de l'appareil, porte l'enveloppe de tôle dans laquelle la pompe à eau amène l'eau nécessaire pour couvrir les surfaces de l'appareil et opérer la condensation de la vapeur du liquide auxiliaire.

Enveloppe.

Cette enveloppe doit être assez résistante et assez étanche pour retenir sans perte une colonne d'eau égale en hauteur à celle de l'appareil condensateur, depuis la calotte siége jusqu'au sommet de la calotte supérieure. Cette enveloppe devra s'élever de quinze à vingt centimètres plus haut que le sommet de cette calotte, pour empêcher les projections d'eau occasionnées quelquefois par l'air que peut prendre le corps de pompe. Elle portera, au niveau du sommet de la calotte du condensateur, une tubulure D d'échappement d'eau ou trop-plein, dont la section sera égale à deux fois au moins celle de l'orifice d'introduction d'eau E. Cet orifice, placé à la partie la plus inférieure de l'enveloppe et le plus près possible de la bride qui la relie au socle, aura une section égale à celui de la pompe à eau froide injectant l'eau pour la condensation. Elle sera disposée de manière à ce que l'eau introduite dans l'enveloppe frappe en arrivant les tubes sur leur diamètre le plus étroit. On fera l'orifice d'introduction en forme de parallélogramme très allongé, afin de répandre l'eau froide sur une plus grande largeur; et en outre, si l'eau est injectée avec une certaine vitesse, il faudra placer le trop-plein ou tubulure d'écoulement du même côté que la tubulure d'introduction, parce qu'alors les courants d'eau froide traversant l'apppareil iront frapper la face opposée de l'enveloppe, et l'eau chaude sortira la première par le trop-plein, les courants froids s'élevant perpendiculairement le long des parois opposées, ou étant obligés de traverser une seconde fois l'appareil pour trouver une issue.

Dans les grands appareils de condensation, il sera nécessaire de faire arriver l'eau froide par divers points de l'enveloppe, par des points opposés et à des niveaux différents, afin de mieux diviser les courants d'eau froide et de produire, par leur choc, une agitation qui les répande plus également partout. Je crois, en outre, qu'il faut éviter de donner une grande vitesse à ces courants, afin de ne pas mélanger l'eau froide avec l'eau chauffée qui s'élèvera par la différence de densité et sortira la première par le trop-plein. Il faut aussi faire le trop-plein d'une grande largeur en forme de déversoir, afin que l'eau en s'élevant se répande par toute la circonférence de l'enveloppe dans un couloir circulaire disposé pour la recevoir. Voyez la fig. 1re (Pl. V).

Regard pour nettoyer le condensateur.

Il arrive que, lorsque le tube de la pompe qui amène l'eau dans l'enveloppe du condensateur prend l'eau à un niveau trop bas dans le puits et que le fond de ce puits est de sable, si la vitesse de la pompe et du courant ascensionnel est considérable, l'eau de condensation entraîne une grande quantité de sable qui se dépose dans le bas de l'enveloppe, et, recouvrant une partie des tubes, diminue la promptitude de la condensation. Il en est de même lorsqu'on se sert d'eau de rivière, qui entraîne quelquefois des vases ou limons. Pour éviter d'être obligé de démonter l'enveloppe afin d'enlever le sable ou les parties terreuses, ce qui est une perte de temps considérable, puisque le démontage de l'enveloppe entraîne celui d'une partie du tuyautage, on placera un regard F dans la partie basse de l'enveloppe. Ce regard, fixé au moyen de quelques boulons ou vis, aura en hauteur quatre à cinq centimètres, et une largeur égale au diamètre de l'assemblage des tubes sur le plateau. Pour éviter que les dépôts de sable, qui ne s'accumulent qu'à la longue, gênent la condensation, on pourra, au lieu de faire servir le socle de calotte inférieure, avoir une calotte séparée semblable à la calotte supérieure. Cette calotte portera au centre une tubulure garnie de deux brides NN, l'une plus large servant à fixer l'appareil sur le socle, et la deuxième traversant ce socle et destinée à recevoir le tube de la pompe d'extraction. Voyez la fig. 1re (Pl. V). De cette manière le sable ne s'arrêtera plus sur le plateau ni à travers les tubes formant les surfaces condensantes, mais viendra se loger sous la calotte dans l'espace compris entre l'enveloppe et la tubulure du centre, espace assez considérable qui résulte des formes hémisphériques de la calotte et du fond plat du socle. C'est dans cet espace qu'on fera déboucher le regard. Il faudra néanmoins que les orifices d'injection d'eau froide soient placés à un niveau supérieur à celui du plateau d'assemblage, afin que l'eau froide se divise et se répande avec plus de régularité à travers le faisceau de tubes et refroidisse plus également les surfaces.

Prise d'eau pour alimenter la chaudière et l'injection au vaporisateur.

C'est à cette enveloppe qu'est fixé le tube O ou robinet de prise d'eau pour alimenter la chaudière à vapeur d'eau de la petite quantité qui se perd par les fissures de la chaudière, les niveaux, robinets et soupapes de sûreté. Il faut placer ce robinet ou tube à une hauteur telle sur l'enveloppe que le sable accumulé ne puisse être entraîné par le courant, autrement ce sable altérerait le piston et les clapets de la pompe d'alimentation. On fixera donc à l'intérieur de l'enveloppe trois épaisseurs convenables, l'une O pour recevoir le robinet d'alimentation de la chaudière à eau qui portera un embranchement pour l'injection dans l'enveloppe du vaporisateur, les deux autres PP' pour soutenir le robinet du baromètre et la cuvette de ce même baromètre. La calotte inférieure du condensateur, lorsqu'elle fera partie du socle de l'appareil, devra avoir une tubulure Q comme celle du vaporisateur qui reçoit le niveau ; cette tubulure recevra le tube du baromètre. Il y a cet avantage à cette disposition qu'on n'aura jamais dans celui-ci une colonne de liquide sur le mercure, ce qui arrive infailliblement lorsqu'on place ce robinet à la partie supérieure de la calotte, à moins de placer la cuvette du baromètre sur le sommet de cette calotte, ce qui est quelquefois gênant à cause de la hauteur.

Dans les derniers appareils de condensation qui ont été construits chez MM. Clément Desormes, afin de mieux diviser et répartir l'eau froide qu'amène la pompe, nous avons employé le moyen suivant qui permet de placer les orifices d'injection dans les points les plus favorables, et de leur donner la forme la plus allongée. Dans la partie basse de l'enveloppe nous avons établi un couloir circulaire R de la forme indiquée dans la fig. 2 (Pl. IV), et dans lequel débouche le tube amenant l'eau de condensation. Sur la paroi de l'enveloppe formant également paroi de ce couloir, nous avons percé quatre orifices EEEE à des distances régulières, injectant l'eau dans le centre de l'appareil par quatre courants opposés deux à deux qui s'y heurtent et s'y brisent. Les deux orifices placés le plus près de l'arrivée de l'eau n'ont que la moitié de la section des deux opposés; ils sont placés autant que possible les uns et les autres de manière à frapper les tubes sur leur diamètre le plus étroit, et la somme des sections des quatre orifices doit être celle du tube de la pompe d'injection. De cette manière la vitesse des courants sera à peu près égale; car, s'il y a plus de frottements pour que l'eau arrive aux orifices les plus éloignés, leur largeur donnera un plus libre passage à l'eau.

Introduction de la vapeur par le bas.

Il n'est pas toujours possible de faire arriver la vapeur auxiliaire qui s'échappe du cylindre à la condensation, par la calotte supérieure du condensateur. J'ai dit déjà que le condensateur devait être à une certaine hauteur du sol pour que la pompe d'extraction du liquide condensé fût au-dessous du niveau de la calotte inférieure du condensateur, sans qu'on soit obligé de creuser le sol pour loger cette pompe dans une fosse. C'est une condition tout-à-fait essentielle pour les machines à vapeurs combinées qui emploient comme auxiliaires des liquides inflammables pouvant donner lieu à des mélanges détonnants par la combinaison de leur vapeur avec l'air atmosphérique, que tous les appareils qui renferment ces liquides ou leur vapeur soient placés à la surface du sol, de manière à ce qu'il n'existe aucune cavité où puissent se faire ces mélanges. D'un autre côté, il serait à désirer que le tube qui conduit la vapeur d'échappement à la condensation eût son point le plus élevé à l'orifice d'échappement du tiroir et eût une pente douce jusqu'au condensateur, afin que la condensation de la vapeur très détendue qui a lieu le long de ses parois s'écoulât naturellement dans le condensateur au lieu de retomber dans la boîte à tiroirs et de là dans le cylindre. Il est assez difficile de réunir cette condition avec la nécessité d'élever le condensateur, comme je viens de le dire : cela devient impossible, surtout dans les machines horizontales. Dans ce cas il faut introduire la vapeur à condenser par la calotte inférieure du condensateur, en donnant à cette calotte la forme indiquée dans les figures 2 et 4 (Pl. IV). L'introduction de la vapeur se fera par le centre même de cette calotte, de manière à déboucher dans le tube T placé dans le centre de l'appareil formant les surfaces condensantes. On ménagera sur les deux plateaux d'assemblage un espace vide des petits tubes qui forment les surfaces ; on percera ces deux plateaux d'un orifice de deux ou trois centimètres plus larges que l'orifice d'échappement du cylindre, et l'on y fixera, au moyen de deux viroles de fer, un tube T, de cuivre rouge brasé et tourné comme on le fait pour les locomotives et autres appareils à tubes. La tubulure d'échappement A, venue de fonte avec la calotte inférieure du condensateur, ne s'élèvera pas de plus d'un centimètre dans le tube de l'appareil, et il devra y avoir un espace libre de quatre à cinq millimètres entre le diamètre extérieur de cette tubulure et le diamètre intérieur du tube central. Ce tube recevra la vapeur d'échappement qui s'y condensera en partie, et pour le surplus, s'élevant dans la calotte supérieure, se distribuera de là dans tous les tubes condensateurs, de même que si elle était amenée directement par une tubulure fixée à cette calotte. Rien, du reste, ne sera changé à l'appareil et à son enveloppe; la tubulure B d'extraction du liquide condensé sera rejetée un peu de côté et maintenue le plus possible vers la partie la plus basse et la plus creuse de la calotte, que l'on disposera à cet effet. De cette manière, quelle que soit la position du cylindre, on pourra toujours avoir une inclinaison suffisante dans le tube d'échappement de vapeur; le liquide condensé dans ce tube sera projeté avec la vapeur, et retombera immédiatement dans la calotte inférieure du condensateur. C'est pour que cette tubulure en soit plus facilement débarrassée qu'il convient de ne la faire monter que d'un ou deux centimètres dans le tube central de l'appareil condensateur.

CHAPITRE III.

APPAREIL À CHASSER L'AIR.
(Pl. V, fig. 2.)

L'appareil que je vais décrire est d'une simplicité extrême, et cependant, jusqu'au moment où je l'ai imaginé, je n'ai pu faire marcher convenablement la machine à vapeur auxiliaire. L'air, ne pouvant être extrait du condensateur que par un robinet d'échappement placé sur l'une des calottes du condensateur, entraînait avec lui une grande quantité de vapeur, et, du reste, ne sortait qu'autant que la pression dans le condensateur était supérieure à celle de l'atmosphère, ce qui ne remplissait pas le but; ou bien il fallait faire le vide au moyen d'une pompe à air spéciale, mue à bras ou par la machine, qui emportait autant de vapeur que d'air et fort souvent du liquide, ce qui, en ajoutant une complication à la machine, occasionnait une perte considérable.

Il n'était pas possible de se servir de la pompe d'extraction pour rejeter à l'air d'une manière continue le liquide et l'air aspiré par la pompe comme dans les pompes à air ordinaires des machines à basse pression, parce que le liquide, arrivant avec une température supérieure à celle de l'atmosphère, produisait une certaine quantité de vapeurs nuisibles, dangereuses, et dans tous les cas coûteuses par leur perte. Si l'on fermait la bâche dans laquelle on ferait arriver le liquide, que deviendrait l'air amené par la pompe et qui s'y accumulerait ? Il fallait en outre une petite pompe-plongeur pour reporter le liquide au vaporisateur, dont la capacité fût assez exactement calculée pour ne reporter que le liquide résultat de la condensation et non l'air comprimé dans la bâche si elle était fermée, ou arrivant de l'extérieur si elle était ouverte. Après un certain nombre de coups de piston, le vide devant nécessairement se faire dans les appareils, et la réintroduction de l'air n'ayant point de cause immédiate, il était indispensable de fermer hermétiquement la bâche. Ces inconvénients et ces nécessités me firent faire des recherches, et amenèrent naturellement l'appareil à chasser l'air tel qu'il est aujourd'hui.

Réservoir ; sa forme, sa hauteur, sa capacité.

Cet appareil n'est en effet qu'une bâche étanche dans laquelle j'ai supprimé le plongeur, qui devient parfaitement inutile au moyen de clapets de retenue placés sur l'orifice qui amène le liquide et l'air venant de la pompe, et l'empêchent de retourner sur le piston refoulant de cette pompe. Cette bâche X ou réservoir de forme cylindrique doit avoir en hauteur six fois au moins son diamètre, et dans tous les cas 50 centimètres à partir de la tubulure d'introduction A (Pl. V, fig. 2), dont l'orifice est de même section que celui des clapets ou soupapes de la pompe d'extraction faisant aussi fonction de pompe refoulante. Sa capacité doit être égale à une fois et demie, deux fois au plus, celle de ladite pompe. La tubulure A amène ou reçoit le contenu de la pompe d'extraction, et l'introduit dans la bâche cylindrique. La tubulure B, dont l'orifice a une section égale à celui de la tubulure A, laisse sortir le liquide amené dans le réservoir et le conduit au vaporisateur avec lequel elle est en communication.

Position des tubulures A B *et du niveau.*

Cette tubulure B doit être placée vers la partie inférieure de la bâche, et en contre-bas de 10 à 15 centimètres de la tubulure A; à la partie tout-à-fait la plus basse sera un robinet qui servira à purger cette bâche des liquides étrangers et scories plus lourds que le liquide auxiliaire qui s'y seraient accumulés. Le niveau métallique ou de cristal C doit commencer à marquer l'élévation du liquide dans le réservoir, à partir du sommet de l'orifice A : sa longueur sera de 20 centimètres dans les appareils ayant cinquante centimètres de hauteur au-dessus dudit orifice; il aura une longueur proportionnée dans les appareils ayant 70, 80 et même 120 centimètres toujours au-dessus dudit orifice.

Robinet d'air.

A la partie supérieure du réservoir est placé un

robinet D, lequel permettra de laisser échapper à l'air libre l'air accumulé dans le réservoir. Ce robinet ne doit s'ouvrir que lorsque le niveau du liquide se montrera à 5 ou 6 centimètres au-dessous du robinet supérieur du niveau. Il faut attendre que l'air accumulé par chaque coup de pompe fasse baisser le liquide, ce qui a lieu très rapidement s'il y a de l'air au condensateur et si la pompe fonctionne bien. Le motif de cette prohibition est que l'air en s'échappant, trouvant une issue trop rapprochée, entraîne dans son courant une certaine quantité de liquide. La hauteur de l'appareil à air ne sera donc jamais nuisible, et elle doit augmenter à proportion de la quantité d'air injectée par des pompes plus puissantes et de l'orifice du robinet d'échappement d'air, qui ne doit jamais être assez grand ni assez ouvert pour abonder complétement à la sortie de l'air amené par chaque coup de pompe, afin qu'il y ait une pression égale à la pression du vaporisateur, suffisante pour maintenir le liquide à sa place et l'empêcher d'être entraîné avec le courant d'air. On pourra, il est vrai, toujours régler l'ouverture du robinet; néanmoins il ne faut pas absolument compter pour cela sur les soins de l'ouvrier, mais calculer l'orifice de manière à prévoir un moment d'oubli; il vaut mieux mettre un peu plus de temps à chasser l'air, et que le niveau s'élève moins rapidement.

Le réservoir d'air devra être fondu d'un seul morceau autant que faire se pourra, ou, si on le fait en deux parties, les joints doivent se trouver dans la partie inférieure que baigne le liquide, et jamais, sous aucun prétexte, dans la partie supérieure, cette partie devant être assez étanche pour maintenir l'air comprimé. On fera venir une portée large et épaisse pour recevoir le robinet d'air, et deux portées de même nature pour le niveau. Cet appareil doit résister à la même pression que le vaporisateur avec lequel il est en communication constante, et être essayé avec lui. Il est, ainsi qu'on le voit, de la plus grande simplicité et d'un excellent usage; la pratique nous l'a démontré. Je l'ai complété dans mes dernières machines en plaçant une soupape de retenue à l'orifice d'introduction A, ou une soupape semblable à celle que j'ai décrite pour la prise de vapeur.

Soupape de retenue.

Il peut arriver qu'on ait à visiter un des clapets de la pompe; alors la soupape de retenue dont je parle, ou le robinet à soupape retiendra le liquide dans le vaporisateur. Dans les machines où cette soupape a été oubliée, on est obligé, chaque fois qu'il y a quelques réparations à faire à la pompe, de retirer le liquide qui remplit le vaporisateur ou de le faire passer au condensateur. Ce liquide se refroidit dans le dernier cas, et dans le premier se perd en partie. Une simple soupape prévient ces deux inconvénients.

Dans les machines de navigation, où il y aurait inconvénients ou dangers à laisser tomber dans la chambre l'air qui s'échappe chargé de plus ou moins de vapeur du liquide auxiliaire, on ajoutera au robinet D un bout de tube communiquant à l'air libre ou simplement plongeant dans l'eau du condensateur d'éther, dont le courant emportera tout. Il faut bien remarquer que cet appareil ne peut servir à chasser l'air qu'autant que cet air sera comprimé sous une pression supérieure à celle de l'atmosphère ; il faudra donc n'ouvrir le robinet d'air qu'autant que le manomètre du vaporisateur indiquera une pression de plus d'une atmosphère ; car si, au contraire, la pression était au-dessous de 0 atm., la pompe ne pouvant refouler que de l'air à cette pression, et la compression ne pouvant avoir lieu que jusqu'à l'équilibre de la pression du vaporisateur, il y aurait dépression dans le réservoir d'air, et conséquemment il y aurait rentrée de l'air atmosphérique extérieur. Il sera nécessaire, pour établir le vide, de donner un travail à faire à la machine suffisant pour que la vapeur se maintienne pendant ce temps-là dans le vaporisateur au-dessus d'une atmosphère, ou encore de n'ouvrir la soupape de distribution et de ne dépenser de la vapeur que de manière à maintenir cette pression indispensable pour chasser l'air. Cette opération faite, on pourra marcher à telle pression qu'on désirera, sans inconvénient. Il faut surtout prendre garde d'ouvrir le robinet d'air lorsque la pression est au-dessous de l'atmosphère, si ce dernier chasse l'air dans l'eau du condensateur au moyen d'un tube plongeur, car alors l'eau rentrerait abondamment dans les appareils.

Application aux machines ordinaires.

J'ai appliqué avec succès le même appareil, et dans le même but, à la machine à vapeur d'eau qui fait partie de la machine à vapeurs combinées : cela évite une pompe-plongeur pour l'alimentation de la chaudière et donne de très bons résultats, parce que, comme on ne réintroduit qu'à de grands intervalles une très petite quantité d'eau nouvelle pour réalimenter la chaudière de la perte insensible qu'elle peut faire par le fonctionnement des soupapes ou les fuites des diverses parties de la machine à vapeur d'eau, la quantité d'air qu'a à retirer la pompe à air, qui devient pompe alimentaire, n'est presque pas appréciable, surtout quand on considère que la condensation se fait en vase clos et sans addition d'eau froide qui, venant de l'extérieur, contient une certaine quantité d'air qu'il faut extraire dans les machines à condensation ordinaires, et qui n'existe pas dans les machines à vapeurs combinées. On peut donc, dans cet appareil appliqué à la vapeur d'eau, fermer le robinet d'air quand le niveau s'élève et ne l'ouvrir que de temps en temps, ou encore régler l'ouverture de manière à laisser échapper constamment la quantité d'air que la pompe extrait des appareils. On peut se dispenser d'un niveau, car il est d'une petite importance de connaître exactement la hauteur du niveau de l'eau dans le réservoir ; on court seulement la chance, si l'on ouvre mal à propos, de perdre un peu d'eau : ces quelques gouttes qui pourraient s'échapper peuvent être conduites par un tube dans l'enveloppe du condensateur, d'où elles sont immédiatement emportées par le courant. Le tube qui amènera cette eau au condensateur sera recourbé sur la surface de l'eau sans y plonger ; si l'on voit sortir l'eau par un jet continu, c'est un signe certain qu'il n'y a plus d'air à extraire, et l'on peut fermer le robinet. Il y a un avantage à l'emploi de cet appareil pour extraire l'air, c'est que les soupapes ne font plus entendre ces chocs qui détériorent si promptement les pompes à air ordinaires. Cependant je ne pense pas qu'on doive appliquer ce moyen aux machines à vapeur d'eau autres que celles de petite dimension.

Place de l'appareil à air.

L'appareil à faire le vide doit être placé entre le tube de refoulement de la pompe à air et le générateur de vapeur; on doit l'isoler autant qu'on le pourra des parties chaudes de la machine, afin que le liquide qu'il contient ne prenne pas d'autre température que celle qu'il conserve à sa sortie du condensateur, et que, ne s'échauffant pas, il ne produise pas de vapeurs qui se mélangeraient avec l'air qu'on expulse par le robinet d'échappement, et ensuite que la pression de ces vapeurs, proportionnelle à la température du liquide, ne fasse pas croire à la présence de l'air quand il n'y aurait réellement que des vapeurs équilibrant en partie la pression de celles qui remplissent le vaporisateur, ce qui arriverait si le réservoir d'air pouvait acquérir une température voisine de celle du vaporisateur. J'avais d'abord imaginé un système de flotteur donnant issue à l'air lorsqu'il était utile de le faire, et fermant le robinet lorsque le niveau s'élevant il devenait urgent de le fermer, dispensant ainsi de la surveillance du conducteur de machine. J'avais également pensé à faire arriver le tube du robinet d'échappement d'air dans un vase très refroidi, afin de recueillir par la condensation la vapeur qui s'échapperait avec l'air ou le liquide projeté par l'ouverture intempestive du robinet. J'ai renoncé à ces moyens fort jolis en théorie, mais trop minutieux pour la pratique, et exigeant une trop grande perfection dans l'ajustage et l'entretien pour faire un bon service. Après quelques essais je suis revenu au robinet simple, bien rodé. Du reste, on n'a besoin de chasser l'air des appareils qu'au moment de la mise en marche, et rarement une deuxième fois, pendant plusieurs heures de travail.

Il est essentiel que le robinet soit bien rodé et tienne bien, parce que, dans les temps d'arrêt de la machine, l'air comprimé dans le réservoir, n'étant plus renouvelé par le jeu de la pompe, s'échapperait insensiblement, et le liquide, poussé par la pression de la vapeur dans le vaporisateur, suivrait la même route. Dans le cas où le robinet d'air serait mauvais, il faudrait avoir soin dans les temps d'arrêt de la machine de dépenser toute la vapeur du vaporisateur en faisant marcher seule la machine à vapeur auxiliaire, ou bien encore de faire passer la vapeur au condensateur au moyen du robinet de distillation, jusqu'à ce que la pression tombe à 0 atm.

Les brides des tubulures qui fixent les diverses parties de l'appareil doivent être larges, fortes et bien dressées, et reliées par des boulons rapprochés comme toutes celles que l'on emploie dans la machine à vapeur auxiliaire.

Si, pendant la marche de la machine, une rentrée d'air assez considérable venait à se déclarer tout-à-coup dans le condensateur ou les appareils qui contiennent le vide, on pourrait ne pas arrêter la machine et continuer le travail en laissant échapper l'air sans interruption par le robinet, en réglant son ouverture de manière à ce que le liquide ne puisse s'élever dans le réservoir de plus de cinq centimètres au-dessus de la tubulure d'arrivée A : de cette manière la perte de vapeur serait peu de chose, et on n'aurait point à craindre l'entraînement ni la projection du liquide.

CHAPITRE IV.

POMPE A LIQUIDE AUXILIAIRE DU CONDENSATEUR, ET
POMPE A AIR DU VAPORISATEUR.

Pompes d'extraction des deux condensateurs.
(Pl. VI, fig. 1re.)

Lorsque la vapeur du liquide auxiliaire a fourni, par une détente convenable dans le cylindre où elle agit, tout le travail qu'elle est capable de produire, elle s'échappe dans le condensateur où elle est réduite à l'état liquide. Une pompe d'extraction, disposée à cet effet, reporte le résultat de cette condensation dans le vaporisateur pour le réalimenter et maintenir son niveau au même point, et ses surfaces chauffantes couvertes de liquide ; sans quoi la quantité de vapeurs produites diminuerait, et la condensation de la vapeur d'eau serait moins instantanée. La pompe qui remplit cet office agit de même que la pompe à air des machines ordinaires à condensation ; elle entretient le vide au condensateur en retirant l'air qui peut s'introduire par les joints des diverses parties de la machine, en même temps qu'elle retire le liquide condensé et l'empêche, en s'accumulant, d'occuper les surfaces refroidissantes destinées à la condensation.

Capacité de la pompe à liquide auxiliaire.

La capacité de cette pompe varie suivant les liquides auxiliaires dont on fait usage; elle sera calculée de manière à enlever à chaque coup de pompe : 1° la quantité de liquide produite par la condensation du volume de vapeur contenu dans une double cylindrée produisant une révolution complète; volume liquide qu'il sera facile de déterminer en relevant, sur le tableau annexé à ce Manuel, la densité de chacun de ces liquides et celle de sa vapeur: on admettra un rendement de 60 à 70 p. 0/0 si on emploie l'éther sulfurique, non pas que la pompe ne puisse donner un effet utile supérieur, mais parce que sa vapeur, étant très dense et plus voisine de l'état liquide tandis que le liquide lui-même est très léger, il est difficile d'éviter qu'elle n'entraîne avec elle une grande quantité de parties liquides, de sorte que, si on ne calculait la pompe sur de très larges proportions, on risquerait de l'avoir trop faible, et de ne retirer le liquide qu'au détriment de la capacité réservée pour l'air; — 2° une quantité d'air égale à un dixième de la capacité du condensateur, afin qu'au moment de la mise en marche de la machine on obtienne le vide en quelques coups de piston. La capacité des tubes condensateurs étant de 6 litres 25 centilitres pour 2 mètres 50 centimètres de surface qui suffisent à condenser la vapeur par force de cheval, il faudra donner à la pompe, par force de cheval, environ 0,8 décilitres en sus de la capacité nécessaire pour l'extraction complète du liquide, dont la quantité varie suivant sa nature. Je ferai remarquer que la capacité de cette pompe sera infiniment moindre que celle des pompes à air des machines à condensation, d'abord parce qu'on n'a à retirer que le liquide résultant de la vapeur condensée, sans addition d'un autre liquide en volume bien plus considérable, ayant servi à opérer la condensation; ensuite parce que, le vide une fois fait, il n'y a d'autre cause de sa disparition que l'infiniment petite quantité d'air qui peut rentrer par les joints de la machine et les garnitures dans le jeu des tiges, quantité à peine appréciable et bien différente de celle qu'amène à chaque coup l'eau d'injection servant à la condensation dans les machines ordinaires. Dans ces machines la capacité de la pompe à air doit être proportionnelle à la quantité d'eau résultant de la condensation de la vapeur employée dans le cylindre, au volume d'eau injecté nécessaire pour opérer cette condensation, et enfin au volume d'air que cette eau contient en dissolution et à celui qui peut rentrer par les joints de la machine, air qui doit être détendu de manière à ne pas conserver une pression de plus de deux dixièmes d'atmosphère dans le condensateur.

Dans la pompe à liquide auxiliaire, il n'y a à s'occuper que du volume liquide résultant de la condensation de la vapeur et du volume d'air pouvant rentrer par les tiges et joints des appareils; ce volume est proportionnel à la section de ces tiges ou joints.

Il variera suivant la manière dont la machine aura été montée, dont les garnitures seront faites et entretenues, et le soin qu'on aura apporté à les faire. Un dixième de la capacité du condensateur sera donc en toute circonstance plus que suffisant, et je crois même que dans les machines au-dessus de 60 à 80 chevaux il suffira de donner à la pompe à air une capacité telle qu'elle puisse retirer 40 à 50 litres d'air en sus du volume liquide, quelle que puisse être la puissance des machines ; de même que, dans les machines au-dessous de dix chevaux, il faudra porter à un litre la capacité de la pompe en sus du liquide à retirer, et compter, à partir du volume de 10 litres, un demi-litre par chaque force de cheval.

Capacité de la pompe à air ; vapeur d'eau.

La pompe à air qui doit maintenir le vide dans l'enveloppe du condensateur-vaporisateur faisant l'office de condensateur de la vapeur d'eau, et extraire l'eau résultant de cette condensation, sera construite sur les mêmes données : car elles agissent toutes les deux dans les mêmes conditions (1), à la seule excep-

---

(1) Il faut cependant remarquer que si la pompe à extraire l'eau condensée était d'une capacité trop grande, il y aurait une perte réelle dans la chaleur fournie par la vapeur d'échappement aussitôt que le vide serait arrivé à son maximum ; car alors, la pompe n'ayant plus d'air à retirer, sa capacité se remplirait de vapeur d'eau à la tension du condensateur-vaporisateur, laquelle vapeur d'eau rejetée à l'air libre dans la bâche serait perdue pour la production de la

tion que la pompe à air de la machine à vapeur d'eau rejettera l'eau et l'air dans une bâche ouverte à l'air libre, où la reprendra une pompe-plongeur pour alimenter la chaudière ; tandis que la pompe de la machine, mue par la vapeur auxiliaire, rejettera l'air et le liquide extraits dans une bâche étanche décrite dans le chapitre précédent sous le nom d'appareil à chasser l'air, et qui est en communication constante avec la partie basse ou calotte inférieure du vaporisateur. Le clapet de retenue de cette pompe, au moment où il se soulèvera sous l'effort du piston refoulant, aura donc à lutter contre la pression du vaporisateur, tandis que dans les pompes ordinaires il n'a à soulever que le poids de l'atmosphère ; mais il n'aura cette charge que pendant le temps très court du passage de l'air et du liquide qu'amène cette pompe, air en bien petite quantité, ainsi que je l'ai dit : la différence réelle et la perte de force ne seront qu'en proportion de cette quantité d'air sur celle que produit l'emploi d'un plongeur ordinaire,

vapeur auxiliaire. Il serait donc utile de pouvoir diminuer la course de la pompe à air aussitôt que le vide est fait, de manière à ce que la pompe n'enlevât que le liquide condensé et la quantité d'air qui s'introduit par les joints fixes et mouvants. Plusieurs mécaniciens emploient déjà des moyens semblables pour l'alimentation des chaudières à vapeur d'eau. Dès les premiers instants de la mise en marche on laisserait marcher la pompe avec toute sa course, afin d'activer l'extraction de l'air et la formation du vide ; on diminuerait cette course à mesure que le vide deviendrait plus parfait, en la réduisant au point exact où celui-ci pourrait se maintenir sans altération.

tel qu'il existe dans les machines à condensation. Ce travail, dépensé par la pompe à air, sera du reste retrouvé largement par une moindre complication de la machine, et la suppression d'un excentrique et d'un plongeur dont on gagne les frottements. Il est cependant facile de faire dégorger la pompe de la machine à vapeur auxiliaire dans une bâche fermée étanche ayant une soupape ou un robinet à sa partie supérieure, au moyen desquels on laisserait échapper l'air à la pression atmosphérique, de sorte que le clapet de la pompe n'aurait à soulever que cette pression existant dans la bâche; mais alors il faudrait un plongeur pour reprendre le liquide et le porter au vaporisateur, ainsi qu'une soupape-flotteur pour fermer l'orifice d'aspiration du plongeur quand le liquide ne suffirait pas à remplir sa capacité, et l'empêcher d'introduire de l'air de la bâche au vaporisateur. Je ne crois pas qu'on y trouvât avantage sous le rapport du rendement mécanique, et l'on ajouterait à la complication de l'appareil. En somme, le travail perdu dans la manœuvre d'une pompe à liquide auxiliaire étant proportionnel à la pression de la vapeur dans le vaporisateur et au temps pendant lequel le clapet reste ouvert, ou autrement à la quantité de liquide et d'air à refouler, ce travail, dis-je, sera moindre dans une pompe à liquide auxiliaire faisant fonction de pompe à air que dans une pompe de machine à condensation de même puissance: car si, d'une part, la résistance qu'éprouve le clapet à se soulever est plus grande, de l'autre elle dure pendant un temps moins long, pour les causes que j'ai déduites plus haut en recherchant la capacité à lui donner.

Qu'on ne perde pas de vue que si, dans les machines à vapeurs combinées, on doit employer la vapeur d'eau à haute pression et à grande détente, il n'en est pas de même pour la vapeur auxiliaire, dont la pression, soit dans le cylindre, soit dans le vaporisateur, ne doit pas dépasser celle correspondante à une température de 65 à 70 degrés centigrades, sans quoi la condensation de la vapeur d'eau serait mauvaise, et l'on perdrait d'un côté ce qu'on gagnerait de l'autre. Il ne sera donc pas possible, avec les liquides connus jusqu'à ce jour, de marcher le plus avantageusement, par l'emploi des deux vapeurs combinées, à une pression supérieure à deux atmosphères, si ce n'est avec l'éther sulfurique. Ainsi le clapet de la pompe d'extraction de ce liquide aura seulement une atmosphère de plus de pression à vaincre que le clapet de toute autre pompe à air, dont le travail mécanique sera perdu pendant le temps seulement du passage de l'air. Il résulte des diverses observations que je viens d'énoncer, que la pompe à air faisant l'office de pompe d'alimentation, refoulant au vaporisateur le liquide extrait, a son travail le plus considérable à la fin de sa course; que, conséquemment, il sera utile de donner moins de surface à son piston, autrement d'en diminuer la section et d'en augmenter la course, afin de prolonger la durée de ce travail et d'en diminuer la somme dans un temps donné, et ainsi d'éviter les chocs.

Section des orifices.

Il faudra augmenter la section des orifices afin de diminuer la vitesse du liquide dans ces mêmes orifices, vitesse qui sera déjà grande, puisqu'on diminuera la section du corps de pompe pour augmenter la course. J'ai adopté le rapport de 33 p. 0/0 entre la section de la pompe à liquide auxiliaire et celle de ses orifices, et pour la pompe de la vapeur d'eau 25 p. 0/0.

Pistons et clapets.

Les pistons des pompes d'extraction dont je viens de parler doivent être métalliques pour tous les corps de pompe ayant plus de dix centimètres de diamètre; les segments ou cercles doivent être parfaitement ajustés et, avant d'être mis en place définitivement, lavés dans du sulfure de carbone ou de l'éther sulfurique, afin d'enlever la graisse ou l'huile qui pourrait former épaisseur. Dans les pistons où il ne serait pas possible, à cause de l'exiguité de leur diamètre, d'employer les cercles avec segments et ressorts comme dans la figure 5 (Pl. V), on se servira d'étoupes ou de filasse serrée au moyen d'un écrou et d'un plateau conique, jamais de cuir, car ce dernier se durcit et se détruit très rapidement, parce que le liquide avec lequel il se trouve en contact lui enlève, en les dissolvant, les corps gras qui lui donnent sa souplesse. Ces pistons sont trop connus de tous les constructeurs pour que je les décrive, mais il faut redoubler de soins pour ceux qui doivent fonctionner par le liquide auxiliaire; il en sera de même pour les clapets et siéges de clapets, ces derniers devront toujours être rapportés, afin que l'ouvrier puisse les ajuster l'un sur l'autre avec toute la précision imaginable. Il faut se rappeler que le liquide presse sur les clapets de retenue avec toute la puissance de la vapeur dans le vaporisateur d'une part, et avec celle du vide au condensateur d'autre part; que la quantité de liquide couvrant les surfaces chauffantes n'est que de 1 litre 50 centilitres par mètre carré, et que la plus légère fuite par les clapets de retenue, dans un temps d'arrêt un peu long de la machine, enlèverait une quantité considérable de liquide à cet appareil, eu égard à sa capacité.

Les siéges (Pl. V, fig. 4 et 6) sur lesquels joueront les clapets seront disposés sous des regards de manière à pouvoir se démonter et se monter facilement dans les boîtes à clapets; ils y seront fixés au moyen de vis ou prisonniers plantés dans ces boîtes et ne traversant pas l'épaisseur des parois; on les maintiendra au moyen d'écrous et d'un joint parfaitement dressé, dans lequel on mettra une bande de papier gommé. La surface de la boîte sur laquelle s'ajustera le siége sera rabotée, de même que la partie de celui-ci qui devra faire joint avec elle. La figure 6 (Pl. V) est un modèle de clapet et de soupape de retenue tels que je les ai employés dans les pompes de la machine à éther de la Cristallerie de la Guillotière près Lyon. Les regards des boîtes à clapets seront disposés de manière à se démonter facilement et promptement, et assez larges pour qu'on puisse enlever le clapet avec son siége ; aucuns prisonniers ou vis fixant ces regards ne doivent percer et traverser les parois des boîtes, afin de ne donner aucune issue au liquide par les filets des parties taraudées. Je ne me lasserai pas de le répéter, parce que, malgré mes instantes recommandations, cette règle générale a toujours été mise de côté dans quelques parties des machines que j'ai fait construire, et il a fallu refaire ces parties. Ces liquides ne produisent pas d'oxidation et dissolvent, au contraire, presque tous les oxides, de sorte qu'il ne faut compter ni sur l'oxidation qui pourrait se faire, ni sur celle qu'on aurait produite : ils passent avec facilité dans les filets des vis et taraudages les mieux faits et les plus serrés. On ne saurait donc trop prendre garde à cette indispensable précaution, dont on reconnaîtra bien vite la nécessité si l'on s'en écarte une seule fois.

Position des pompes.

Les deux pompes à air, calculées d'après les données que je viens d'indiquer, doivent être placées au-dessous du niveau du plateau inférieur des appareils qui opèrent la condensation des deux liquides ; ceci parce qu'il arrive un moment où le vide des appareils atteint celui qui se fait dans le corps de pompe : il y a dès lors équilibre, le liquide n'y peut plus venir que par son propre poids, n'étant sollicité par aucune cause. Il n'est pourtant pas nécessaire que la totalité du corps de pompe soit au-dessous du plateau inférieur des appareils; il suffira que la moitié de la course du piston s'opère en contre-bas de la partie la plus basse de l'appareil dont on doit extraire la condensation. Cependant il y aura avantage à baisser la pompe autant qu'on le pourra, parce qu'alors le liquide s'écoulera avec une plus grande vitesse. Il faut éviter également les coudes et parties cintrées en tous sens dans le tuyau qui amène le liquide condensé du condensateur à la pompe, à moins qu'il n'y ait une très grande différence de niveau et que ce tuyau ne soit fort large, surtout si l'on emploie de l'éther sulfurique, liquide extrêmement léger.

La pompe d'extraction du liquide auxiliaire faisant fonction de pompe à air doit toujours être verticale, jamais horizontale, parce que, quelle que soit l'exactitude qu'on apporte dans l'ajustage des segments du piston métallique, ils ne peuvent joindre suffisamment les parois pour que l'air comprimé d'un côté du piston sous la pression du vaporisateur, et aspiré de l'autre par le vide du corps de pompe en communication avec le condensateur, ne passe pas en certaine quantité dans la partie haute du cylindre horizontal. Ce qui fait qu'un piston métallique agit parfaitement dans une pompe verticale, c'est que, au moment où il expulse l'air, celui-ci plus léger occupe la partie haute du corps de pompe et sort le premier par le clapet de retenue, tandis que le liquide plus lourd couvre la surface du piston et ne commence à sortir que lorsque le premier est déjà entièrement parti. Si donc le piston n'est pas parfaitement étanche, c'est le liquide qui rentrera de l'autre côté du corps de pompe, en petite quantité toutefois et sans effet nuisible, car il sera repris au coup de pompe suivant ; quant à l'air, une fois sorti il ne rentrera plus, à cause de sa légèreté qui lui fait toujours gagner les parties hautes. Cet effet n'a point lieu dans les pompes horizontales ; la partie basse seule du piston est baignée par le liquide, qui par sa densité occupe la partie basse du cylindre et s'étend dans toute sa longueur, tandis que les trois quarts de la section du piston au moins ne sont point recouverts de liquide et n'opposent au passage de l'air que la perfection du joint d'un métal sec contre un autre : s'il y a fuite, il y a fuite d'air, fuite extrêmement pernicieuse et d'autant plus préjudiciable que la fuite de l'air d'un côté du piston empêche par sa détente le vide qui doit se faire de l'autre côté. J'ai cependant vu dans quelques machines sortant du Creusot des pompes à air horizontales et à double effet : ces machines sont des machines de navigation de grande puissance. Il est possible qu'en augmentant considérablement leur capacité on en obtienne de bons résultats, mais alors il ne faudrait pas calculer la capacité de ces pompes, ainsi que je l'ai indiqué au commencement de ce chapitre. Du reste, je ferai remarquer qu'elles pourraient réussir dans les machines ordinaires à condensation, où l'air rejeté n'a à vaincre que la résistance extérieure de la pression atmosphérique et le poids du clapet; il ne tend donc à fuir à travers le joint du piston et du corps de pompe qu'avec une vitesse proportionnelle au vide du condensateur. Dans les machines à vapeurs auxiliaires, cette fuite serait proportionnelle à la pression du vaporisateur; conséquemment on aurait tort de conclure que, de ce que les pompes horizontales font un bon service pour la vapeur d'eau, elles auraient les mêmes avantages pour la vapeur du liquide auxiliaire. Un dernier motif qui établit une grande différence dans le bon fonctionnement d'une pompe horizontale à vapeur d'eau ou à liquide auxiliaire est que, dans la première, le piston et ses segments se couvrent de la graisse entraînée par l'eau de condensation et provenant du graissage des diverses parties de la machine : cette graisse, qui ne se dissout point dans l'eau extraite par la pompe, remplit les joints des segments du piston et lubréfie constamment le corps de pompe, causes qui empêchent la destruction de ces organes, d'une part, et qui s'opposent à la rentrée de l'air qui n'est sollicitée que par la pression de l'atmosphère. Dans la machine à vapeur auxiliaire, les liquides employés tiennent l'huile en parfaite suspension ou dissolution : ce n'est plus ici une graisse ferme obstruant les joints des segments ; ces derniers sont constamment maintenus dans un très grand état de propreté, ce qui favorise d'autant plus le passage de l'air; la partie supérieure ainsi que celle du piston étant constamment lavées et nettoyées, et la partie basse seule recouverte du liquide, ne sont plus suffisamment lubréfiées ; elles s'échauffent, frottent, se grippent, et sont détériorées dans un temps extrêmement court.

L'expérience m'a prouvé que ce système de pompes était tout-à-fait inapplicable dans les machines à vapeurs combinées pour la partie qui agit par la vapeur auxiliaire : j'en ai éprouvé les plus grands inconvénients dans quelques machines où les deux pompes d'extraction étaient horizontales. La pompe à air qui faisait le service de l'enveloppe du vaporisateur-condensateur de la vapeur d'eau et extrayait le liquide donnait un vide à peu près régulier dans cette enveloppe de 67 centimètres de mercure, tandis que la pompe faisant le service du condensateur de vapeur auxiliaire et extrayant le liquide pour le reporter au vaporisateur donnait rarement un vide de 10 à 15 centimètres lorsque la pression du vaporisateur était de 2 1/2 atmosphères. Ce vide devenait meilleur et atteignait 35 et 40 centimètres lorsque la pression du vaporisateur descendait à une atmosphère cinq dixièmes. La preuve évidente que dans ce cas l'air n'était pas extrait, c'est que le liquide ne s'abaissait point à l'appareil à air dont le niveau restait immobile, tandis que, du moment où la pression baissait au vaporisateur, conséquemment que la pompe agissait dans de meilleures conditions, l'air s'accumulait rapidement dans le réservoir, faisait baisser le niveau et permettait d'ouvrir le robinet d'air.

Je n'ai jamais éprouvé cet effet fâcheux avec les pompes à air verticales que j'ai employées dans plusieurs machines, et notamment dans celle de la Cristallerie, qui m'a toujours donné un vide d'au moins 25 centimètres, quelle que fût la pression au vaporisateur. Ce vide est à peu près le maximum de ce qu'il était possible d'obtenir dans cette machine, eu égard au liquide employé qui est l'éther sulfurique, à la température et au volume de l'eau injectée pour la condensation, à la pression de 2 1/2 atmosphères à laquelle elle marche sans détente, à la capacité de la pompe et à celle du condensateur relativement au volume de vapeur qui y est injecté. Dans quelques autres machines marchant également par la vapeur de l'éther sulfurique, les pompes placées verticalement m'ont donné un vide constant et régulier de 48 à 50 centimètres de mercure; avec la vapeur du sulfure de carbone, j'ai obtenu 58 centimèt.; avec le chloroforme, j'ai obtenu 65 centimètres de vacuum; dans aucune des machines auxquelles des pompes horizontales ont été appliquées, je n'ai pu obtenir plus de 10 à 15 centimètres à 2 1/2 atmosphères avec la vapeur d'éther et de sulfure, et 20 centimètres au plus avec le chloroforme, encore ce vide n'a-t-il pu se maintenir plus de quelques jours : au bout de peu de temps le piston se détériorait à la partie haute par le frottement sec qui s'opère entre ses segments et le cylindre; car, je l'ai déjà dit, les liquides connus dissolvent et s'emparent des graisses, ils nettoient les surfaces qui, n'étant pas lubréfiées, se grippent et se détruisent. Cela n'arrive pas quand le liquide, qui tient ces corps gras en dissolution, peut constamment couvrir les surfaces frottantes. En cinq ou six mois on a réalésé deux fois le corps de pompe et changé trois fois les segments de la pompe horizontale de la machine qui fait mouvoir les ateliers d'Oullins, tandis que depuis trois ans on n'a fait aucune réparation à la pompe verticale de la machine de la Cristallerie marchant par le même liquide, et qu'au contraire son piston et le corps de pompe sont dans le plus parfait état de conservation.

Il peut arriver des cas, ainsi qu'on le verra dans la troisième partie, où il est utile et quelquefois nécessaire de manœuvrer la pompe d'extraction du liquide auxiliaire à bras d'homme. Cette pompe doit donc être munie d'un débrayage facile et porter une douille dans laquelle on pourra, lorsque le besoin l'exigera, emmancher une prolonge ou balancier capable de la mouvoir facilement. Cette observation est très importante, et j'engage le constructeur à y avoir égard, surtout dans les machines à vapeur auxiliaire isolées et indépendantes de la machine à vapeur d'eau qui leur fournit la vapeur chauffante. Toutes les fois que, par une cause quelconque, le liquide qui garnit les surfaces chauffantes du vaporisateur a fui au condensateur et qu'il n'en reste pas assez dans le premier de ces appareils pour produire une quantité de vapeur capable de mettre la machine en mouvement et réintroduire par le jeu de la pompe ce liquide dans le vaporisateur, il faut mouvoir la pompe à bras ; et ce cas peut se présenter assez souvent, eu égard à la petite quantité de liquide nécessaire au remplissage de cet appareil.

Fosses et parties creuses.

Comme les liquides employés le plus avantageusement sous le rapport du bon marché sont jusqu'à présent le sulfure de carbone et l'éther sulfurique, que la vapeur de ces deux liquides est lourde et peut former, en combinaison avec l'air, des mélanges inflammables ou détonnants ; que celle des deux autres liquides, chloroforme et chlorure de carbone, est lourde et asphyxiante, il faut éviter de placer les pompes dans des fosses ou parties basses non aérées, dans lesquelles ces vapeurs pourraient s'accumuler et occasionner des causes de dangers, qui ne peuvent exister en les tenant à fleur de sol dans une chambre un peu aérée. Il sera convenable, dans les machines fixes, de ménager dans les murailles de la chambre des machines, qui est ordinairement isolée, deux ouvertures opposées à fleur de terre, dans l'axe des pompes, de manière à pouvoir établir de temps en temps un courant d'air qui enlèvera la vapeur du liquide qui pourrait fuir par une cause quelconque. Il sera également convenable de placer à la partie la plus basse de la pompe à liquide auxiliaire un robinet purgeur, afin d'enlever le liquide qui remplit le corps de pompe, si l'on a à ouvrir les regards des boîtes à clapets pour vérifier ou réparer ces derniers. Quand je dis qu'il faut éviter de placer les pompes dans des fosses, j'entends des parties creuses de plus de cinquante centimètres. On peut, sans inconvénients, avoir des fosses de cette profondeur, pourvu qu'elles soient aussi larges que profondes; l'agitation extérieure de l'air mis en mouvement dans la chambre des machines par le jeu du volant et des diverses parties mouvantes de l'appareil, de même que les courants d'air factices dont je viens de parler, suffiront pour empêcher que les mélanges inflammables ou détonnants puissent se former dans des fosses de cette dimension, de manière à donner lieu à des résultats dangereux. Dans les machines de navigation on pourra avoir un petit ventilateur prenant l'air à la partie basse de la chambre, et le rejetant à l'air libre. Du reste, la chaleur étant toujours assez forte dans les chambres de machines des bâtiments à vapeur, les vapeurs seront assez raréfiées, leur densité sera moindre, et elles se mélangeront facilement avec l'air: tous les moyens de ventilation connus pourront donc être avantageusement employés.

J'ai dit au commencement de ce chapitre que la pompe d'extraction du condensateur-vaporisateur, à la différence de celle du liquide auxiliaire, rejetait, comme dans les pompes à air des machines à condensation ordinaires, l'eau et l'air extraits de l'enveloppe de cet appareil, dans une bâche ouverte à l'air libre. Cette eau perpétuellement distillée, résultat unique et sans mélange de la vapeur condensée, est reportée comme alimentation à la chaudière à vapeur d'eau, dont elle maintient le niveau et les surfaces chauffantes toujours couvertes. La légère perte qui peut se faire par le jeu des soupapes de sûreté à l'état de vapeur, ou par les fissures de l'appareil évaporatoire, le mauvais état des robinets et joints divers de l'appareil à l'état liquide, sera remplacée au moyen d'un jet d'eau fraîche qu'on prendra à l'enveloppe du condensateur du liquide auxiliaire, et dont on réglera l'introduction dans la bâche par un robinet placé à cet effet. Ce robinet amènera de l'eau dans cette bâche jusqu'à ce que le niveau de la chaudière soit dans un état convenable. Cette eau, se mélangeant avec l'eau résultant de la condensation de la vapeur d'eau amenée par la pompe d'extraction, abaissera la température de cette dernière en s'élevant elle-même à une température qu'il sera facile de régler par la quantité d'eau froide injectée dans la bâche, de manière à ne pas nuire à la production régulière de la vapeur dans le générateur. Il vaudra mieux mettre un peu plus de temps à réalimenter la chaudière et n'introduire qu'une faible quantité d'eau nouvelle, afin de ne pas trop abaisser la température de l'alimentation.

Dans la bâche B fonctionne la pompe-plongeur A (Pl. VI, fig. 2) telle qu'elle existe dans toutes les machines à condensation, et calculée de même que celle des pompes d'alimentation ordinaires pour sa capacité. Cette pompe, un peu plus grande qu'il n'est strictement nécessaire pour réintroduire à la chaudière le résultat liquide de la condensation dans les circonstances maximum de marche de la machine, portera à la chaudière à eau une certaine quantité d'air à chaque coup de piston : cet inconvénient, s'il est appréciable, est facile à éviter. Une soupape à flotteur C (Pl. VI, fig. 2), fort simple, remplira parfaitement ce but, si l'on y trouve un avantage sérieux. Il suffira de retourner l'orifice d'aspiration du plongeur comme on le voit dans la figure, et de disposer une soupape C avec guide et flotteur perpendiculaire à cet orifice et pouvant le fermer hermétiquement. Quand le niveau de l'eau rejetée par la pompe d'extraction sera assez élevé dans la bâche pour que le flotteur enlève la soupape, l'orifice se débouchant donnera passage à l'eau qu'aspirera le plongeur. Quand, au contraire, le niveau s'abaissera dans la bâche, le flotteur, suivant ce mouvement, laissera retomber la soupape qui fermera l'orifice d'introduction, et le plongeur jouera dans le vide, ne pouvant aspirer ni eau ni air. Il faudra placer le plongeur tout entier avec sa garniture dans la bâche au-dessous du niveau auquel le flotteur fermera la soupape, de sorte que la garniture soit constamment recouverte d'eau et qu'il y ait impossibilité à la rentrée de l'air. (Voyez la figure). Pour cela il suffira de calculer l'action du flotteur et l'ouverture de la soupape, qui devra se fermer avant que le niveau de l'eau n'atteigne la garniture du plongeur.

Dans les petites machines, ainsi que je l'ai dit dans le chapitre précédent, je supprime la bâche et la pompe-plongeur, et j'emploie un appareil à chasser l'air à peu près semblable à celui de la pompe d'extraction du liquide auxiliaire. Je ne puis donc, pour remplacer l'eau perdue et réalimenter la chaudière, verser de l'eau dans la bâche étanche qui supporte la pression de la chaudière ; mais dans ces appareils le tube destiné à fournir cette alimentation, et qui part de l'enveloppe du condensateur de vapeur auxiliaire, au lieu d'amener l'eau dans la bâche, vient aboutir au tube d'aspiration de la pompe d'extraction du condensateur-vaporisateur. Ce tube est fermé au moyen d'un robinet dont l'orifice de la clé n'aura pas plus de cinq millimètres de section. Lorsqu'on s'apercevra que le niveau de la chaudière a baissé, on ouvrira lentement et peu à peu ce robinet. L'eau se précipitera soit dans la pompe, soit dans la partie basse de l'enveloppe du vaporisateur avec une vitesse proportionnelle au vide qui existe dans ces deux appareils, et le niveau se relèvera assez promptement. Je recommande de faire très petit l'orifice du robinet ; car, si l'ouvrier n'était pas extrêmement attentif, il pourrait arriver que, l'eau affluant avec une trop grande abondance et une trop grande vitesse dans l'enveloppe du vaporisateur où le vide est constant, s'élevât dans cette enveloppe et refroidît les surfaces chauffantes du vaporisateur. Elle pourrait ainsi les recouvrir en partie et mettre en peu d'instants cet appareil hors de service, circonstance que j'ai vue se présenter plus d'une fois lorsqu'un ouvrier peu accoutumé au maniement de ces machines ouvrait le robinet en son entier. Il est vrai de dire que ce robinet avait généralement un orifice beaucoup trop considérable, et c'est même cette circonstance qui m'a fait déterminer la section à donner à l'orifice de la clé du robinet : il vaut mieux alimenter lentement, on n'aura point à craindre l'inconvénient que je viens de signaler, qui pourrait donner lieu à des accidents graves, tels que la rupture du cylindre ou des fonds du cylindre, si l'eau s'élevait assez dans l'enveloppe pour communiquer jusque dans la boîte à tiroirs. D'un autre côté, comme je l'ai déjà dit, si l'on alimente en petite quantité, l'eau, se mêlant avec celle résultant de la condensation de la vapeur, arrivera à une température moins basse à la chaudière, et la vaporisation aura moins à en souffrir.

La pompe à liquide auxiliaire porte une garniture hydraulique de mon système. La bande de cette garniture peut être en cuir ou en molleskin, mais préférablement en cuir ou buffle, à la différence de celles du cylindre, des tiroirs et de la tige du robinet de vapeur, qui doivent toujours être en molleskin. Le cuir se racornit et se durcit dans l'eau et l'huile ayant une température supérieure à 50 degrés; mais, comme la pompe d'extraction du liquide auxiliaire n'atteint jamais cette température, l'emploi du cuir est d'un excellent usage dans cette garniture, surtout si la pression est exercée au moyen d'huile, ou si le réservoir d'huile placé sur le couvercle de la boîte à garniture et que traverse la tige est maintenu bien plein pendant le jeu de la pompe et les temps d'arrêt.

CHAPITRE V.

POMPE A EAU FROIDE POUR LA CONDENSATION DU LIQUIDE AUXILIAIRE.

Toute espèce de pompes foulantes et aspirantes en usage dans la mécanique peuvent être employées pour amener l'eau qui sert à la condensation du liquide auxiliaire ; je n'entrerai donc dans aucun détail à cet égard, si ce n'est pour indiquer le volume d'eau que ces pompes doivent fournir, ou leur capacité relativement à la vapeur qu'elles ont à condenser. La vapeur auxiliaire étant le produit du calorique, soit spécifique, soit latent, que contient la vapeur d'eau dépensée dans le cylindre de la machine marchant par cette vapeur prise à l'échappement, c'est cette dernière qui doit servir et qui m'a toujours servi de base pour connaître la quantité d'eau à injecter pour condenser la première. Le problème à résoudre est celui-ci : ramener l'eau qui sert à la condensation du liquide auxiliaire à une température telle que la vapeur de ce liquide ne puisse plus conserver qu'une pression égale à celle de la vapeur d'eau détendue et condensée à une température de 60 degrés. Une première opération à faire est de déterminer, pour chaque liquide, le degré de température convenable pour que sa vapeur se trouve autant que possible dans les conditions que je viens d'indiquer; une seconde opération nous donnera le volume d'eau à injecter à une température moyenne que nous admettrons de 15 degrés, pour que cette eau, à sa sortie du condensateur, ne conserve que la température nécessaire pour la bonne condensation du liquide. Pour arriver à un résultat dans ma première opération, prenant pour base et point de comparaison la pression connue de la vapeur d'eau à 60 degrés centigrades, et son point d'ébullition à 100 degrés, auquel je compare le point d'ébullition connu des divers liquides; je cherche la température de pression correspondante de chacun de ces liquides, en calculant d'après la loi de Dalton, qui pense que, en s'écartant d'un même nombre en dessus et en dessous du point d'ébullition, les tensions des vapeurs de tous les liquides ne cessent pas d'être égales entre elles, puisque au point d'ébullition toutes ces vapeurs ont des tensions égales. Ainsi, d'après cette loi et avec la table des tensions de la vapeur d'eau, il suffira d'avoir le point d'ébullition d'un liquide ou la tension de sa vapeur à une température quelconque, pour déterminer sa tension à toutes les températures possibles. Par exemple, l'éther sulfurique ayant son point d'ébullition à 37°, la tension de sa vapeur à 58° sera la même que celle de la vapeur d'eau à 121°, ou 2 atmosphères; et à 19° au-dessous de son point d'ébullition, sa tension sera la même que celle de la vapeur d'eau à 18° au-dessous de son point d'ébullition, c'est-à-dire à 82°, ou 0,50 atmosphères. Cette loi, admise jusqu'à présent, peut n'être pas rigoureusement exacte lorsqu'on s'écarte beaucoup du point d'ébullition, mais elle est très suffisante pour la pratique.

D'après cette loi je trouve que, pour que la vapeur de l'éther sulfurique ait la même tension que la vapeur d'eau à 66°, il faudra que l'eau d'injection sorte à 3° : je ne pourrai employer que de l'eau à 0° en volume considérable, puisque sa température ne peut être élevée que de 3 degrés. La moyenne de la chaleur de l'eau d'injection étant 15°, nous admettrons le chiffre de 25° pour la température à laquelle on peut l'expulser du condensateur. A cette température, voici les pressions des quatre liquides suivants :

	Points d'ébullition.	Tempér. de la vapeur.	Pressions.
Ether sulfurique,	38°		0.62
Sulfure de carbone,	45°	25°	0.48
Chloroforme,	61°		0.25
Chloride de carbone,	72°		0.16

Et voici, pour diminuer le volume d'eau d'injection, la température à laquelle je pense qu'elle doit sortir du condensateur :

			Pressions :	
Pour l'éther sulfurique,	22°50			0.60
Pour le sulfure de carbone,	27°00			0.50
Pour le chloroforme,	36°60			0.40
Pour le chloride de carbone,	43°20			0.30

La seconde opération a pour but de déterminer le volume d'eau à 15 degrés qu'il faudra introduire dans la bâche du condensateur de la vapeur auxiliaire, pour que cette vapeur ainsi que l'eau qui l'a condensée n'aient plus que la température à laquelle ce liquide a une pression égale à celles ci-dessus indiquées. Pour arriver à ce résultat, je ne m'inquiète nullement de la quantité de chaleur latente ou spécifique que contient la vapeur auxiliaire ; mais, partant de ce principe que ces liquides ne peuvent avoir une plus grande somme de chaleur que celle que contenait la vapeur d'eau qui a produit leur vapeur, je recherche quel est le volume d'eau nécessaire pour amener la température de cette vapeur d'eau au degré de condensation indiqué par la nature du liquide. Le volume d'eau qui sera injecté ne pouvant absorber la chaleur de la vapeur à condenser que de la différence entre la température qu'il possède au moment de son introduction et celle à laquelle il sortira de l'appareil, je chercherai combien de fois le chiffre de cette différence est contenu dans la somme de chaleur du volume de vapeur à condenser. Ainsi, un volume P d'eau à l'état de vapeur détendue à 0,66 atmosphères contient $(545 + 88) = 633$ unités de chaleur. Un volume Q d'eau égal à la température moyenne de 15° ne peut absorber qu'une quantité de chaleur égale à la température à laquelle il doit s'élever 66°—15, température qu'il possède au moment de son injection. Je chercherai combien de fois 66° —15 est contenu dans 633. Le quotient est le volume d'eau à injecter pour que cette eau sorte du condensateur à la température de 66°. Le calcul sera le même pour tous les liquides en déduisant toujours 15°, température du point de départ du nombre de degrés que devra avoir l'eau à son échappement, et en prenant pour base le chiffre 633 représentant le maximum de chaleur que peuvent contenir les vapeurs des divers liquides.

Un volume d'eau à l'état de vapeur détendu à 0,66 atm., ayant 88° de température, élèvera à 66° 12 volumes 40 centièmes d'eau à 15° ; d'où suivent pour les quatre liquides les proportions suivantes :

Ether sulfurique $(22.50 - 15)$: $(66-15)$ :: $\left(\dfrac{633}{66-15}\right)$: $x = 74.400$
Sulfure de carbone $(27.00 - 15)$: 45 :: 12.40 : $x = 46.500$
Chloroforme $(36.60 - 15)$: 45 :: 12.40 : $x = 25.830$
Chloride de carbone $(43.20 - 15)$: 45 :: 12.40 : $x = 19.310$

La quantité d'eau injectée pour amener à 66° la température d'un volume d'eau à l'état de vapeur détendu à 0,66 atm. étant prise pour unité, il résulte que, pour avoir la condensation de la vapeur de chacun de ces liquides à une pression correspondante à celle de l'eau à 66°, il faudra injecter :

Pour l'éther sulfurique 5 fois 096 mill. autant d'eau à 15 degrés.
Pour le sulfure de carbone 3 690 id. id. id.
Pour le chloroforme, 2 097 id. id. id.
Pour le chloride de carbone 1 550 id. id. id.

En agissant ainsi, je suis certain d'arriver à une bonne condensation de ces quatre liquides, car ils ne peuvent absorber et contenir dans leur vapeur, quels qu'en soient le volume, la pression, le calorique latent ou spécifique, plus de chaleur que ne leur en a fourni et n'en contient elle-même la vapeur qui les a créés. Le moyen que j'indique est celui que j'ai employé pour calculer la capacité de mes pompes, et il m'a toujours réussi. On ne peut pas toujours connaître le calorique latent et la capacité calorifique des liquides que l'on emploie et de leurs vapeurs à diverses températures, mais il est très facile d'en connaître la pression ; il n'est pas moins facile de déterminer le volume d'eau nécessaire pour condenser un volume connu de vapeur d'eau, et amener le résultat de cette condensation à une température donnée. Avec ces deux bases on peut dès lors calculer et et déterminer la capacité de la pompe d'injection pour la condensation parfaite de tous les liquides auxiliaires employés d'après le principe sur lequel repose la machine à vapeurs combinées. Lorsque j'ai fait des applications à ces machines des divers liquides que j'emploie, leur calorique latent n'était indiqué dans aucun ouvrage de chimie, physique ou mécanique ; plusieurs, je crois, restent encore à expérimenter sous ce rapport, et la nécessité de déterminer la quantité nécessaire à leur condensation m'a fait adopter ce moyen de calcul, qui peut quelquefois pécher en ce qu'il indiquera une trop grande quantité d'eau d'injection, puisqu'il n'est pas possible que la totalité de la chaleur contenue dans la vapeur d'eau chauffante passe dans la vapeur créée, à cause des pertes par le rayonnement et le refroidissement des surfaces en contact avec l'air extérieur; du moins ce moyen de calcul n'indiquera jamais une trop faible quantité d'eau.

Ainsi que je l'ai dit plus haut, il sera convenable d'introduire l'eau de condensation avec une vitesse moyenne n'excédant pas 50 centimètres par seconde : il faudra donc donner aux orifices de la pompe d'injection une section égale au tiers ou mieux à la moitié de celle de la pompe. Les pompes à double effet me semblent aussi être préférables en ce que le courant d'eau fraîche sera continu, et que le mouvement ascensionnel de l'eau chaude, gagnant la partie supérieure et se déversant dans le couloir circulaire d'échappement ou trop-plein, sera plus régulier. Dans les machines de navigation et partout où l'eau sera abondante et pourra être élevée sans un grand travail mécanique, il sera bon d'augmenter d'une moitié ou même de doubler le volume d'eau indiqué par le calcul, tout en ne dépassant pas la vitesse de 50 centimètres par seconde, que j'ai indiquée tout-à-l'heure. Il faut aussi s'attacher à donner le moins de capacité possible à l'enveloppe du condensateur, afin que la totalité de l'eau soit rechangée plus fréquemment et plus rapidement, et de diminuer le poids de cet appareil, surtout dans les machines de locomotion; il faut cependant laisser un espace convenable entre la paroi de l'enveloppe du condensateur et le plateau d'assemblage des tubes, afin que l'eau chaude dégorge facilement et sans vitesse.

Lorsque la pompe d'injection tirera son eau d'un puits à fond de sable, il sera urgent de faire le tube d'ascension d'un large diamètre, afin de diminuer la vitesse du courant ascendant et d'entraîner moins de sable, et même on pourra laisser une distance entre le fond du puits et l'extrémité du tube, ou mieux encore recourber ce tube de manière à ce que l'orifice regarde la surface et que le courant d'eau aspirée parte de la surface pour entrer dans le tube au lieu de partir du fond, car alors il n'y a plus ce frottement de l'eau sur le sable qui met celui-ci en mouvement et facilite son ascension. Ces précautions sont très essentielles, autrement le sable s'accumulerait en peu de temps dans la partie inférieure de la bâche du condensateur, et, couvrant une partie des tubes formant les surfaces condensantes, gênerait le contact immédiat de l'eau fraîche et le renouvellement constant de cette dernière, et diminuerait d'autant la puissance de l'appareil. J'ai dit au chapitre deuxième, qui traite du condensateur, le moyen de remédier à ces obstructions et d'atténuer cet inconvénient. La vitesse de l'eau est pour beaucoup dans l'entraînement du sable, et c'est un motif de plus pour qu'on donne peu de vitesse à l'eau de condensation. Toutes les fois que la machine donnera plus de 25 coups de piston par minute et que la course sera de plus de 50 centimètres, il faudra renoncer à commander directement les pompes par la crossbarre de la machine, comme on l'a fait dans le système de machines horizontales de M. Clément Desormes, où les pompes sont horizontales et à double effet. Il faudra les commander par excentriques et balanciers placés sur l'arbre, autrement la grande vitesse du courant à travers les tubes qui composent le condensateur fait que ce courant traverse ces tubes et la masse d'eau chaude sans se diviser ni s'y mêler suffisamment, et ressort par le trop-plein avant d'avoir produit son effet utile.

Il arrive encore que, lorsque les pompes à eau vont avec la vitesse de un metre et plus par seconde et que les joints sont bien faits, les pompes horizontales et à double effet, les clapets font un bruit considérable et frappent sur les siéges de manière à se briser. C'est une preuve certaine que la pompe travaille dans de *trop bonnes conditions*, c'est-à-dire que le vide qui se fait dans le corps de pompe est trop parfait pour la vitesse de la pompe. On peut obvier de suite à cet inconvénient si la pompe, comme il est d'usage, a été calculée pour un rendement de 60 à 75 p. 0/0, en desserrant un des joints du tube d'aspiration, ce qui laissera une petite rentrée d'air. Si l'on a placé un clapet de retenue dans le bas du tube d'aspiration, cette rentrée d'air ne nuira pas à la marche de la pompe, pourvu qu'elle ait lieu par le joint le plus rapproché du corps de pompe ; car alors l'eau, dans les temps d'arrêt, ne continuera pas moins de remplir le tube d'aspiration. La pompe, à la vérité, donnera un moindre volume d'eau, mais sa vitesse pourra être accrue sans danger de rupture pour les clapets : le motif en est que, le vide ne se produisant pas instantanément aussi parfait au moment où le piston revient en sens inverse, le clapet a le temps de retomber de son propre poids avant que la vitesse du piston et la faible rentrée d'air rendent ce vide capable de soulever la colonne liquide de l'aspiration. Du reste, ces effets ne se produisent que lorsque cette colonne atteint plusieurs mètres de hauteur, car alors le clapet est appelé sur son siége avec une force et une vitesse proportionnelles au poids de cette colonne. Dans les machines exposées à des changements de vitesse considérables, au lieu de desserrer un joint on pourra avoir un robinet sur le tube d'aspiration, au moyen duquel on laisserait entrer la quantité d'air nécessaire en en réglant l'ouverture. Je n'ai pas besoin de dire que, la quantité d'eau indiquée par les calculs ci-dessus pour chaque liquide étant la quantité absolue que sa condensation exige, la capacité de la pompe doit être calculée de manière à fournir au moins cette quantité d'eau dans les circonstances de rendement les plus défavorables.

CHAPITRE VI.

GARNITURES DES TIGES MOUVANTES, OU STUFFINGBOXES.

(Pl. V, fig. 7 et 8.)

Tous les liquides connus jusqu'à ce jour, d'un emploi avantageux dans les machines à vapeurs combinées, possèdent le même inconvénient de tenir en dissolution ou suspension les huiles, graisses et résines. La rapidité avec laquelle ils s'emparent ou dissolvent celles avec lesquelles ils se trouvent en contact, rend impossible l'emploi des moyens ordinaires pour contenir leur vapeur le long des tiges mouvantes, comme on le fait pour la vapeur d'eau. J'ai décrit dans la première partie de ce Manuel les avantages et le fonctionnement du nouveau mode de garnitures que j'ai imaginé pour parer à cet inconvénient, et j'ai dit que la pratique avait pleinement prouvé l'excellence de cette garniture. Dans la troisième partie, où je traite de la conduite des machines, j'enseignerai le moyen de faire ces garnitures et de les entretenir en bon état; voici actuellement la manière de construire les diverses pièces qui les composent :

La boîte E (Pl. V, fig. 7), dans laquelle agit la bande roulée et retenue par deux cônes, traversée par la tige le long de laquelle il s'agit d'empêcher la fuite, varie de hauteur suivant le diamètre de cette tige. Je me suis arrêté à deux dimensions seulement, quelle que soit la grosseur de cette tige : ainsi j'admets 15 centimètres pour toute tige au-dessus de 0,05 centimètres de diamètre, et 10 centimètres pour toute tige au-dessous. La largeur de cette boîte doit être suffisante pour qu'il y ait 1 centimètre 15 millimètres au plus d'intervalle entre la base du cône que traverse la tige et la paroi de la boîte. Elle sera cylindrique, alésée à l'intérieur, ou parfaitement fondue ; elle porte une bride à chacune de ses extrémités, percée de deux trous seulement pour toute boîte dont la tige est d'un diamètre plus faible que 0,05 centimètres (Pl. V, fig. 7), et de quatre ou six trous pour toute boîte dont la tige est au-dessus. Ces brides doivent être très fortes et capables de soutenir une grande pression, au moyen de boulons de gros calibre qui les relieront avec leurs couvercles supérieur et inférieur. Ces couvercles, dont le supérieur C portera un godet graisseur, s'adaptent à chaque extrémité de la boîte par des emboîtements à tabatière ; ils sont munis de brides semblables à celles de la boîte qui les fixent à cette dernière : cependant le couvercle inférieur peut être emboîté dans la gorge de la boîte destinée à le recevoir, comme dans la figure ; il sera maintenu par les boulons qui fixeront la boîte au couvercle du cylindre ou à la partie du tiroir traversée par la tige ; ils porteront les cônes A et B destinés à recevoir la bande. Ces cônes sont fondus et font corps avec les deux couvercles, qui seront toujours en bronze. La hauteur de ces cônes sera de 0,05 centimètres pour toute boîte de 0,15 centimètres de hauteur, et de 0,04 centimètres pour toute boîte de 0,10 centimètres; leur sommet, d'au moins un millimètre d'épaisseur, sera taillé en un biseau court et aigu, afin de pénétrer entre la bande et la tige avec facilité (fig. 7). Ils auront à leur base 0,005 millimètres d'épaisseur pour les tiges au-dessous de 0,05 centimètres; et pour les tiges au-dessus de ce diamètre, leur épaisseur, sans varier au sommet, croîtra à la base de un millimètre par chaque centimètre de diamètre. Cette disposition a pour but, tout en rendant l'introduction des cônes entre la bande et la tige assez facile, de parer à l'élasticité de cette bande qui croît avec la circonférence du rouleau formé autour de la tige, élasticité qui rendrait cette introduction trop facile si la base du cône n'y faisait obstacle par un plus large diamètre et une plus forte inclinaison. Le cône en pénétrant dans la bande fait également ouvrir les premiers rangs de la ficelle qui l'enveloppe, et resserre ceux du milieu de la bande dans la partie où celle-ci est en contact immédiat avec la tige.

Je fais les deux fonds portant les cônes indépendants des parties sur lesquelles se fixe cette boîte, afin qu'on puisse les changer en cas d'usure ou d'ovalisation : je fais fondre les cônes avec les couvercles, parce que les cônes rapportés sont rarement solides, à moins qu'on ne les fixe au moyen d'un taraudage qui donne toujours passage au liquide et que je recommande surtout de ne jamais employer. En outre, ces deux cônes doivent être parfaitement concentriques l'un à l'autre et au couvercle du cylindre avec lequel ils sont ajustés, afin d'éviter le frottement que pourrait occasionner le moindre gauche avec la tige du piston, ce qu'il serait à peu près impossible d'obtenir avec des cônes rapportés et vissés. La partie du couvercle ou de la boîte à tiroirs sur laquelle se pose la garniture ainsi préparée doit être parfaitement dressée ; on peut y pratiquer un emboîtement recevant par moitié le fond inférieur de la boîte à garnitures. La tige doit traverser cette partie à frottements doux. Les prisonniers fixés sur la boîte à tiroirs ou sur le couvercle du cylindre, qui doivent recevoir la garniture et qui sont destinés à la maintenir, ne doivent point traverser l'épaisseur de la paroi de la boîte à tiroirs ou du couvercle du cylindre. J'ai fait déjà bien des fois cette recommandation, parce que je ne crois pas pouvoir trop la répéter.

Le constructeur fera ébaucher les cônes de manière à laisser au métal au moins un millimètre d'épaisseur à leur sommet ; autrement, pendant les divers montages et démontages qu'exige l'ajustage des pièces, on pourrait les endommager. On ne devra les finir complètement que lorsque la machine sera entièrement terminée, et au moment de la mettre en place à demeure. Ce soin regarde spécialement le monteur, et j'indiquerai de quelle manière il devra les affiler ainsi que l'inclinaison particulière à donner à leurs sommets.

Vers la partie basse T de la boîte à garniture est une tubulure ou renflement qui recevra le tube amenant le liquide dont la pression doit agir sur la bande; l'orifice de ce tube aura dix millimètres de diamètre. Je place cet orifice à la partie basse de la boîte, afin que, lorsqu'on voudra changer la bande, le liquide qui l'entoure puisse s'écouler facilement en démontant le tube qui l'amène; autrement, il s'introduirait dans les appareils au moment où l'on enlèverait la bande. Dans les machines horizontales, cet orifice sera percé au-dessous de la boîte, toujours par le même motif. Les tubes venant de la pompe et amenant le liquide qui exercera la pression sur la bande, seront fixés à la boîte ou aux robinets au moyen de raccords coniques parfaitement rodés. Il est important de ne pas laisser entrer dans les appareils le liquide qui remplit la boîte, surtout si ce liquide est de l'eau et si l'on emploie du sulfure de carbone comme liquide auxiliaire; il en est de même pour le chloroforme: le mélange de l'eau avec le premier le décompose partiellement, et avec le second donne lieu à une oxidation considérable de toutes les surfaces en fonte ou en fer. Dans ce cas-là il sera convenable d'exercer la pression dans la boîte à garniture au moyen d'huile. Les surfaces d'assemblage des diverses parties de cette garniture seront dressées avec soin, et les joints faits avec du papier gommé. Le diamètre des orifices des cônes doit être tel, que la tige les traverse à frottements doux.

Il faut une grande précision dans le montage de

cette garniture; car la tige la traverse sur une longueur de 15 à 20 centimètres, et le moindre gauche donnerait lieu à des frottements considérables, à l'usure et destruction rapide des cônes. Je ferai remarquer, avant d'en finir avec cette garniture, qu'il faut disposer le godet graisseur de manière à ce que la tige soit parfaitement enduite ou recouverte d'huile pendant tout le temps de sa course; autrement la tige métallique des pistons ou tiroirs frotterait trop violemment la bande, et il y aurait grippement des cônes et prompte destruction de cette dernière. Il faut graisser cette tige même dans les cas où l'on se sert d'huile pour faire la pression sur la bande; car, lorsque cette dernière sert depuis quelques jours et qu'elle a été placée avec soin, l'huile, malgré la pression, ne peut la traverser en assez grande quantité pour faire le graissage : à plus forte raison faut-il avoir soin de graisser la tige si la pression hydraulique est faite avec de l'eau. Je conseille surtout l'emploi de l'eau quand on se servira d'éther sulfurique comme liquide auxiliaire, mais alors le graissage est tout-à-fait essentiel pour la durée de la bande.

Garnitures métalliques (Pl. V, fig. 8).

Que l'on emploie l'huile ou l'eau pour agir sur la bande, la garniture que je viens de décrire est d'un excellent usage, et je ne crois pas qu'elle puisse jamais être remplacée pour la manière dont elle maintient le liquide auxiliaire et sa vapeur, et dont elle s'oppose à la plus minime rentrée d'air. Quant à moi, je n'aurais jamais songé à en employer une autre, si quelques ingénieurs et constructeurs ne l'avaient regardée comme très compliquée à cause des petits tubes qui doivent conduire la pression liquide qui fait agir la bande. Je crois qu'ils se sont beaucoup effrayés de fort peu de chose et que rien n'est plus simple que cette garniture, qui peut se refaire et se changer entièrement en moins de temps et d'une manière plus certaine qu'une garniture d'étoupes ordinaire. Je suis bien convaincu que, lorsqu'on l'aura employée assez de temps pour pouvoir en apprécier les bons effets et s'habituer à la faire, on ne voudra faire usage d'aucune autre. Néanmoins, comme l'objection dont j'ai parlé m'a fait faire beaucoup de recherches pour la remplacer, je vais décrire un moyen de faire une garniture métallique que je crois nouvelle et qui me paraît devoir donner de bons résultats, surtout lorsque les machines devront marcher avec une grande vitesse. Son application aux locomotives aura peut-être un avantage sur la garniture à cônes et à bande, qu'une trop grande chaleur, occasionnée par le frottement et la vitesse des tiges, pourrait détériorer.

La garniture que je propose se compose de quatre pièces semblables A B C D de 25 millimètres d'épaisseur, en fonte douce ou en bronze, parfaitement planes, assemblées deux à deux comme dans la figure 8 (Pl. V), percées d'un trou du diamètre exact de la tige le long de laquelle on veut empêcher la fuite de vapeur ou la rentrée de l'air, et dont tous les angles saillants et rentrants sont droits. Deux assemblages de cette nature sont placés l'un sur l'autre, de manière à ce que les joints de chaque assemblage soient alternés et que les pièces C D recouvrent les joints formés par les pièces A et B. Les quatre pièces 1, 2, 3, 4, placées comme dans la figure, complètent les segments de la garniture et font de l'assemblage de toutes ces pièces deux parallélogrammes réguliers superposés et dont tous les joints d'assemblage s'alternent et se recouvrent. On peut avoir quatre parallélogrammes semblables superposés, mais alors il suffira de donner deux centimètres d'épaisseur à chacun; la garniture sera un peu plus coûteuse, mais certainement d'un meilleur usage. Toutes ces pièces seront maintenues dans la position indiquée par quatre ressorts CCCC en forme de C, ayant en largeur l'épaisseur exacte des quatre parallélogrammes superposés, pouvant ainsi agir sur les quatre parallélogrammes à la fois par leur élasticité et sur chacun de leurs segments en particulier. Toutes ces pièces, segments et ressorts, sont placées sur un plateau rond P parfaitement dressé, dont le diamètre est celui des angles opposés des parallélogrammes, ayant à son centre un trou pour donner passage à la tige. Ce plateau, portant toutes les pièces que je viens de décrire, entre à frottements doux dans une boîte cylindrique E fixée au couvercle du cylindre ou à la paroi de la boîte à tiroirs que traverse la tige. Cette boîte, portant des brides, est alésée à l'intérieur et d'un diamètre exactement semblable à celui du plateau contenant les segments et ressorts; sa hauteur est telle qu'elle affleure les segments et ressorts, afin qu'en plaçant le couvercle R ils soient parfaitement maintenus sans ballottement dans la position qu'ils occupent. Le couvercle est fixé au moyen de ses brides et de deux ou trois forts ressorts à boudins T: de cette manière il n'exercera sur les segments qu'une pression élastique capable de résister au frottement de la tige, mais non de les empêcher de jouer. Ce couvercle de la boîte porte un réservoir d'huile que traverse la tige et qui communique avec la boîte par quatre orifices correspondant aux quatre ressorts, pour remplir d'huile la capacité dans laquelle ils jouent : segments et ressorts sont ainsi noyés dans l'huile. Cette disposition est très utile en ce qu'elle tient les segments parfaitement lubréfiés et empêche les rentrées d'air, qui auraient certainement lieu malgré la perfection qu'on aurait apportée à la confection des segments.

Lorsqu'on fera usage de cette garniture, il suffira, pour qu'elle fonctionne, d'enlever à la lime un ou deux millimètres à chacun des segments A B C D dans le sens de leur joint, et deux ou quatre millimètres à chacune des extrémités des parties rectangulaires 1, 2, 3 et 4. Lorsque la tige traversera la garniture, chacune des parties A B C D appuiera contre elle de toute la force des ressorts et empêchera le passage de la vapeur dans tous les points en contact : cette dernière n'aura d'issue que par les joints d'assemblage, qui, étant opposés, ne permettront pas le passage dans le sens de la hauteur; les parties rectangulaires 1, 2, 3 et 4 fermeront la dernière issue par laquelle elle pourrait s'échapper. A mesure que les pièces A B C D s'useront par le frottement de la tige, les ressorts les presseront contre cette dernière : ces pièces se rapprocheront jusqu'à ce qu'elles se touchent; mais les parties 1, 2, 3, 4 glisseront sous l'impulsion des mêmes ressorts et fermeront toujours le passage: car, malgré l'usure des pièces A B C D et leur rapprochement qui en est la conséquence, les angles formés restent toujours des angles droits et coïncideront exactement avec l'angle droit intérieur des pièces 1, 2, 3, 4. Lorsque ces pièces se toucheront, on enlèvera de nouveau un ou deux millimètres de métal aux parties A B C D et deux ou quatre millimètres aux pièces 1, 2, 3, 4, et tout se trouvera dans le même état qu'au commencement; les mêmes segments pourront fonctionner.

Je n'ai pas besoin de dire qu'il faut une grande perfection dans l'ajustage de toutes ces pièces, et que sans cela cette garniture ne vaudrait absolument rien. Cette perfection est facile à atteindre et à peu de frais, car toutes ces pièces peuvent être tournées ou dressées à la machine à raboter. Dans les machines horizontales, il faudra absolument immerger complètement la garniture dans l'huile si l'on veut obtenir de bons résultats. Ce qui fait l'excellence de ma garniture hydraulique, c'est qu'elle empêche complètement les rentrées d'air; chose extrêmement difficile à éviter dans toute espèce de garnitures. On comprend que le liquide qui presse la bande, tendant toujours à passer partout où celle-ci ne joint pas exactement la tige, et poussé par une pression bien supérieure à celle de l'air, s'oppose à son passage au moment où la dépression s'exerce sur le piston par le vide du condensateur; et s'il y a passage, il y aura rentrée de liquide et non d'air. C'est ce qui arrivera avec la garniture métallique que je propose, si l'on a soin de la maintenir constamment baignée d'huile : ce liquide, étant assez épais et adhérent aux parois, passera avec une très petite vitesse et en très petite quantité ; il n'y a, du reste, aucun inconvénient à laisser introduire une petite quantité d'huile dans les appareils. Cette garniture, comme les garnitures métalliques connues, pourra s'appliquer à toute machine à vapeur verticale : je n'oserais dire qu'elle donnera de bons résultats dans les machines horizontales, par la difficulté de maintenir les segments constamment baignés dans l'huile ; sa durée sera considérable, et son entretien nul. Pour les machines à vapeur d'eau, il faudra remplacer l'huile par de la graisse fondue ; autrement l'huile, par l'effet de la chaleur, formerait des dépôts durs qui empêcheraient le jeu des segments. Ces parties ou dépôts ne sont point à craindre dans les machines qui emploient pour liquide auxiliaire un des quatre liquides que nous avons mentionnés : ces liquides, ayant la propriété de dissoudre les huiles ou du moins de les tenir en suspension, les maintiennent très liquides et les préservent de dépôts ou cambouis ; l'éther sulfurique surtout possède cet avantage.

Les doubles stuffingboxes proposés en Angleterre par M. Harris, alors ingénieur de la Société formée pour l'exploitation des machines à vapeurs combinées, pourraient être avantageusement construits sur ce principe. Cet ingénieur, voulant supprimer la pompe foulante qui exerce sa pression sur les garnitures à bandes, imagina de construire un stuffingbox à double garniture (voyez la Pl. VII, fig. 2). La garniture inférieure, faite avec de la filasse comme les garnitures ordinaires des machines à vapeur d'eau, avait pour but de s'opposer autant que possible au passage de la vapeur auxiliaire qui se rendait, dans le cas où il y avait fuite, dans la petite capacité C mise en communication avec le condensateur au moyen du tube D. La seconde garniture supérieure fermait la capacité C, et n'avait à supporter que le poids extérieur de l'atmosphère et s'opposer à la rentrée de l'air qui tendait à se faire dans la capacité C. De cette manière il pouvait bien y avoir fuite de vapeur auxiliaire, mais cette fuite n'était point une perte, puisqu'elle se rendait au condensateur. On gagnait à cela la suppression de la pompe foulante, mais on avait le même nombre de tubes conducteurs; seulement, au lieu de venir de la pompe, ils allaient au condensateur. Il y avait un grand inconvénient à l'emploi de ce stuffingbox, c'est qu'on ne pouvait jamais savoir en quel état se trouvait la garniture inférieure ; il était d'une exécution beaucoup plus difficile que celle de la garniture à cônes et à bande sans en avoir les avantages, surtout sous le rapport de la facilité et de la promptitude avec laquelle cette dernière peut être rechangée. Mais si l'on emploie une double garniture métallique semblable à celle que j'ai décrite plus haut, on obtiendra peut-être un excellent résultat, parce qu'on n'aura besoin de renouveler que fort rarement la garniture inférieure, et que la petite quantité de vapeur auxiliaire qu'elle laissera fuir dans le compartiment C permettra d'employer de l'huile sans qu'on ait à redouter les dépôts et encrassements qui rendent son emploi impraticable dans les machines à vapeur d'eau ; car, se produisant fréquemment par l'effet de la haute température, ils gênent l'action des ressorts en augmentant les frottements des segments : c'est là une des causes principales du rare emploi que l'on fait des garnitures métalliques. Dans les machines à vapeur auxiliaire, on ne peut employer que de l'huile pour le graissage des tiges; la graisse ayant l'inconvénient grave de s'attacher aux parois des surfaces condensantes, d'obstruer les tubes et de former sous le roulement du liquide des globules mous qui gênent les clapets ou soupapes des pompes, et quelquefois même en arrêtent complètement le jeu. Tout le monde sait que l'éther sulfurique mêlé à l'huile, en légère proportion même, empêche les dépôts et encrassements en les tenant toujours en dissolution.

Je crois qu'on pourra tirer quelques avantages de ces moyens, que je décris quoiqu'ils n'aient encore été appliqués ni en France ni en Angleterre. J'ignore le motif qui a fait rejeter le stuffingbox à double garniture de chanvre, tel que l'avait proposé M. Harris; il y avait là-dedans une idée nouvelle susceptible d'un plus grand développement. Une des objections les plus sérieuses, à mon avis, qui aient été faites, est que le vide du condensateur, agissant continuellement sur la garniture supérieure de ce stuffingbox, aspire une quantité considérable d'huile à travers cette garniture, huile qui se rend immédiatement au condensateur. Je crois qu'il serait possible de remédier à cet inconvénient lorsqu'on emploie de l'éther sulfurique pour liquide auxiliaire, car ce liquide est plus léger que l'huile : il faudrait faire arriver tous les tubes partant de la capacité moyenne de chaque stuffingbox dans un réservoir commun dans lequel ils déposeraient l'huile qui aurait traversé la garniture sous la pression de l'atmosphère. Ce réservoir sphéroïdal recevrait d'un côté tous les tubes, et un seul, partant de la partie opposée, conduirait la vapeur ou l'air au condensateur; toutes les parties liquides s'accumuleraient dans la partie inférieure du réservoir, qu'elles ne pourraient traverser à cause de la solution de continuité. Ce réservoir se purgerait par un robinet placé à sa partie la plus basse pendant les temps d'arrêt de la machine; mais, comme le vide se maintient au condensateur, il faudrait, pour que le liquide pût s'écouler à l'extérieur, interrompre l'action du condensateur sur les garnitures et le réservoir au moyen d'un robinet placé sur la branche unique qui arrive au condensateur. Par ce moyen l'huile, entraînée par les rentrées d'air, ne pénétrerait pas jusqu'au condensateur. Comme il est difficile de reconnaître une rentrée d'air par les garnitures du double stuffingbox, cette rentrée d'air peut entraîner avec elle une quantité considérable d'huile, si le conducteur de la machine n'y porte son attention.

CHAPITRE VII.

POMPE POUR FAIRE LA PRESSION HYDRAULIQUE SUR LES
GARNITURES A CONES ET A BANDE.
(Pl. VI, fig. 3.)

J'ai décrit déjà au chapitre IIe, qui traite du vaporisateur, une pompe de cette espèce servant à exercer la pression convenable pour essayer les tubes qui forment les surfaces des deux appareils de vaporisation et de condensation. La petite pompe foulante H, qui fera la pression sur la bande des garnitures des tiges mouvantes de l'appareil, peut être en tout semblable à celle déjà décrite, sauf le tube principal de conduite d'eau ou d'huile qui sera toujours placé à à la partie inférieure du réservoir d'air B, jamais dans la partie où s'accumule l'air qui rend la pression élastique. Cette partie du réservoir doit être parfaitement étanche, et pour cela fondue d'une seule pièce sans aucune espèce de joints de quelque nature qu'ils soient. Si la pompe est éloignée de la machine, il conviendra d'avoir un seul tube conducteur du liquide jusqu'aux divers appareils portant des garnitures hydrauliques. Sur ce tube principal on prendra autant d'embranchements qu'il sera nécessaire, et l'on placera les robinets qui doivent fermer la communication entre la pompe et la boîte à garniture, en cas de réparation de cette dernière, sur le renflement que j'ai indiqué pour cet objet. Dans le cas, au contraire, où la pompe se trouverait très rapprochée des appareils portant garnitures, on pourra placer les robinets 1, 2, 3, 4 à la partie inférieure du réservoir, comme dans la figure. Ces robinets donneront passage au liquide accumulé dans ce réservoir par la pompe H, sur lequel l'air exerce une pression proportionnelle à sa compression; pression que l'on connaîtra au moyen du manomètre M qui communique avec le bas du réservoir, et sur lequel agit également le liquide comprimé. Si la pression à exercer se fait avec de l'huile, tous les joints de cette pompe doivent être faits avec du papier et de la gomme. Si l'on doit employer l'eau, il faut supprimer la gomme arabique : un simple joint avec une rondelle de papier mouillé suffira.

Cette pompe doit être parfaitement faite, afin que le liquide ne s'échappe pas au travers des clapets de retenue : il est inutile de la faire manœuvrer par la machine. On devra l'essayer avant de la mettre en place et d'en faire usage, afin de s'assurer que le réservoir et les clapets ou soupapes de la pompe ne donnent passage ni au liquide ni à l'air comprimé. Pour cela, on fermera les robinets et on comprimera du liquide jusqu'à ce que le manomètre marque une pression de 7 à 8 atmosphères; on laissera la pression ainsi pendant plusieurs heures, afin de bien se rendre compte de la valeur de l'appareil. Cette précaution est indispensable pour reconnaître, plus tard, si les garnitures sont bien faites; car on pourrait croire à leur mauvaise confection en voyant la pression baisser au manomètre, tandis que le vice serait réellement dans la pompe ou son réservoir. Lorsque tout est en bon état de fonctionnement, le manomètre doit rester immobile plusieurs heures.

Dans toutes les machines que j'ai établies, la pression n'a besoin d'être renouvelée que toutes les vingt-quatre heures; à la Cristallerie de la Guillotière la pression se maintient des mois entiers : il est vrai que le réservoir à air comprimé est d'une capacité de quatre à cinq litres. Une hauteur de 35 à 40 centimètres pour le réservoir sur 20 centimètres de diamètre intérieur, à partir des orifices des manomètre et robinets ou tuyaux de conduite, est suffisante pour toute machine au-dessous de cinquante chevaux, et pourrait même servir pour toute machine, quelle qu'en soit la puissance, si on renouvelait la pression plus d'une fois par jour. Le piston de la petite pompe aura 3 centimètres de diamètre sur 5 centimètres de course. Il faut donner 1 centimètre à 15 millimètres aux orifices des robinets et tuyaux conducteurs du liquide, surtout lorsqu'on se sert d'huile dont les dépôts finiraient à la longue par obstruer les tuyaux.

Il est indispensable que chaque boîte à garniture ou chaque tube y amenant la pression hydraulique ait son robinet, afin de pouvoir fermer la communication entre chacune d'elles et le réservoir commun quand elles ont besoin de réparations ou qu'il y a lieu de changer la bande, puis encore afin de distinguer celle qui pourrait fuir en les fermant toutes et es ouvrant l'une après l'autre : l'abaissement rapide du mercure dans le manomètre indique de suite quelle est celle qui a besoin d'être refaite. Il faut, autant qu'on le pourra, placer cette pompe et son réservoir près du cylindre ou de l'enveloppe du vaporisateur, et établir entre elle et ces appareils un point de contact, afin que pendant l'hiver le liquide qu'elle contient ne puisse ni geler ni figer. Si cela n'est pas possible, il faut pendant les grands froids réchauffer l'appareil et ses tubes conducteurs avant de commencer à faire la pression ; autrement la pompe n'agirait pas, ou la pression indiquée dans le réservoir pourrait n'être pas la même dans la boîte à garniture. Cette précaution est essentielle si l'on veut économiser le liquide auxiliaire; mais cette pompe peut occuper un si petit espace, qu'il sera toujours possible de la joindre soit au cylindre, soit au vaporisateur. Ces deux appareils devant toujours être chauffés assez longtemps avant la mise en marche de la machine, et la pression pouvant n'être faite qu'à l'instant même du fonctionnement des machines, le liquide aura le temps de revenir à l'état liquide, et l'on n'aura pas à se préoccuper de cet inconvénient.

CHAPITRE VIII.

Robinets, niveaux, baromètres, manomètres, tuyautage, brides, écrous, boulons, vis, et autres menus détails de la machine.

(Pl. V, fig. 9 et 10.)

Robinets.

Les robinets dont on fait généralement usage dans les machines à vapeur fuient tous après quelques mois de service; cela tient beaucoup à la manière dont ils sont confectionnés et dont ils sont tenus. La haute température de l'eau ou de sa vapeur dans ces machines favorise le grippement de la clé dans le boisseau. Il y a cependant des exceptions, et j'ai vu des robinets qui avaient déjà un long service et étaient parfaitement étanches. Cet inconvénient n'a pas lieu dans les machines à vapeur auxiliaire: l'élévation de la température ne pouvant dépasser 80 à 90° centigrades, ne peut jamais causer la détérioration du robinet; mais il existe, ainsi que je l'ai dit, un autre motif de grippement dû à l'action des liquides auxiliaires sur les huiles ou graisses. Tous les robinets placés sur les appareils ne sont cependant pas sujets à cette action; d'ailleurs, comme on ne peut pas faire des robinets d'un petit diamètre d'après la méthode que j'ai employée et indiquée, il faut bien se servir des robinets ordinaires. Un seul de ces robinets est d'un fréquent usage et pourrait se détériorer promptement si l'on n'y prenait garde, c'est celui placé sur l'appareil à chasser l'air; mais on remarquera que ce robinet n'est jamais en contact avec le liquide auxiliaire ou sa vapeur, à moins que, par une imprudence ou un oubli, on ne laisse le niveau s'élever dans le réservoir jusqu'à ce que le liquide s'échappe par le robinet, cas extrêmement rare et qui ne peut avoir d'action sur le temps plus ou moins long de sa durée. On pourra mettre de temps en temps une goutte d'huile sur l'orifice du robinet, lorsqu'il est fermé; cette huile maintiendra la surface légèrement grasse, et empêchera le grippement.

Les robinets placés aux calottes inférieures des vaporisateurs et condensateurs ne sont point immédiatement en contact avec le liquide lorsqu'on emploie de l'éther sulfurique : ce dernier, plus léger que l'eau qui peut s'introduire par la pression exercée sur les tiges ou que l'huile qui sert à lubréfier ces dernières, occupe la partie haute de la calotte; l'eau et l'huile couvrent habituellement l'orifice du robinet. Du reste, quel que soit le liquide auxiliaire qu'on emploie, au bout de quelques jours il tiendra en dissolution ou suspension une certaine quantité d'huile intimement unie à ses molécules, de telle sorte que, partout où il pourra trouver une issue, il entraînera de l'huile. Cette condition fait la conservation de tous les robinets employés dans les machines auxiliaires et qui débouchent dans le liquide ; ceux qui ont le plus à souffrir et qui s'altèrent très promptement sont le robinet supérieur du niveau et les robinets de distillation, ainsi que les robinets des manomètres et baromètres ; mais ils sont d'un usage très rare : on les ouvre ou on les ferme dans des circonstances tout-à-fait exceptionnelles. Ils auront besoin d'être rodés et peut-être rechangés assez souvent. Il faut éviter de s'en servir dans les premiers jours de la mise en marche de la machine, avant que l'huile qui lubréfie les tiges ait pu s'allier en quantité suffisante avec le liquide qui garnit les appareils.

Je recommande la plus grande exactitude et la plus grande justesse dans l'emboîtage de la clé dans le boisseau ; l'ajustage de ces deux parties doit être assez bien fait pour qu'on n'ait, pour ainsi dire, pas besoin de roder, si ce n'est avec un peu de terre pourrie extrêmement fine et de savon. On fera la clé et le boisseau longs, afin de donner la facilité de roder plus tard à mesure que ces parties se dégraderont, et de pouvoir ovaliser sans inconvénient l'orifice et faire descendre la clé dans le boisseau sans avoir à craindre que ces deux parties ne fassent plus joint.

Ces robinets seront assemblés aux tubes avec lesquels ils communiquent au moyen de raccords coniques (Pl. V, fig. 9) soigneusement rodés, et jamais par des brides ou des raccords plats. On emploiera de préférence des tubes emboutis sans soudures, tels que les font MM. Palmer à Paris et Clément Desormes à Lyon. Ils ne seront guère plus coûteux pour ces diamètres que les tubes soudés, et on sera certain de n'avoir aucune fuite. Il faut éviter de souder les raccords aux tuyaux avec de l'étain, mais se servir pour cet objet de la soudure de cuivre très fine. Je n'ai jamais employé de soudures d'étain sur les tubes contenant le liquide ou sa vapeur sans en avoir eu tôt ou tard des désagréments : généralement ces soudures manquent au bout de peu de temps et donnent lieu à des fuites, légères à la vérité, mais constantes, et l'on sait de quelle importance peut être la fuite la plus minime lorsqu'on emploie un liquide coûteux. Lorsqu'on place le robinet immédiatement sur une des surfaces de l'appareil contenant le liquide ou sa vapeur, il doit porter une embase large et bien dressée, soit qu'on l'y fixe au moyen de petites vis, soit que le robinet lui-même ait une tige taraudée. La partie sur laquelle se fixera le robinet devra faire saillie et être parfaitement dressée, de manière à ce que la bride joigne hermétiquement. Si l'on se sert de vis pour fixer le robinet, ces vis ne devront pas traverser la paroi. On mettra dans le joint une seule rondelle de papier gommé, et l'on serrera fortement.

La boîte des robinets de niveau portant le tube de cristal qui sert à connaître la hauteur du liquide dans l'appareil, aura la forme indiquée par la figure 10 (Pl. V). Le joint du tube de cristal se fait au moyen de rondelles de cuir gommé, comme je l'indiquerai dans la troisième partie, ce qui nécessite quelques dispositions particulières. A est une virole métallique qui, descendant dans la boîte C, serre au moyen de l'écrou à six pans B les rondelles de cuir gommé autour du tube de cristal qui les traverse. Le taraudage, qui fait monter et descendre l'écrou B, sera extérieur à la boîte et intérieur à cet écrou : il ne faut jamais faire ce taraudage à l'intérieur de la boîte à garniture du niveau ni fileter la virole A, parce que la gomme qui s'échappe des rondelles, lorsqu'on les serre, remplirait ce taraudage ; elle empâterait les filets en séchant et empêcherait le jeu de la virole, qui ne pourrait descendre et serrer suffisamment les rondelles de cuir. La virole A doit, comme dans la figure 10 (Pl. V), porter un rebord circulaire en forme de cordon. Ce rebord aura le diamètre de l'écrou : il sera très utile pour arracher la virole, lorsqu'il sera nécessaire de refaire la garniture ou de changer le tube de cristal. Cette virole est quelquefois très difficile à arracher, surtout lorsque, le verre étant en bon état, il y a intérêt à ne pas le briser. On ne doit mettre la bague ou virole de métal A que lorsque les rondelles de cuir, fortement pressées, sont à peu près sèches : afin de les faire sécher, on enlève une ou deux fois cette virole après les avoir serrées à fond ; lorsqu'on la met définitivement en place, on la graisse sur toutes ses faces avec un peu de suif ou de chandelle : cela empêchera la gomme de s'attacher aux parois, et donnera plus tard une grande facilité pour l'enlever lorsqu'on en aura besoin. Les boîtes des garnitures des manomètres et baromètres se feront exactement de même.

Niveau magnétique (Pl. IV, fig. 3, 3 *bis*, 3 *ter*).

J'ai décrit dans la seconde partie la théorie de ce niveau et les motifs qui me l'ont fait admettre ; voici quelques indications sur les soins à prendre dans sa construction, et les diverses manières de le construire :

1° Le tube sans soudures, dans lequel joue le flotteur sphérique ou cylindrique, doit être en cuivre rouge embouti, parfaitement cylindrique, de 0,0005 au moins d'épaisseur, de 0,001 au plus, et de cinq à six centimètres de diamètre intérieur.

2° Le flotteur sphérique sera entièrement en tôle de fer récrouie, repoussée au marteau ou sur le tour; le flotteur cylindrique sera en cuivre, laiton ou autre métal non magnétique; il portera deux barreaux en fer doux, l'un à la partie supérieure, l'autre à la partie inférieure, traversant son diamètre et venant affleurer sa surface sur deux points opposés. La distance entre ces deux barreaux sera exactement celle existant entre les pôles des armatures aimantées qui agissent à l'extérieur : ces barreaux, portés par le flotteur, établiront le circuit entre les armatures placées à l'extérieur de chaque côté du tube de niveau, comme on le voit dans la figure 3 (Pl. IV). Je ne pense pas qu'il soit nécessaire de placer des galets sur le flotteur; il suffira d'avoir, de chaque côté des barreaux affleurant ses surfaces, deux bouts de tiges ou points arrondis en cuivre maintenant le flotteur sans ballottement appréciable dans le tube de niveau. C'est sur ces points arrondis que s'opérera le frottement du flotteur dans ses mouvements, en même temps qu'elles empêcheront ce dernier de s'appliquer plutôt d'un côté que de l'autre de la surface intérieure du tube de niveau, dans le cas où l'une des armatures aurait un peu plus de puissance que l'autre. Le flotteur ne doit pas être trop léger; car, lorsque le niveau baisse, son poids doit suffire pour vaincre les frottements et rompre à l'extérieur la force d'inertie des armatures aimantées et de leurs contrepoids. Le flotteur, quelle que soit sa forme, doit avoir en diamètre extérieur au moins deux millimètres de moins que le tube de niveau à l'intérieur.

3° Les axes des galets sur lesquels roulent les cordes portant les aimants et leurs contrepoids doivent être du plus faible diamètre possible, en acier trempé et parfaitement poli, de même que leurs supports, afin de diminuer les frottements et d'augmenter la sûreté de l'action du flotteur sur les aimants. Il est évident que l'effet sera bien plus certain si l'on emploie, au lieu de galets et de leurs axes, un levier représenté dans la figure 3 *bis* (Pl. IV), porté sur des couteaux. Ce levier N, par une de ses extrémités, se termine en forme de fourchette ayant à chacune de ses branches une fraction de cercle O égale à la course qu'on veut donner au flotteur, lesquelles fractions de cercle, oscillant avec le levier, conservent le sommet de l'arc décrit, constamment dans le plan de l'axe du tube niveau. A ces portions de cercle sont attachées les cordes qui supportent l'armature aimantée, de manière que cette dernière opère sa course ascendante et descendante en ligne droite malgré la courbe décrite par le levier et parallèlement à l'axe du tube niveau. A l'autre extrémité de ce levier est fixé le contrepoids P de l'armature aimantée. Le tout est supporté par des couteaux placés comme dans les balances. De cette manière on évite tout frottement. Mais ce moyen, qui exige un levier de près d'un mètre pour une course de 0,20 centimètres, n'est applicable qu'aux machines fixes, il ne pourrait être employé dans les machines locomotives ou de navigation. Pour ces dernières, on pourra se servir du mode très simple indiqué dans la figure 3 *ter* (Pl. IV). Le flotteur A, d'une forme sphérique, est en fer doux; à l'extérieur, glisse à frottement sur le tube de niveau une bague en cuivre C de 3 à 4 centimètres de hauteur sur 2 à 3 millimètres d'épaisseur, fendue, formant ressort et portant un petit cadran dans lequel joue verticalement une aiguille aimantée B. L'action du flotteur agira sur cette aiguille, qui restera parallèle à l'horizon, s'élèvera ou s'abaissera en ouvrant un angle plus ou moins grand, suivant que le flotteur sera dans le même plan, ou plus ou moins éloigné de la ligne horizontale passant par l'axe du cadran. Comme on a la facilité de faire parcourir au cadran toute la longueur du tube de niveau au moyen de la bague-ressort qui le supporte et le maintient à la place désirée, on reconnaîtra immédiatement la hauteur à laquelle se trouve le flotteur par la position horizontale que prendra l'aiguille au moment de la rencontre.

Cet indicateur, qui peut marquer sans déplacement une variation de 10 à 15 centimètres, me semble suffisant pour les machines à vapeurs combinées où l'on n'a besoin de reconnaître l'état du niveau que dans deux cas, celui où il faut ajouter une nouvelle quantité de liquide, et celui où il faut chasser l'air des appareils. Il ne peut résulter, dans ces machines, aucun accident de l'abaissement du niveau, et l'on n'a point à en craindre la trop grande élévation, car elle ne pourrait avoir lieu que lorsqu'on ajoute une nouvelle quantité de liquide, ce qui arrive rarement, et dans ce cas l'indicateur que je viens de décrire satisfait à toutes les exigences ; de plus, un ouvrier un peu expérimenté reconnaîtra, à l'inspection du cadran et à l'abaissement du flotteur, quelle est la quantité de liquide à introduire, et n'en mettra que cette quantité. Dans l'appareil à chasser l'air il est très important de connaître exactement la position du niveau, qui s'élève à mesure que l'air s'échappe par le robinet supérieur. Le liquide prendrait bientôt la même route ; mais, pendant cette opération, le conducteur doit être attentif et rester auprès de l'appareil : il verra donc, par le changement de position de l'aiguille aimantée, l'élévation approximative du niveau, qu'il pourra reconnaître de suite en faisant glisser le cadran sur le tube jusqu'à ce que l'aiguille soit horizontale. Ces indicateurs s'appliquant en général sur les enveloppes ou sur les appareils en fonte de fer, on pourrait craindre que l'action du flotteur sur l'aiguille aimantée ne fût contrariée par la proximité et la masse de ces enveloppes ou appareils; il faudra, par prudence, isoler de 15 à 20 centimètres le tube niveau, et faire en sorte que la distance existant entre la pointe de l'aiguille aimantée et le flotteur ne dépasse pas 8 à 10 millimètres. Je n'entrerai pas dans de plus grands détails sur la construction de cet indicateur de niveau que j'ai fait breveter, et dont j'ai confié l'exécution à M. Richard, opticien à Lyon, à l'obligeance et à l'habileté duquel je suis redevable d'excellents conseils pour son application pratique.

Baromètres.

La machine à vapeurs combinées étant composée de deux appareils à condensation distincts et agissant indépendamment l'un de l'autre, il doit y avoir un baromètre ou éprouvette sur chacun des appareils condensateurs, afin de connaître la manière dont ils fonctionnent. Il est indispensable, dans les machines à vapeurs combinées, que le vide se fasse bien, beaucoup plus que dans les machines à condensation ordinaires : car si, par exemple, une rentrée d'air que ne suffirait pas à extraire la pompe à air neutralisait le vide, outre que la condensation se ferait mal, la production de vapeur auxiliaire diminuerait considérablement; car toute la vapeur d'eau qui s'échapperait par la soupape de sûreté de l'enveloppe du vaporisateur emportant avec elle sa chaleur spécifique et latente, le chauffage serait singulièrement diminué. Il est donc tout-à-fait nécessaire d'avoir de bons baromètres, qui rendent exactement compte de l'état du vide et de la condensation des deux vapeurs. Le dessin d'un baromètre que nous avons employé en Angleterre, qui a été adopté chez M. Clément Desormes, et que je joins à ce Manuel, me paraît très simple et nous a donné de bons résultats. A est un robinet portant une boîte à garniture semblable à celle que j'ai décrite pour les niveaux. Ce robinet, placé sur l'enveloppe du vaporisateur ou sur l'une des calottes du condensateur, établit la communication entre le tube de cristal C, qu'il supporte par son extrémité supérieure. La longueur du tube est de 70 à 76 centimètres, son diamètre intérieur de 5 à 6 millimètres; il plonge, par son extrémité inférieure, dans une cuvette de cristal ou de fonte de fer B : cette cuvette ou réservoir aura en capacité huit ou dix fois celle du tube de cristal ; elle sera évasée par la partie supérieure quoique fermée, sauf l'orifice nécessaire pour passer le tube, et se terminera en une forme conique, comme on peut le voir dans la figure. Le tube devra plonger dans le mercure d'environ quatre à cinq centimètres, quoique l'abaissement du niveau du mercure d'un centimètre dans la cuvette doive fournir assez de mercure pour remplir la capacité du tube. Le but de cette recommandation est d'empêcher les projections du mercure hors de la cuvette au moment de la mise en marche de la machine, alors que le vide n'étant point encore fait dans le condensateur, l'air s'y comprime sous le premier coup de pompe qui amène celui du cylindre et du tuyautage. Si le tube de cristal plonge dans la cuvette de manière à ce que l'air, pour s'échapper par son orifice, soit obligé de soulever une colonne de mercure trois ou quatre fois plus pesante proportionnellement que la soupape d'échappement d'air du condensateur, il est bien évident que l'air sortira de préférence par l'orifice beaucoup plus large qui lui opposera une moindre résistance. Je sais bien qu'on peut parer à cet inconvénient en tenant fermé le robinet du baromètre; mais, outre qu'un oubli de la part du conducteur de la machine doit être prévu, j'ai dit les causes pour lesquelles il faut faire agir le plus rarement possible les robinets. De cette manière on le laissera toujours ouvert. Cependant, dans les petites machines, on pourra élever les parois de la cuvette et supprimer la soupape de sûreté; l'air s'échappera par l'orifice du tube, qu'on peut porter dans ce cas jusqu'à huit ou dix millimètres, mais seulement dans l'appareil condensateur de la vapeur auxiliaire. Il a paru récemment un baromètre ou éprouvette à vide d'une nouvelle invention, pour lequel M. Bourdon de Paris a pris un brevet. Cette éprouvette, qui se compose d'un tube métallique aplati et roulé en spirale, et dont on m'a fait un éloge mérité, sera d'un emploi excellent dans les machines à vapeur auxiliaire, en ce qu'elle supprime une des chances de perte du liquide par la rupture du tube de cristal employé dans toutes celles connues jusqu'à ce jour.

Manomètres.

Le manomètre construit par le même ingénieur sur le même principe ne le cède en rien à l'éprouvette à vide. J'ai été témoin de l'exactitude de cet instrument, et il offre de trop grands avantages aux machines à vapeur auxiliaire pour que je n'en conseille pas l'usage absolu. Cependant, comme beaucoup de constructeurs peuvent ne pas partager tout-à-fait la bonne opinion que je m'en suis faite, ils emploieront indifféremment pour ces machines tous les manomètres à air libre reconnus d'un bon usage dans les machines à vapeur d'eau; à la seule différence que la garniture qui fixe le tube de cristal sera faite avec des rondelles de cuir ou molleskin gommé, comme celles des niveaux. Les manomètres à air comprimé ne peuvent être employés dans ces machines, parce que, lorsque le vaporisateur se refroidit, il se fait dans cet appareil un vide presque parfait: il faut donc que le manomètre qui sert à marquer la pression puisse agir en sens inverse sans inconvénient, c'est-à-dire sans se désamorcer par l'effet du vide, et que la colonne de mercure puisse s'élever dans une autre branche que celle dans laquelle se fait la pression. Les manomètres à air libre peuvent bien, dans ce cas-là, laisser rentrer l'air dans les appareils; mais les manomètres à air comprimé sont d'un très mauvais usage, en ce qu'il passe toujours un certain volume de l'air contenu dans la branche manométrique fermée, dans l'autre branche au moment où le mercure, s'élevant dans cette dernière, détend l'air de la première au lieu de le comprimer. Quelques soins que l'on prenne de faire le réservoir à mercure d'une capacité beaucoup plus grande qu'il n'est nécessaire, on ne peut maintenir l'air en volume constant dans la branche fermée, et tous les jours le zéro de ce manomètre devrait être changé. Les manomètres à air libre de M. Richard, de Lyon, ont toutes les qualités désirables ; il faut seulement avoir soin, avant de placer l'échelle de ces manomètres, de remplir du liquide auxiliaire qui doit garnir la machine la colonne d'introduction de vapeur dans laquelle peut s'élever le mercure lorsque le vide existe au vaporisateur. On placera le zéro de l'échelle au point où le mercure balancera sous la pression atmosphérique le poids de ce liquide, qui peut être très lourd si l'on emploie du chloroforme ou du chloride de carbone par exemple, et de la pesanteur duquel il faut nécessairement tenir compte. Le tube qui amène la vapeur exerçant la pression dans ces manomètres est courbé à angle droit ; il faudra prendre soin, en les plaçant, que la partie supérieure du manomètre ou l'introduction de vapeur soit plutôt au-dessus qu'au-dessous du niveau du reste du tube qui viendra du vaporisateur, afin que le liquide seul qui remplit la colonne du manomètre pèse sur le mercure, et non point celui qui remplit le tube de conduite. Les raccords des tubes conducteurs seront coniques et rodés avec soin, les robinets disposés comme je l'ai indiqué plus haut.

Tuyautage.

On devra faire les tubes du tuyautage des machines à vapeur auxiliaire plus épais qu'on ne les fait généralement pour les machines à vapeur ordinaire : les soudures exigent un soin extrême, elles sont souvent à refaire, et c'est pour cela qu'il faut donner de la force au tuyau et le mettre à même de résister sans altération à plusieurs opérations de ce genre. On les essaiera avec une grande attention, non pas, comme cela se pratique quelquefois, en fermant les deux orifices après les avoir remplis d'eau et les passant au feu, mais à la presse hydraulique. Avant cet essai, on les nettoiera parfaitement à l'intérieur du mastic qui a servi à les contourner ; on battra les soudures au marteau, afin de briser le borax et toute substance étrangère qui pourrait fermer momentanément une fissure, et plus tard, en se détachant sous l'action du liquide ou de sa vapeur, donner lieu à une fuite. Le mastic composé de résine étant soluble dans tous les liquides auxiliaires, on comprend la nécessité de l'enlever entièrement avant de mettre les tuyaux en place, autrement ce mastic se mêle dissous avec le liquide, se dépose sur les soupapes ou encrasse les tubes vaporisateurs et condensateurs. Les brides doivent être larges, épaisses et solidement brasées au tuyau ; le fer où la fonte sont préférables au bronze, car ce dernier fléchit assez facilement sous la pression des boulons. Elles seront parfaitement dressées à la machine à raboter ou au tour, non rodées; il devra toujours exister un espace de 25 à 30 millimètres entre l'orifice du tube et les trous percés pour recevoir les boulons, le joint de papier qui réunit les deux brides devant se faire uniquement à l'intérieur des boulons. Les boulons qui réunissent les brides aux diverses pièces de la machine seront forts et multipliés, et d'après la règle que j'indiquerai tout-à-l'heure. On ne fera jamais d'assemblage au moyen de brides mobiles et de parties rabattues du tuyau, que les chaudronniers appellent panache ou collerette. Les tubes conducteurs de la vapeur auxiliaire seront d'un diamètre toujours égal à la section de l'orifice avec lequel ils se trouvent en rapport, sans étranglement aucun. On évitera les coudes brusques et on leur fera décrire des courbes très arrondies d'un rayon le plus grand possible. Ces précautions, excellentes dans les machines à vapeur d'eau, sont de rigueur dans celles à vapeur auxiliaire, car les vapeurs de tous les liquides qu'on y emploie sont infiniment plus denses et plus voisines de l'état liquide que celles de l'eau: les frottements contre les parois et les inconvénients qui en résultent pour la vitesse et la régularité de l'écoulement sont donc beaucoup plus considérables. Il faudra éviter les longs tuyautages et grouper les appareils, afin d'éviter le refroidissement et la condensation de la vapeur auxiliaire. Les tuyaux devront toujours être enveloppés de feutre quand ils conduiront la vapeur, avant qu'elle ait produit son effet utile. Toutes les fois que le tube qui conduit la vapeur d'échappement au condensateur n'aura pas une pente régulière dont le sommet se trouvera à l'orifice même d'échappement du tiroir, il devra être enveloppé jusqu'au point tout au moins où commence cette pente.

Brides et boulons; vis, prisonniers.

Toutes les brides des diverses pièces qui composent la machine à vapeur auxiliaire et les assemblent entre elles doivent être d'une épaisseur proportionnelle à leur diamètre, telle qu'elles ne puissent fléchir le plus légèrement sous la pression des boulons serrés à se rompre. Les boulons qui serviront à les réunir auront en diamètre la moitié de l'épaisseur de la bride; ils seront faits de fer fin et récroui, parfaitement filetés, à têtes carrées, afin de faciliter le serrage. La distance d'un boulon à l'autre, d'axe en axe, sera égale à deux fois l'écrou dudit boulon : cette règle est invariable et doit être rigoureusement appliquée. Il faut avoir expérimenté quelque temps les machines à vapeur auxiliaire pour se rendre compte de la flexibilité des brides sous l'action de la vapeur, et de la perte énorme qui peut en résulter si on n'emploie pas les moyens les plus stricts pour s'opposer à cette flexion non apparente. On peut s'en faire cependant une idée si l'on observe ce qui se passe au moment de la mise en marche d'une machine à vapeur d'eau à haute pression : aussitôt que la vapeur arrive dans les tiroirs, cylindres et autres parties réunies par des brides que maintiennent des boulons plus ou moins rapprochés, s'il arrive en même temps que la vapeur une certaine quantité d'eau produite par la condensation dans les tuyaux ou les projections liquides de la chaudière, vous voyez à l'instant la plupart des joints laisser suinter des gouttes d'eau ; ces fuites sont dues à la flexion des brides, à aucune autre cause. Quelques personnes pensent qu'elles sont le résultat de la dilatation, qui n'est suffisante que lorsque l'appareil tout entier s'est équilibré de température avec celle de la vapeur ; elles appuient leurs dires de cette observation qu'au bout d'un certain temps ces fuites disparaissent. Je réponds qu'elles disparaissent parce qu'il n'y a plus d'eau pour les rendre visibles et palpables, mais que la fuite n'en existe pas moins ; seulement alors c'est de la vapeur qui fuit, vapeur extrêmement détendue et inappréciable à l'œil.

J'ai fait de nombreuses expériences à ce sujet sur les machines mues uniquement par la vapeur de l'éther ; ce liquide a le propriété de s'incorporer pour ainsi dire une certaine quantité d'huile qu'il emporte partout avec lui, qu'il soit liquide ou à l'état de vapeur. Dans les boîtes à tiroir et couvercles de cylindre, où les brides n'étaient pas assez résistantes quoiqu'on leur eût donné l'épaisseur ordinaire et les boulons trop écartés, la vapeur de l'éther fuyait, mais en si petite quantité et tellement divisée, qu'il n'était pas possible de saisir la fuite soit à l'œil, soit à l'odorat, malgré son odeur âcre et forte, soit encore au moyen d'une bougie allumée promenée sur les joints. Cependant il existait une preuve certaine que l'éther fuyait par ces joints, car ils étaient constamment gras; l'huile se montrait au bout de tous les boulons, sur les têtes et sur les écrous ainsi que sur les faces des brides. On essuyait avec soin; jamais on n'avait mis d'huile, et pourtant tous les soirs l'huile se montrait en abondance; il n'était pas possible d'expliquer sa présence autrement que par une fuite de vapeur d'éther qui entraînait l'huile avec elle: l'éther, arrivé à l'atmosphère libre et maintenu en vapeur par la chaleur des surfaces et des parois qu'il venait de traverser, disparaissait; mais l'huile, moins volatile et qui était loin de trouver la température nécessaire pour sa vaporisation, restait à l'état liquide. Convaincu que je raisonnais juste, je fis doubler le nombre des boulons en laissant les brides telles qu'elles étaient: les écrous des boulons, par ce fait, se trouvèrent si rapprochés, qu'ils avaient à peine la place de tourner, et qu'il fallut faire une clé exprès pour les serrer. A partir de ce jour, il ne parut plus une seule trace d'huile sur les mêmes joints.

On peut donc être certain que, partout où l'huile se montrera sur une bride, les boulons ne sont pas assez nombreux, pas assez serrés; que cette bride fléchit ou qu'elle est mal dressée: il faut immédiatement y apporter remède. La quantité d'huile que j'ai observée fuyant par une boîte à tiroirs était suffisante pour former des gouttes à l'extrémité des boulons, sans qu'il fût possible de se rendre compte autrement de la fuite du liquide. Si l'on considère que la vapeur d'éther ne peut emporter qu'un quatre-centième d'huile, on comprendra que la quantité d'éther perdue était réellement considérable, et l'on appréciera la nécessité de faire les brides d'une rigidité extrême, les boulons forts et rapprochés. Il ne faut jamais, dans aucun cas, que le joint se fasse sur toute la largeur de la bride. J'engage le constructeur à placer des brides de fonte de fer à tous ses tuyaux de cuivre; la soudure est plus difficile à faire, mais un ouvrier qui a un peu d'habitude la manque rarement. Je n'ai pas employé d'autres brides dans les machines dont j'ai dirigé la construction : elles sont ainsi très résistantes.

Le joint des deux brides ou de la bride sur une partie quelconque des appareils doit se faire dans la portion de cette bride comprise entre l'orifice du tube auquel elle est fixée et les trous percés pour recevoir les boulons, vis ou prisonniers. Cette portion de la bride doit être légèrement exhaussée, ne fût-ce que de un demi-millimètre, et parfaitement dressée. Sa largeur variera de 25 à 35 millimètres suivant la grandeur de la bride, mais sans qu'il soit jamais nécessaire de dépasser cette limite, ni loisible de rester au-dessous. La moindre épaisseur qu'on puisse donner à une bride sera de 20 millimètres, quelque petite qu'elle soit; son épaisseur croîtra, ainsi que je l'ai dit, suivant son diamètre. On peut se tenir dans des bornes raisonnables, quelle que soit la grandeur de la bride, en employant la règle que j'ai indiquée pour l'écartement des boulons, vis ou prisonniers ; il vaut même mieux un plus grand nombre de boulons, et des brides un peu moins épaisses.

Manière de couler les condensateurs en métal blanc.

Les condensateurs n'ayant à supporter qu'une faible pression et n'étant soumis qu'à de légères variations dans la température, il sera possible de remplacer le bronze qui forme les plateaux d'assemblage par un métal très coulant et liquide à une température bien inférieure à celle du bronze. De cette manière on pourra employer à la confection de ces appareils des tubes à parois très minces, capables de résister seulement à une pression de 3 atm. Leur fabrication sera beaucoup plus prompte, plus économique et plus sûre.

J'ai, dans le temps, fait beaucoup d'essais pour atteindre ce résultat sans pouvoir en venir à bout ; je voulais alors fondre les plateaux à l'air libre en plongeant, dans un bassin de métal fondu et maintenu chaud, le faisceau de tubes disposés entre eux au moyen de fil de fer ou de réglettes plates à distance convenable. Le premier plateau réussissait parfaitement ; le second venait très bien, mais la chaleur du bain dans lequel on était obligé de plonger l'extrémité des tubes pendant qu'on formait ce second plateau, gagnant rapidement l'autre extrémité enchâssée dans le premier plateau, il se produisait un effet de dilatation qui altérait ce dernier. On ne pouvait cependant songer à couler le métal sans le maintenir très chaud, et la conductibilité du cuivre empêchait la réussite. Voici, pour éviter cet inconvénient, le seul grave que j'aie rencontré, le moyen que je propose :

Les tubes seront amincis en biseau à chaque extrémité et fortement étamés sur une longueur de 4 cent.; ils seront moulés dans le sable au moyen de réglettes d'après les procédés décrits plus haut. Il ne sera point nécessaire de les garnir à l'intérieur de sable ni d'épinglettes. Le châssis qui contiendra les tubes, et qui aura en longueur exactement la longueur de ceux-ci, sera muni de tourillons, paliers, coussinets et supports comme dans la figure 3 (Pl. II). On supprimera les deux châssis KK, ainsi que les contre-épaisseurs nécessaires à la formation des plateaux de bronze. Lorsqu'on aura enlevé les réglettes qui fixent l'écartement des tubes et l'épaisseur des plateaux qui doit être de 35 millimètres, on fera sécher à l'étuve ou au moyen d'un feu de coak assez vif, entre deux tôles percées de trous, chaque extrémité du châssis, en le maintenant dans la position horizontale afin de sécher les deux extrémités à la fois et de leur communiquer une température assez élevée, sans crainte de noircir par la fumée l'extrémité saillante des tubes. Lorsque chaque extrémité sera parfaitement sèche et à une température élevée, on fera fondre le métal dans une poche ou bassin; dans le même moment, on portera au rouge une plaque de fonte ayant en diamètre celui de la largeur du châssis. Cette plaque de fonte, munie d'un bord d'un centimètre de hauteur, aura en épaisseur 3 ou 4 centimètres ; elle sera percée de cinq à six trous également espacés entre le centre et la circonférence.

Au moment où le métal sera liquide et à la température du rouge brun et la plaque de fonte chauffée à la plus haute température, on enlèvera vivement le feu de chaque extrémité du châssis ; on le fera tourner sur ses tourillons jusqu'à ce que l'extrémité du moule soit horizontale, on le nivellera avec soin, et on appliquera sur cette extrémité la plaque de fonte rouge que l'on soutiendra à dix millimètres au-dessus des tubes et de la partie du moule devant former le plateau. On la laissera quelques minutes en cet état, afin qu'elle chauffe par rayonnement les tubes et le moule ; puis on versera rapidement sur cette plaque et en grande quantité le métal fondu, afin qu'il s'écoule dans le moule à la fois par tous les trous de la plaque de fonte. Le moule se remplira à fleur des tubes, et le surplus du métal s'écoulera par des trop-pleins placés à cet effet. On laissera le plateau dans cette position jusqu'à ce que la matière soit entièrement figée et commence à se refroidir ; on enlèvera alors la plaque de fonte et on la mettra au four à réchauffer, pour faire la même opération à l'autre extrémité des tubes. Lorsque le premier plateau sera suffisamment refroidi pour qu'il n'y ait plus à craindre de le briser, on remettra le châssis dans la première position et on chauffera le moule avec un feu de coak comme pour le premier côté. On suivra en tous points, pour fondre ce second plateau, les indications précédentes.

Je recommande, pendant qu'on fondra un des plateaux, de garantir l'extrémité opposée du contact de l'air au moyen de chiffons ou de sable, afin d'éviter les courants d'air froid qui pourraient s'élever dans le tube et refroidir l'extrémité qu'on a tant d'intérêt à maintenir chaude pour faciliter la soudure, et ensuite pour éviter le refroidissement trop prompt du plateau fondu, ce qui pourrait occasionner des effets de retrait fort nuisibles. Il ne faudra se servir, pour former les plateaux, d'aucun alliage qui puisse donner lieu à des effets électro-chimiques par son contact avec le cuivre des tubes. Dans ces appareils il suffira de tourner les brides, on n'aura pas à toucher à la surface. Je recommande de n'employer ni acide ni résine pour faciliter la soudure, l'étamage des tubes entretenu bien propre sera suffisant, et de cette manière on n'aura pas de soufflure. Voici un métal dont la composition est parfaite : 10 parties étain et 100 parties cuivre rouge. Ce métal est dur et résistant; on le coulera à la température rouge brun. Il faut employer du cuivre et de l'étain parfaitement purs; le zinc, en si petite quantité qu'il soit, doit être sévèrement prohibé, surtout pour les machines de mer.

Nouveaux appareils de vaporisation et de condensation.

La vaporisation d'un liquide quelconque et la condensation de sa vapeur étant proportionnelles à l'étendue des surfaces chaudes ou froides avec lesquelles ce liquide ou sa vapeur sont mis en contact, l'appareil le plus puissant pour produire ces effets sera celui qui développera le plus de surfaces. Les seules conditions à remplir seront que ces surfaces offrent une résistance suffisante pour supporter la pression intérieure ou extérieure qui peut en être la conséquence, qu'elles soient conductrices le plus possible, et offrent un dégagement facile à la vapeur formée. Mon but spécial étant l'application de ces appareils aux machines à vapeurs combinées, j'ai cherché à leur donner à la fois la plus faible capacité intérieure, la plus grande légéreté jointe à une résistance considérable. Voici un nouvel appareil qui me paraît réunir toutes ces conditions, et qui y joint la facilité et la promptitude d'exécution ainsi que la sûreté et le bon marché.

La figure 1re (Pl. VIII) représente un plateau A de métal fondu ou forgé, de 3 centimètres d'épaisseur, portant sur ses deux faces des rainures coniques, parallèles, alternées, ne laissant entre elles qu'une paroi non interrompue de 1 à 2 millimètres d'épaisseur. Ces rainures traversent le plateau de part en part à l'extérieur, et elles s'arrêtent à l'intérieur à 2 millim.

de la bride B. Cette bride sert à réunir deux plateaux formant une paire ou couple (fig. 3), semblables à celui que je viens de décrire, et à maintenir entre eux deux une distance de 2 à 3 centimètres (fig. 2). Sur les deux autres côtés du plateau règne une bride courante D (fig. 3), relevée à angle droit longitudinalement au plateau, comme dans la figure 4, lorsqu'on veut assembler sous la même calotte plusieurs paires ou couples, et s'arrêtant à la bride courante placée sur le sens de son épaisseur (voyez figures 5 et 6). Le plateau, sur lequel sont faites ces rainures, ayant 30 millimètres d'épaisseur, chacune d'elles pourra avoir 28 millimètres de profondeur; leur diamètre dans leur plus grande largeur sera de 2 à 4 millim., et dans leur plus faible de 1 à 2 millimètres. Elles pourront être taillées au moyen de molettes ou fraises, de la machine à raboter, ou fondues avec les plateaux à l'aide de noyaux en terre réfractaire pilée, soutenus par des épinglettes.

La manière la plus expéditive et peut-être la moins coûteuse sera de faire venir de fonte la rainure intérieure qui doit se trouver en contact avec le liquide; cette rainure ne traversant pas le plateau de part en part, il serait long et difficile de la tailler avec la machine à raboter: cependant on peut y arriver en faisant les extrémités de chaque rainure à la molette, ce qui donnera un dégagement suffisant pour l'entrée de l'outil de la machine à raboter et pour la sortie du copeau. On pourrait également percer de petits trous à chaque extrémité. Dans le cas où l'on obtiendra ces rainures avec la fonte des plateaux, les noyaux qui devront les former seront d'un travail délicat, et devront être bien faits, parfaitement droits et réguliers : car dans la lame de métal qu'ils laisseront entre eux on doit, au moyen de la machine à raboter, creuser la rainure de l'autre côté du plateau, et l'épaisseur des parois doit être parfaitement égale. Il ne faudra les employer que très secs, afin d'éviter toute soufflure ou piqûre dans le métal : c'est là un point essentiel; car, s'il y a quelque soufflure, il en faudra faire la réparation. Cette réparation se fera en coulant de l'étain entre les deux parois, soit au moment où l'on s'apercevra de la soufflure et avant de continuer le rabotage, soit lorsque la pièce sera complètement achevée. La propreté du métal facilitera singulièrement cette opération; on aidera à la fusion de l'étain en chauffant la paroi endommagée au moyen de la lampe à esprit-de-vin dont se servent les ouvriers qui placent les tuyaux de gaz, et à l'étamage en frottant la paroi avec une petite lame de cuivre rouge étamée. Lorsque l'étain aura complètement rempli la soufflure, on l'enlèvera au moyen de la machine à raboter; ou, si on le juge plus convenable et lorsque la réparation aura été faite, après la pièce terminée on le laissera dans la rainure. On pourra également, pour fermer une soufflure un peu considérable traversant une ou plusieurs parois des rainures parallèles et contiguës, mettre dans chacune, après avoir préalablement étamé les surfaces, une feuille mince de cuivre rouge, ou même un coin étamé ayant la largeur et l'inclinaison exactes de la rainure : en chauffant un peu, cette pièce se soudera parfaitement aux parois et préviendra toutes fuites.

Toutes les brides qui font les joints des plateaux formant une paire, et de ces paires entre elles, seront parfaitement dressées, rodées et assemblées au moyen de vis ou boulons très rapprochés. Dans les appareils en bronze, on fera ces brides étroites et on se servira, pour les relier, de vis en bronze, à têtes carrées, taraudées dans une des brides et tournant à frottement juste dans l'autre. La bride courante des deux extrémités de l'appareil le reliant aux calottes sera fixée à ces dernières au moyen de boulons de fer; elle sera large de cinq à six centimètres, et les trous seront percés de manière à laisser sur cette bride un espace de vingt-cinq millimètres à l'intérieur pour faire le joint.

Ces appareils, sous un très petit volume, développent une énorme surface de chauffe : on peut ainsi décupler la surface de chacun des plateaux en donnant aux rainures 2 millim. 1/2 d'ouverture, 1 millim. au fond, et 25 millim. de profondeur. La paroi séparant deux rainures aura un millim. et demi d'épaisseur. La facilité qu'on a d'assembler plusieurs paires de plateaux de ce genre, permet de donner à ces appareils des proportions de surface incroyables. Ainsi, dans un mètre cube on peut placer vingt plateaux ayant chacun onze mètres de surface, ce qui suffirait à fournir de la vapeur à une machine de cent vingt chevaux de 75 kilogrammètres. Ainsi qu'on peut le voir, tous les plateaux ou paires de cet appareil peuvent se démonter. On peut faire aboutir les rainures ouvertes par leurs extrémités dans les calottes, mais le nettoyage des surfaces extérieures devient difficile lorsqu'il y a plusieurs paires, tandis que, en les disposant horizontalement et mettant à l'intérieur les rainures non ouvertes, remplies du liquide à vaporiser, on peut facilement sans démonter l'appareil nettoyer les surfaces ou rainures extérieures qui traversent le plateau de part en part. La vapeur formée à droite et à gauche dans les rainures intérieures, par l'échauffement des surfaces extérieures, se dégagera dans l'espace de 2 à 3 centimètres qui sépare les plateaux formant chaque couple, et se rendra de là dans le dôme ou calotte formant réservoir destiné à le recevoir. Lorsqu'il s'agira de condenser, on couchera l'appareil de manière à ce que les rainures soient perpendiculaires; on le placera dans une enveloppe partant des brides d'une calotte à l'autre, joignant étroitement les deux faces latérales perpendiculaires, et on introduira l'eau froide foulée par la pompe sous la face horizontale inférieure. De cette manière l'eau s'élèvera également dans toutes les rainures, et s'accumulera sur la face horizontale supérieure, où elle trouvera un écoulement par le trop-plein. La vapeur sera introduite dans une des calottes, et le liquide condensé sera recueilli dans l'autre. Dans les appareils condensateurs, il ne faudra laisser qu'un très petit espace entre les deux plateaux formant une paire, 4 à 5 millimètres au plus. Un centimètre d'intervalle à l'extérieur sera suffisant pour le passage de l'eau.

La plus grande difficulté à vaincre pour la construction de ces appareils est dans la manière de former les noyaux et de mouler le plateau, avec une moitié des rainures. Ce noyau a 2 ou 3 millim. d'épaisseur à sa base sur un ou un et demi-millim. au sommet ; il est très fragile. On peut se servir, pour les former tous ensemble et en déterminer l'écartement, d'un procédé assez simple : il consiste à fondre un plateau de cire ou suif dur, de 35 millimètres d'épaisseur ; on y tracera avec un peigne ou calibre des rainures de l'épaisseur des noyaux à former, et conservant entre elles une distance égale à l'épaisseur que doit avoir la tranche de métal qui séparera ces rainures. Ceci fait, on versera sur ces rainures, de manière à les remplir complètement, une dissolution peu épaisse de terre à mouler, semblable à celle dont se servent les fondeurs de cloches, jusqu'à ce que ces rainures soient pleines ; on fixera dans cette terre, lorsqu'elle sera un peu sèche, de petites épingles de 40 millim. de longueur, et l'on chargera le tout de un ou deux centimètres de la même terre, en la mettant par couche et laissant sécher, absolument du reste comme le pratiquent les fondeurs de cloches. Lorsqu'on jugera le moule suffisamment sec, on le mettra à l'étuve au-dessus d'un baquet pour recevoir le suif ou la cire qui fondra, et on en fera disparaître les moindres traces en mettant le moule sur un feu doux. On obtiendra de cette manière un moule parfait et auquel on n'aura rien à retoucher. Un fondeur habile ne sera, du reste, pas embarrassé pour vaincre cette difficulté.

Quoiqu'on puisse tailler ces rainures à la molette assez promptement, je crois le procédé de moulage que je viens d'indiquer encore plus expéditif. Quant au rabotage des rainures extérieures, il se fera avec une extrême promptitude au moyen d'un outil à plusieurs lames faites de bandes d'acier fondu fixées et retenues à des distances parfaitement régulières, au moyen de cales laminées d'épaisseur convenable. Dans les essais faits chez M. Laurent, mécanicien à Lyon, nous avons taillé des rainures de 30 millim. de profondeur en moins de quinze minutes, au moyen de trois lames, outils d'épaisseurs différentes, entrant chacune de 10 millim., la première de 3 millim., la seconde de 2 millim., la troisième conique de 3 millim. 1/2 d'épaisseur à la base et de 1 millim. 1/2 au sommet. On peut, au moyen d'une forte machine, faire de cinq à dix de ces rainures à la fois. Ces appareils se montent sur des socles et sont munis de calottes et d'enveloppes semblables, sauf la forme, à celles que j'ai déjà décrites. La hauteur des surfaces chauffantes ne devant pas dépasser 50 centim. pour les appareils au-dessous de 50 chevaux et de 1 mètre au-dessus, il sera convenable de porter à 1 mètre l'élévation des calottes des vaporisateurs, afin d'avoir un réservoir de vapeur un peu plus grand et d'éviter les projections liquides.

CHAPITRE IX.

OBSERVATIONS SUR QUELQUES PRÉCAUTIONS PARTICULIÈRES A PRENDRE POUR LA CONSTRUCTION ET LA POSE D'UNE MACHINE A VAPEURS COMBINÉES.

La vapeur des quatre liquides qui peuvent être avantageusement employés dans les machines à vapeurs combinées ayant des propriétés toutes particulières, qui constituent à la fois un inconvénient et un danger, il y a certaines précautions à prendre dans la disposition du local qu'elles doivent occuper. Ces précautions sont à peu près les mêmes, quoique leur omission dans certains cas puisse donner lieu à des accidents plus ou moins graves. Trois de ces liquides, l'éther sulfurique, le chloroforme, les chlorides de carbone, forment des vapeurs dont la propriété éminemment somnifère et asphyxiante est bien connue. L'éther sulfurique et le sulfure de carbone produisent des vapeurs inflammables qui, combinées dans une certaine proportion avec l'air atmosphérique, peuvent donner lieu à des mélanges explosibles. La vapeur de ces quatre liquides détendue au-dessous du point de leur ébullition est plus lourde que l'air, et peut subsister sans s'y mélanger dans des endroits bas et humides, lorsque leur température n'est pas trop éloignée de la température à laquelle leur vapeur commence à se former avec quelque abondance. Cette vapeur peut s'accumuler par couches très épaisses si elle est renfermée et n'a pas un libre écoulement, ou si elle n'est pas enlevée par la ventilation. Il peut en résulter : pour les trois premiers liquides, des effets pernicieux à la santé du mécanicien conducteur de la machine et peut-être l'asphyxie, si par imprudence il s'oubliait et s'endormait dans la zone occupée par ces vapeurs ; pour les deux derniers, l'incendie ou l'explosion de la chambre des machines.

Ces dangers également redoutables, qui tiennent à la même cause, l'accumulation de vapeurs plus lourdes que l'air atmosphérique, peuvent être détournés par un moyen unique et simple, la ventilation, de quelque manière qu'elle soit opérée. Néanmoins, comme cette opération exige l'attention et les soins du conducteur de la machine et qu'il faut prévoir le cas d'oubli de sa part, il faudra éviter de placer des machines à vapeurs combinées dans des endroits bas et humides et où l'air ne pourrait facilement circuler. On pratiquera dans la partie basse des murailles de la chambre des machines et à fleur du sol, autant que possible dans l'axe de la pompe à liquide auxiliaire, des orifices opposés fermés au moyen de trappes ou guichets. Ils laisseront écouler les vapeurs lourdes et froides qui tendraient à s'accumuler sur le sol. L'un de ces guichets devra toujours rester ouvert, et une ou deux fois par jour au moins on devra les ouvrir tous les deux. L'agitation de l'air produite par la rotation du volant, le va-et-vient des parties mouvantes de la machine, ainsi que les courants qu'établira l'ouverture accidentelle de la porte de la chambre, suffiront pour précipiter l'écoulement de ces vapeurs. A la partie haute des cloisons, près de la toiture ou du plafond, on ménagera également quelques orifices destinés à donner passage à l'air chaud et aux vapeurs chaudes qui y seraient mélangées. Dans aucun cas on ne placera les pompes ni aucun des appareils dans des fosses, comme cela se pratique pour les machines à vapeur ordinaires. Toute la machine et ses dépendances doivent reposer sur un massif à fleur de terre, et la seule fosse qu'on puisse admettre est celle dans laquelle tournerait le volant; le mouvement de ce dernier fera disparaître, de ce côté, toute crainte et toute chance d'accident.

Dans les chambres des machines de navigation où l'on ne peut opérer la ventilation par les moyens que je viens d'indiquer, on placera des tuyaux en tôle ou en bois formant cheminées d'aspiration, ainsi qu'on s'en sert pour enlever des mines les gaz inflammables ou délétères; on aura en outre un ventilateur mû par la machine elle-même, prenant l'air à la partie basse de la chambre. On isolera des foyers, autant que possible, la chambre des machines qui contient aussi le vaporisateur: pour cela il suffira de retourner les chaudières comme on l'a fait déjà dans quelques bateaux du Rhône, et de ne plus mettre le foyer dans la chambre même des machines. Il y aura par là une amélioration notable pour la propreté, la durée et l'entretien des machines, qui actuellement reçoivent dans leurs articulations la cendre et la poussière occasionnées par le nettoyage des grilles et du foyer. De cette manière les appareils renfermant le liquide inflammable et sa vapeur, ainsi que la chambre des machines dans laquelle peuvent accidentellement se répandre ces vapeurs, seront séparés des foyers par tout l'espace occupé par les chaudières, espace fermé en outre par deux cloisons étanches; et si l'on veut, par excès de précautions et pour éloigner même l'apparence du danger, ces cloisons seront faites de deux parois en tôle de fer rivées avec la membrure du bateau, et placées à trois ou quatre centimètres l'une de l'autre : l'intervalle entre deux sera maintenu rempli d'eau au moyen d'un tube provenant de l'enveloppe du condensateur. Ainsi, il sera complètement impossible qu'il s'établisse jamais une communication entre le foyer et les vapeurs inflammables qui se seraient accumulées dans la chambre des machines. J'ai vu beaucoup de mécaniciens experts dans la conduite des machines de navigation ; la principale et la seule objection un peu sérieuse qu'ils fassent au retournement du foyer des chaudières et à leur isolement des machines, c'est que le mécanicien ne pourra avoir l'œil sur ses chauffeurs et connaître à chaque instant le niveau et l'état de la pression dans les chaudières. Je réponds à cela : que l'on peut avoir dans la chambre des machines un niveau et un manomètre; que le mécanicien, au moyen d'une sonnette et d'un appareil à signes, pourra indiquer ses volontés aux chauffeurs ; qu'à la vérité, une pareille disposition pourra exiger un maître chauffeur, mais que cette innovation, si innovation il y a, sera une chose très heureuse sous le rapport de la conduite et de l'économie du chauffage; que les frais occasionnés par ce supplément de personnel pour l'emploi des liquides combustibles seulement, seront largement compensés par la différence de prix d'achat de ces liquides indépendamment de leurs autres avantages.

Les machines ainsi isolées des foyers, le danger ne pourrait plus exister que par l'introduction de la lumière nécessaire à la conduite de nuit des machines: l'éclairage se fera au moyen de lampes placées dans des cylindres de verre fixés au plafond ou aux parois, hermétiquement fermés du côté des machines et prenant à l'extérieur l'air nécessaire à la combustion, comme on le fait depuis longtemps dans les voitures de chemins de fer. Pour visiter plus particulièrement et en détail les diverses parties de la machine, le machiniste se servira d'une lampe de Davy, ou lampe de mineur. Les expériences faites en 1845 par M. Boussingault, et communiquées à l'Académie des sciences, ont prouvé que l'éther sulfurique ne s'enflammait point, même injecté sur ces lampes, et qu'elles pouvaient être impunément plongées dans les mélanges les plus explosibles. Elles serviront au contraire à démontrer leur présence, car elles s'éteindront, ou la flamme rougira lorsque l'accumulation de ces vapeurs pourra devenir dangereuse. Ces quelques précautions si simples et si faciles suffiront pour éloigner tout danger et faire tomber les objections qu'on a faites même contre l'emploi de l'éther sulfurique, le plus dangereux des liquides auxiliaires, mais aussi le plus avantageux non-seulement sous le rapport du prix, car je ne doute point que la fabrication en grand des autres liquides, et les nouveaux moyens pour cette fabrication que trouvera infailliblement la chimie industrielle, n'en réduisent considérablement le prix et peut-être ne l'abaissent même au-dessous de celui de l'éther sulfurique, mais encore sous le rapport de sa pesanteur spécifique qui le fait surnager dans les liquides qui peuvent s'y mêler, tels que l'eau et l'huile, et en permet le nettoyage prompt et facile, de même que pour les avantages qui résultent de son point d'ébullition et de son innocuité parfaite quand il est en contact avec les métaux qui composent les machines.

Ces objections, du reste, sont plus spécieuses que réelles, puisqu'on peut toujours apporter un obstacle ou une impossibilité aux dangers qu'elles ont pour but de signaler. Faudra-t-il donc renoncer au progrès et aux avantages immenses qu'on en pourra retirer, parce que ce progrès devra faire naître dans certains cas de nouvelles sources de dangers?

L'éther sulfurique et sa vapeur sont loin d'être aussi redoutables dans leur emploi que le gaz de la houille qui sert à l'éclairage. Les mélanges détonnants occasionnés par la combinaison de sa vapeur avec l'air atmosphérique sont difficiles à former, à cause de la différence de pesanteur de ces deux agents, tandis que ceux occasionnés par le mélange du gaz de la houille et de l'air se produisent avec une extrême rapidité. Il n'en est pas moins vrai qu'on n'a pas cru devoir renoncer aux avantages résultant de l'emploi du gaz pour l'éclairage, à cause des dangers qui leur étaient parallèles. Dans le commencement on s'est fort effrayé, on a exagéré les précautions, et maintenant il est remis sans contrôle entre les mains de tous, à la disposition du plus maladroit ou du plus malveillant, et les rares accidents qu'on a eu à déplorer ne sont rien quand on songe à l'immense emploi qu'on en fait, à la multiplicité des causes qui ont dû les produire, au peu de précautions et, je dirai plus, à l'incroyable incurie des personnes chargées d'en diriger l'emploi, surtout dans les établissements publics où parfois son odeur nauséabonde indique des fuites considérables. Et combien ces accidents seront-ils plus rares dans l'emploi des machines à vapeurs combinées, dirigées toujours et surveillées par un homme spécialement et uniquement occupé de cette surveillance de tous les instants!

Je dirai dans la troisième partie de cet opuscule, qui traite de la conduite des machines à vapeurs combinées, les soins journaliers qu'aura à prendre à cet égard l'homme chargé de conduire ces machines, et les manœuvres à faire en cas de rupture d'une des parties de la machine ou d'une fuite considérable de vapeur. Pour le constructeur, une seule précaution additionnelle à prendre dans les machines à vapeurs combinées de grande navigation maritime où l'on emploierait les liquides combustibles sera de placer, sur le tube qui établit une communication directe par la partie basse entre le vaporisateur et le condensateur, un embranchement ou bout de tube traversant la muraille du navire et pouvant déverser à la mer la totalité du liquide inflammable qui remplit le vaporisateur. La clé du robinet qui fermera cet embranchement pourra se manœuvrer également de la chambre des machines et de dessus le pont du bâtiment, afin que, s'il se manifestait une fuite trop grave ou un commencement d'incendie, le mécanicien conducteur puisse y porter remède sûrement et sans danger. Je ne pense cependant pas que ces derniers liquides soient de longtemps employés dans les bâtiments destinés à de longs trajets sur mer : les dangers d'une explosion ou d'un incendie sont d'une nature si effrayante, qu'il est à croire qu'on sacrifiera quelques-uns des avantages du système à l'usage d'un liquide qui ne soit par lui ou sa vapeur ni explosible ni inflammable. Nous avons actuellement deux liquides qui remplissent ce but : le chloroforme, dont l'application à mes machines est due aux recherches de M. Lafont, lieutenant de vaisseau, qui s'en servit la première fois en juin 1848 dans une machine de mon système, construite en 1847 à Paris, chez M. Beslay, pour l'étude et l'emploi de l'éther sulfurique aux frais de l'Etat, et par suite d'un avis favorable du Conseil des travaux de la marine. Ce liquide a été l'objet d'un rapport non moins favorable, à la suite d'expériences faites par une commission choisie parmi les membres du Conseil des travaux de la marine. Le second liquide est le perchloride de carbone, que j'employai pour la première fois à Londres en novembre 1848. Ces deux liquides ont à peu près les mêmes avantages; il n'y a que la question de prix qui pourra commander l'emploi de l'un préférablement à l'autre. Les matières premières qui servent à la fabrication du chloroforme sont assez bon marché pour faire espérer qu'on pourrait se le procurer à un prix n'excédant pas 3 à 4 francs le litre, si une grande quantité de ces matières ne disparaissaient en pure perte; en un mot, si le résultat obtenu était proportionnel à la quantité des gaz utiles contenus dans ces matières. Jusqu'à présent, les recherches faites à cet égard paraissent être restées infructueuses. Quant au perchloride de carbone, il a été fabriqué et livré en petite quantité, il est vrai, mais à un prix très minime; les promesses les plus positives ont été faites relativement à son prix de vente, qui ne devait pas excéder 60 centimes le kilogramme. Les matières premières sont peu coûteuses dans le commerce, et le résultat en poids est égal au tiers du poids total des matières premières employées. Des recherches qu'on est en train de faire actuellement sont venues démontrer l'exactitude de celles faites en Angleterre, et font espérer qu'effectivement il sera possible de se le pro-

DEUXIÈME PARTIE. — CHAP. IX. 317

curer à 60 centimes le kilogramme (1). Quoi qu'il en soit, il n'est point douteux que, lorsque ces liquides seront fabriqués en grand, les prix actuels seront considérablement réduits ; la question d'ailleurs n'est pas toute là, car dans les transports par mer les avantages qui découlent de l'emploi des machines à vapeurs combinées sont assez grands pour qu'on puisse employer un liquide même fort coûteux. Mais pour la navigation des fleuves et des rivières, comme pour les petits trajets maritimes, où la question principale est l'économie du combustible pour sa valeur seule, je suis convaincu qu'avant peu de temps l'éther sulfurique sera, comme dans les machines fixes, le seul liquide employé, à cause de ses grands avantages. Il faudra donc dans ce cas ne négliger aucune des précautions que j'indique plus haut, et y ajouter toutes celles que l'expérience pourra dicter. Je m'attends certainement à de grandes difficultés pour vaincre non pas tant la routine, que l'opposition des agents chargés de la surveillance des machines ; peu d'entre eux sont partisans du progrès et des innovations, et cela se conçoit facilement : ils n'ont rien à gagner au progrès et n'y sont point intéressés, bien au contraire ils ont tout à y perdre, car on les rend pour ainsi

(1) M. Givord, gérant de la Société des machines à vapeurs combinées, vient d'acquérir pour cette Société les procédés de fabrication d'un chloride de carbone ayant son point d'ébullition à 62°, ainsi que toutes les propriétés nécessaires aux liquides auxiliaires : le prix de revient est 2 fr. 50 c. le litre.

dire responsables des accidents qui sont tout à-fait en dehors de leur fait, et qui presque toujours résultent de la mauvaise surveillance des conducteurs de machines. On s'explique donc qu'ils doivent résister de toutes leurs forces à tout ce qui peut accroître leur responsabilité, avant même d'examiner quels avantages peut en retirer l'industrie, ces avantages mêmes n'étant pour eux qu'une source d'inquiétude et de surveillance de plus. Le temps seul pourra triompher de ces résistances ; en attendant, pour les satisfaire, on aura les liquides incombustibles qui n'offrent pas les mêmes avantages à la vérité, mais qui pour eux auront celui de ne point accroître leur responsabilité. Il en est cependant qui font exception et comprennent autrement leurs devoirs ; je dois ajouter que c'est parmi eux que j'ai trouvé l'un de mes plus fermes appuis, l'un de mes plus chauds protecteurs. La reconnaissance me fait un devoir de dire que dans le département du Rhône, où j'ai placé quelques machines, bien loin d'avoir éprouvé cette résistance et ce mauvais vouloir que j'ai rencontrés ailleurs, je n'ai eu qu'à me louer grandement de l'intérêt éclairé et de l'attention bienveillante et sérieuse que m'ont accordés les ingénieurs chargés de cet important service.

CHAPITRE X.

APPLICATION A LA NAVIGATION MARITIME.

Les avantages résultant de l'application des machines à vapeurs combinées à la navigation maritime sont si considérables, qu'il n'est pas douteux que, lorsqu'une première épreuve sera venue confirmer les espérances qu'on est en droit de fonder sur cette application, on ne modifie une grande partie des bâtiments existants, et qu'on en construise peu de nouveaux sans adopter ce système (1). Quelque coûteux que puissent être les liquides non inflammables, dût-on les payer 10 et même 15 francs le litre pour

---

(1) Deux bâtiments sont actuellement en cours d'exécution : l'un, bâtiment à hélice, de la force de 120 chevaux, *le Galilée*, construit à Lorient dans les ateliers et aux frais de l'Etat, sous la direction particulière de M. Lafont, lieutenant de vaisseau; l'autre, également à hélice, de la force de 80 chevaux, appartenant à MM. Touache et Arnaud de Marseille, construit dans cette ville, chez MM. Taylor, sous la direction de M. Moreaux. Ce dernier navire, destiné à faire la navigation mixte entre Marseille et Alger, sera mis à la mer à la fin du mois d'août prochain.

les avoir parfaitement purs, et dépenser par la perte de ces liquides une somme égale à celle absorbée par la combustion du charbon dans les bonnes machines ordinaires, il resterait encore tout le bénéfice du poids et de la place, bénéfice bien plus considérable dans les voyages de long cours que celui qui résulte de l'économie faite sur le prix d'achat du charbon. Voici quelques notes qui m'ont été fournies par M. Moreaux, dans lesquelles on a pris pour moyenne et pour point de comparaison le minimum de dépense et de poids des machines à vapeur ordinaires, et le maximum de dépense et de poids des machines à vapeur combinées, afin de présenter des chiffres d'économie certains et incontestables. Ces chiffres, mieux que tous les raisonnements, fixeront dans l'esprit des armateurs et gens de l'art les avantages de nos machines qu'il est difficile d'apercevoir et d'apprécier tout d'abord.

Dans les machines de navigation maritime, où l'alimentation des chaudières se fait avec l'eau de mer, la grande quantité de dépôts et incrustations qui se forment empêche l'emploi de la vapeur à haute pression, emploi qui augmenterait encore ces dépôts, de sorte qu'on ne peut utiliser le travail de la détente de la vapeur : ceci explique pourquoi les machines marines brûlent encore 5 et 6 kilogrammes par force de cheval, tandis que les machines fixes ne brûlent plus que 2.50 à 3 kilog.

Si l'on applique à la navigation maritime le système des machines à vapeurs combinées, l'alimentation des chaudières se faisant constamment avec la même eau distillée, l'inconvénient des dépôts n'existera plus; on pourra employer la vapeur à moyenne pression, 3 atm. par exemple, comme dans les bateaux de rivière, et utiliser ainsi le travail de la détente qui peut doubler le rendement de force d'un même poids de vapeur d'eau. Dans les bâtiments de mer, les avantages apportés par l'emploi des machines à vapeurs combinées se résument ainsi : 1° Economie de 50 p. 0/0 sur la dépense actuelle, par suite de l'alimentation de l'un des cylindres par la vapeur auxiliaire (la capacité du cylindre est une fois et demie environ celle du cylindre à vapeur d'eau). — 2° Meilleur emploi de la vapeur d'eau par l'usage de la détente dans la proportion de 1 à 3, et par suite économie de 33 p. 0/0 sur l'alimentation de ce cylindre, soit 15 à 16 p. 0/0 sur la consommation totale ordinaire. — 3° Par l'usage de l'eau distillée, suppression des extractions continues et purges intermittentes qu'on est obligé de faire dans les chaudières ordinaires, et par suite économie de combustible sur ce point, économie évaluée généralement à 10 p. 0/0 sur la consommation de vapeur d'eau, soit 5 p. 0/0 sur la force totale. L'économie de charbon est en totalité de 70 p. 0/0, soit de 4. 50 kilogr. sur 6 kilog. de dépense actuelle. Les machines à vapeur combinées ne dépenseront donc que 1. 50 kilogr. par force de cheval; nous baserons nos calculs sur une dépense de 2 kilog. — 4° Les détériorations et incrustations produites par l'emploi de l'eau de mer étant évitées, bénéfice sur les réparations et les chômages qu'elles occasionnent.—5° Par l'économie de 70 p.0/0 sur la consommation du charbon à brûler, diminution proportionnelle sur le poids de la chaudière et de son eau, moins les appareils vaporisateurs et condensateurs de la vapeur auxiliaire enlevant environ moitié de cette économie de poids, qui reste net de 1/3 du poids de la chaudière et de son eau. — 6° L'économie de charbon se fait en poids comme en argent et diminue considérablement l'approvisionnement pour la traversée, ainsi que le tonnage du bâtiment. Cette économie considérable de poids peut être utilisée à une augmentation dans la quantité des marchandises transportées, ou bien à l'augmentation de vitesse, s'il s'agit d'un transport de voyageurs; ou bien encore on peut faire, avec le même approvisionnement en charbon, une traversée deux fois et demie plus longue. Ces avantages sont immenses, et, pour les faire mieux apprécier, nous allons prendre un exemple de bâtiment transatlantique de la force de 200 chevaux.

Dans le système ordinaire, en brûlant 5 kilog. par force de cheval et par heure, son approvisionnement pour quinze jours sera de 360 tonnes. Dans le système des machines à vapeurs combinées, en ne brûlant que 2 kilog. par cheval et par heure, son approvisionnement n'est plus que de 144 kilog., différence en économie de charbon 360 — 144 = 216 tonnes qui, au prix de 3 fr. 50 c. les cent kilog., donnent une économie de 7,560 fr. par traversée, ou 15,120 fr. par voyage, aller et retour.

Les chaudières ordinaires pour 200 chevaux pèsent environ 65,000 kilog., y compris l'eau qu'elles contiennent; elles ne pèseront plus que 22,000 kilog. dans ce système. Les appareils de vaporisation et de condensation pèsent environ 15,000 kilog.; on aura pour économie en poids : sur les chaudières 28 tonnes, sur le charbon 216, soit en totalité 244 tonnes. Le poids total d'un tel bâtiment est d'environ 1,000 tonnes en charge; il ne pèsera donc plus que 750 tonnes.

Il y a cinq manières différentes d'utiliser ce bénéfice de poids : 1° Si l'on porte des marchandises sans rechercher une plus grande vitesse, on portera par voyage, aller et retour, 488 tonnes de plus, qui au prix réduit des transports par voiles donnent une recette de 24,400 fr. de plus par voyage. 2° Si on laisse le même bâtiment dans les mêmes conditions de chargement (750 tonnes), comme son maître-couple sera moindre, sa vitesse augmentera de $1/10^{me}$, et l'on aura encore l'économie de charbon comme bénéfice sur le bâtiment à vapeur d'eau ordinaire. 3° Si l'on veut conserver le même bâtiment, la même cargaison et la même vitesse, la surface du maître-couple étant diminuée de 1/4, on pourra n'employer que 150 chevaux de force, et alors l'économie de charbon est de 17,640 fr. par voyage, et le prix d'achat du bâtiment est réduit de 1/8. 4° Si l'on veut conserver toutes les conditions égales et le même approvisionnement de charbon, le bâtiment muni de machines à vapeurs combinées fera une traversée de 37 jours au lieu de 15; il se placera ainsi en dehors de toute concurrence possible de la part des bâtiments ordinaires, en allant sur une ligne non exploitée par vapeur. 5° Enfin, si l'on veut conserver le même poids total en mettant une machine plus forte, on réalisera une vitesse de beaucoup supérieure, tout en économisant encore du charbon. Ainsi, en comptant les appareils moteurs à 600 kilog. par force de cheval, on a pour le bâtiment ordinaire :

Appareil moteur de 200 chevaux,	120 tonnes.	
Approvisionnement pour 15 jours,	360 »	
Total en poids,	480 »	480
Pour bâtiment à vapeurs combinées :		
Appareil moteur de 420 chevaux,	250 tonnes.	
Charbon pour 11 jours 1/2,	230 »	
Total en poids,	480 »	480

On voit donc que dans le même bâtiment on pourrait avoir une machine de 420 chevaux au lieu de 200. La vitesse serait augmentée dans le rapport de $\sqrt[3]{200}$ à $\sqrt[3]{420}$, ou de 1 à 1.30. La traversée se ferait donc en 11 jours 1/2 au lieu de 15, avec le même chargement, et en réalisant encore une économie en argent de 130 tonnes par traversée ou 260 tonnes par voyage sur le charbon, soit 9,000 fr. : économie bien plus que suffisante pour compenser la différence d'intérêt et d'amortissement du prix des deux bâtiments.

CHAPITRE XI.

APPLICATION AUX LOCOMOTIVES.

Quoique l'application du système des machines à vapeurs combinées aux locomotives des chemins de fer n'ait point encore été sanctionnée par la pratique ou l'expérience, je ne doute point cependant du succès qu'on en pourra obtenir et des résultats économiques qu'amènera cette application. Les dépenses considérables que doivent entraîner des essais de ce genre les ont fait ajourner jusqu'à présent; ces essais ne tarderont point à être poussés vigoureusement, et feront la matière d'un appendice aussitôt qu'ils auront donné lieu à une solution pratique. Voici, en attendant, les moyens nouveaux que j'ai imaginés pour atteindre le but, moyens pour lesquels M. Givord, gérant de la Société des machines à vapeurs combinées, a pris en faveur de cette Société et sous son nom un brevet spécial.

Il y a deux manières d'appliquer le système des machines à vapeurs combinées aux locomotives : la première consiste à faire marcher l'un des cylindres par la vapeur d'eau et l'autre par la vapeur auxiliaire, en diminuant de moitié le volume et la capacité de la chaudière et y ajoutant les appareils de condensation et de vaporisation nécessaires à l'emploi de ce système, ce qui compliquerait une machine qu'il faudrait au contraire simplifier. La seconde manière, qui me paraît en tous points préférable, consiste à construire de toutes pièces une locomotive mue par la vapeur auxiliaire, qui serait une locomotive de renfort s'accolant à toute locomotive à vapeur d'eau et lui apportant une force gratuite. Pour donner du poids et de l'adhérence sur les rails à cette locomotive extrêmement légère, puisqu'elle n'aurait à porter que ses appareils et ses cylindres, on la chargerait de son approvisionnement d'eau pour la condensation, approvisionnement très réduit comme on le verra tout-à-l'heure. Ne consommant point de combustible, elle n'aurait pas besoin de tender. La vapeur d'échappement de la locomotive à vapeur d'eau, à laquelle elle serait accolée et par laquelle elle marcherait, serait amenée par un tube dans l'enveloppe du vaporisateur de la locomotive auxiliaire. Il sera peut-être difficile d'obtenir comme dans les machines fixes et de navigation un vide quelconque, mais il est certain qu'on aura sous la pression atmosphérique une condensation prompte et intégrale. L'eau résultant de cette condensation servira à alimenter la locomotive à vapeur d'eau, et l'on connaît l'importance qu'on doit attacher à ce dernier avantage.

Les deux seules difficultés sérieuses qu'on puisse élever contre cette application et que j'aie eues à résoudre, sont : 1° la condensation prompte et parfaite de la vapeur auxiliaire avec une très petite quantité d'eau ayant une température même assez élevée, puisqu'elle est renfermée dans des caisses de fer exposées à l'action du soleil ; 2º la combustion à haute température dans la chaudière tubulaire produisant la vapeur d'eau, sans l'emploi de la vapeur d'échappement dans la cheminée pour l'accélération du tirage, puisque cette vapeur doit servir à la production de la vapeur auxiliaire.

En examinant la rapidité avec laquelle se condense la vapeur d'eau arrivant de l'échappement sur les surfaces chauffantes du vaporisateur, condensation qui n'a lieu que par la quantité considérable de chaleur que lui enlève le liquide auxiliaire par sa vaporisation, il n'est pas permis de douter que la condensation d'une vapeur par la production d'une autre vapeur ne soit plus instantanée encore que la condensation par injection ou par contact d'un liquide froid. J'ai donc pensé à employer pour condenser la vapeur auxiliaire le même moyen que j'emploie pour condenser la vapeur d'eau. Ainsi je condense la vapeur d'eau par la production d'une autre vapeur, je condenserai cette dernière par la production de vapeur d'eau. Ceci ressemble à un paradoxe, rien n'est pourtant plus vrai et plus praticable. On sait combien la vaporisation de tous les liquides est accélérée par un courant d'air. Une expérience facile à faire est de se mouiller la main et de souffler dessus : on s'apercevra, à la disparition du liquide et à la sensation de froid qu'on éprouve, de la vivacité de la vaporisation et de l'absorption de chaleur qu'elle occasionne. La terre est plus vite desséchée en quelques heures par un grand vent même froid, qu'elle ne l'est en plusieurs jours par le soleil le plus ardent. Ceci fait concevoir qu'il est possible d'obtenir la prompte vaporisation de l'eau par d'autres moyens que par celui de la chaleur, et sans la soumettre à l'action du feu. Néanmoins, la vaporisation d'un liquide quelconque n'a pas lieu sans l'absorption d'une quantité énorme de chaleur; cette chaleur, il la prend à tous les corps voisins, dont il abaisse nécessairement la température. Tel est le principe incontestable; voici l'application :

J'installerai mon condensateur de vapeur auxiliaire à l'avant de la locomotive, dans la partie la plus exposée aux chocs de l'air. Il sera construit de manière à présenter aux courants d'air, formés par la vitesse de la marche, la plus grande largeur possible sur la moins grande profondeur, afin que les courants passent facilement à travers les lignes de tubes aplatis qui opposeront à ces courants leur côté le plus étroit. Chaque rangée de tubes, disposée à un centimètre d'intervalle, sera enveloppée d'une toile peu serrée tendue sur la surface des tubes et la couvrant tout entière. Un réservoir, alimenté par une pompe prenant l'eau au tender de la machine à vapeur d'eau ou à tout autre récipient, sera placé sur la calotte supérieure du condensateur. Ce réservoir, dans sa partie la plus antérieure, sera percé de petits trous correspondant chacun à une rangée de tubes et laissant tomber l'eau dans une gouttière placée à la partie supérieure du condensateur et occupant l'intervalle entre deux rangées de tubes. Le trop-plein de cette gouttière répandra l'eau également sur les deux faces couvertes de toile des diverses rangées de tubes. L'air circulant librement entre ces deux toiles mouillées et échauffées par les parois du condensateur avec lesquelles elles sont en contact et dans lequel arrive la vapeur auxiliaire, donnera lieu à une vaporisation d'autant plus active que la marche de la locomotive et par conséquent du courant d'air sera plus accélérée. Cette production de vapeur aura pour effet une grande dépense de calorique que peuvent seules fournir les parois du condensateur, et causera nécessairement un abaissement considérable de température sur les surfaces de cet appareil, abaissement de température capable d'opérer la prompte condensation de la vapeur auxiliaire. Si l'on considère avec quelle extrême facilité les liquides que j'ai indiqués se condensent le long des surfaces simplement exposées au contact de la température ambiante, combien on a de difficulté à les maintenir à l'état de vapeur même en enveloppant ces surfaces, on augurera bien de ces moyens. Quant à moi qui ai fait une étude patiente et minutieuse de leurs propriétés, je ne doute point d'un succès complet.

En 1844, lors de mes premiers essais, me trouvant dans un local où je ne pouvais avoir d'eau pour la condensation de la vapeur d'éther, j'employai des moyens à peu près semblables. J'installai un tonneau plein d'eau au-dessus de mon condensateur, placé dans un courant d'air naturel très vif; je perçai le fond, et y plaçai un bout de tuyau en toile garni d'une pomme d'arrosoir; je répandis l'eau en pluie sur les surfaces de l'appareil. La chaleur de ces surfaces occasionna une légère vaporisation activée par le courant d'air, et j'obtins une condensation prompte et complète, quoique l'eau se répandît très irrégulièrement sur les surfaces métalliques nues. Il est vrai que je ne pus obtenir un vide au condensateur de plus de un à deux centimètres, mais mes moyens étaient très imparfaits; les surfaces exposées au contact de l'eau ne la retenaient pas, étaient trop petites, et la vitesse du courant d'air insuffisante. En admettant même que dans l'application aux locomotives je ne puisse obtenir aucun vide au condensateur, mais simplement opérer la condensation de la vapeur auxiliaire sous une pression égale à celle de l'atmosphère, je me trouverais dans des conditions plus avantageuses que celles dans lesquelles marchent les locomotives à vapeur ordinaires, qui ont non-seulement la pression de l'atmosphère à vaincre, mais encore la contre-pression occasionnée par l'étranglement du tube d'échappement, étranglement nécessaire au tirage de la cheminée.

La seconde difficulté résulte de la suppression de la vapeur d'échappement qui, dans les locomotives à vapeur d'eau, est jetée dans la cheminée afin d'en activer le tirage et de produire la combustion à haute température, cette vapeur devant être employée à créer par sa condensation la vapeur auxiliaire qui fera marcher la locomotive de renfort. Cette difficulté, la plus grande à résoudre, ne me paraît pas insurmontable et peut être franchie à l'aide de quelques moyens mécaniques. Je ferai remarquer d'abord que l'emploi de la vapeur d'échappement au tirage de la cheminée n'est pas sans inconvénient, qu'il occasionne une contre-pression sur le piston, et conséquemment une perte de travail assez considérable par la nécessité de resserrer l'orifice du tube d'échappement beaucoup plus qu'il ne serait convenable de le faire dans toute autre circonstance. Bien que ce moyen soit le plus simple et peut-être le meilleur, il me semble qu'on pourrait le remplacer par un courant d'air remplissant à peu près le même but. Examinons quelle est l'action de la vapeur dans la cheminée, et quelles sont les causes qui produisent cette accélération de tirage. Bien évidemment elle résulte du déplacement violent et subit du volume d'air brûlé qui remplit la cheminée, lequel déplacement occasionne une espèce de dépression, vide, ou même une rupture d'équilibre entre le poids de l'air extérieur et celui des gaz qui remplissent la cheminée, équilibre tendant constamment à se rétablir et constamment rompu, qui détermine un courant ascensionnel dans lequel ces gaz plus légers gagnent la partie supérieure avec une vitesse proportionnelle à leur impulsion et à leur différence de pesanteur, tandis que l'air rentrant par la partie inférieure est obligé de traverser avec une vitesse égale la grille couverte de charbon, dont il active ainsi la combustion. Dans cette vitesse, la différence de pesanteur est la moindre des deux causes; la plus énergique est le frottement et le choc des molécules de la vapeur d'échappement qui entraîne et chasse l'air brûlé dans le sens de leur marche, en lui communiquant une partie de leur vitesse. Le même phénomène peut être produit non-seulement par un courant d'air ayant une grande vitesse injecté dans le centre d'un tube, mais même par un courant d'eau comme on l'employait autrefois pour la soufflerie des forges et hauts-fourneaux. Il y a un moyen plus actif d'arriver au même but : ce moyen est dû, je crois, au général Dembenski ; peu de personnes le connaissent, et il me semble que son emploi doit compenser à peu près l'échappement de la vapeur dans la cheminée. Voici ce moyen, dont j'ai souvent remarqué les curieux effets, et qu'il est très facile d'expérimenter soi-même en petit : soit un tube A d'un diamètre de 10 millimètres et de 10 centimètres de longueur; ce tube est placé concentriquement à un second tube B de 15 millimètres de diamètre et de 15 centimètres de longueur, dont la partie inférieure fermée s'attache à la partie moyenne du tube A, de manière à ce que ce dernier ne soit enveloppé que pour une moitié par le tube B qu'il dépasse de 5 centimètres par sa partie inférieure, et par lequel il est dépassé de 10 centimètres par son extrémité supérieure. Ouvrons vers la base fermée du tube B un orifice égal à la section de l'espace annulaire compris entre les deux tubes concentriques; injectons-y de l'air avec une certaine vitesse : il s'y formera un courant annulaire qui s'élèvera d'abord entre les parois des deux tubes, puis continuera sa marche avec la vitesse acquise dans la partie du tube B qui dépasse le tube A. Dans ce moment le courant d'air annulaire entraînera par sa vitesse et par le frottement de ses molécules la colonne d'air occupant le milieu du tube, et établira bientôt dans le tube A un courant aspiratoire ayant une vitesse presque égale à la sienne propre. On pourra vérifier ce curieux effet en plaçant l'extrémité du tube A au-dessus et à une certaine distance d'une sébille remplie de sciure de bois ; au moment où l'on soufflera dans l'enveloppe, la poussière de bois s'élèvera dans le tube A, et la sébille sera vide en un instant. On peut également enlever des boules de papier d'une grosseur à peu près égale au diamètre de ce tube.

Il est facile d'établir une enveloppe autour des cheminées de locomotives, et de produire un appel de l'air extérieur dans le foyer en injectant de l'air dans cette enveloppe. Il y a deux moyens de produire un courant artificiel dans l'enveloppe de la cheminée : le premier, en disposant un vaste entonnoir à l'avant de la locomotive à vapeur d'eau, recueillant l'air et l'amenant dans cette enveloppe ; le second est d'y injecter de l'air par un ventilateur mû par la marche même de la machine. Il y aura dans l'emploi de ces deux moyens une perte de travail utile; mais l'échappement de la vapeur d'eau n'étant plus étranglé déchargera le piston de la contre-pression qu'il a à vaincre dans l'état actuel des choses, ce qui viendra en compensation. En outre, il ne faut pas oublier qu'on peut avoir un vide considérable dans la condensation de la vapeur d'eau, vide qui dédommagerait amplement de la perte de travail occasionnée par l'emploi des moyens ci-dessus indiqués, et que d'ailleurs la locomotive auxiliaire produira un travail utile au moins égal à celui de la vapeur d'eau, compensation faite même des pertes qu'occasionnerait à cette dernière l'emploi de ces moyens.

Pour appliquer ce système à la locomotive ordinaire, il suffira de placer une enveloppe aux cheminées et un entonnoir ou un ventilateur à l'avant, pour y injecter l'air dans le moment de son accouplement à la locomotive auxiliaire. Il faudra en outre un tiroir de distribution de la vapeur d'échappement, qui permettra de l'envoyer dans la cheminée lorsque la machine à vapeur d'eau marchera seule, et dans le vaporisateur lorsqu'elle sera accouplée à la locomotive auxiliaire. Ce système permettra l'emploi de locomotives moins fortes et moins pesantes que celles qu'on a faites dans ces derniers temps, et qui, tout en nécessitant des rails extrêmement lourds et coûteux, les détruisent et les écrasent rapidement. On se sert déjà de deux locomotives attelées l'une à l'autre pour traîner les convois un peu considérables ; cet usage deviendrait beaucoup plus fréquent, et apporterait une économie sérieuse dans la dépense de traction. J'ai déjà fait part de cette application à des ingénieurs experts en matière de chemin de fer, tant en France qu'en Angleterre : la solution des deux difficultés les plus graves par les moyens que je viens d'indiquer, leur a paru tout-à-fait probable. Quelques-uns ont paru craindre que les ébranlements et les chocs auxquels la locomotive est plus particulièrement exposée ne fatiguassent ou rompissent les joints des appareils qui contiennent le liquide auxiliaire, et qu'il n'y eût une perte considérable. Il n'est point ici question de dangers, car en plein air et sur une locomotive particulière on pourra employer sans la moindre crainte les liquides les plus inflammables, puisque la vapeur ou le liquide volatil qui s'en échapperaient seront à l'instant emportés par la vivacité du courant d'air auquel ils se mêleront à l'infini.

J'ai imaginé pour cette application spéciale un genre d'appareils vaporisateurs très solides, dont les surfaces très étendues sous un petit volume, taillées dans un plateau massif de métal fondu, reliées entre elles sans interruption, offrent une résistance considérable. Je décrirai longuement cet appareil dans l'appendice et les dessins que je publierai après les essais qui vont avoir lieu. Quant au condensateur, je n'emploierai que des tubes d'un mètre au plus de longueur : du reste, les fuites à cet appareil sont peu à craindre ; car, selon toute apparence, il n'aura à peu près aucune pression à supporter. On ne doit compter que sur un vide assez faible, et les expériences que j'ai faites me donnent la certitude qu'on peut condenser sans pression supérieure à celle de l'atmosphère. Une seconde objection sans importance naît de la difficulté de mettre en marche, à cause de la mauvaise combustion dans la chaudière à vapeur d'eau, et de l'imperfection de la condensation de la vapeur auxiliaire au moment du départ, alors qu'il n'y a pas encore de courant d'air, puisqu'il n'y a pas de vitesse. A cela je réponds 1° que l'on part ordinairement lentement, et que la locomotive à vapeur d'eau pourrait seule mettre en marche le convoi ; qu'au moyen du tiroir de distribution on ne lancera la vapeur dans le vaporisateur de la locomotive auxiliaire que lorsque la vitesse sera jugée suffisante ; jusqu'à ce moment la locomotive à vapeur d'eau marchera dans les conditions ordinaires avec son injection dans la cheminée ; 2° que le vaporisateur de la locomotive auxiliaire sera, pendant ce court espace de temps, chauffé par un jet de vapeur pris directement à la chaudière à vapeur d'eau ; que la condensation du liquide auxiliaire aura lieu, parce qu'au moment du départ toutes les surfaces métalliques du condensateur sont complètement froides, ainsi que l'eau qui mouille les toiles dont elles sont enveloppées. Car, ou le temps d'arrêt après lequel on met en marche est le résultat d'un long stationnement, ou il provient d'une interruption dans la marche : dans le premier cas, ces surfaces ont eu le temps de se refroidir ; dans le second cas, comme il a fallu, pour détruire la force d'impulsion et de vitesse acquise de la locomotive, arrêter la machine et ne plus envoyer de vapeur aux cylindres et conséquemment au condensateur longtemps avant d'arriver au lieu de stationnement, les surfaces seront parfaitement froides, et le vide existera dans l'appareil au moment de l'arrêt. D'ailleurs, dans les essais de condensation de ce genre que j'ai faits et que j'ai cités plus haut, j'ai obtenu la condensation presque sans courant, et j'ai pu donner jusqu'à 60 et 80 coups de piston avant d'être obligé d'arroser les surfaces, lorsque j'ai remis en marche après un temps d'arrêt suffisant pour refroidir les surfaces et établir le vide dans l'appareil.

Tels sont, en somme, les moyens sur lesquels je fonde l'application aux locomotives; les essais et la pratique en indiqueront de meilleurs.

TROISIÈME PARTIE.

DU MONTAGE ET DE LA CONDUITE DES MACHINES A VAPEURS COMBINÉES.

CHAPITRE Ier.

DU MONTAGE.

Nous venons de passer en revue et successivement les diverses pièces qui composent la machine à vapeurs combinées, avec les différentes manières de les construire. Le montage des pièces de cette machine n'exige pas des soins et une attention moindres, et c'est surtout alors qu'il est utile d'avoir un ouvrier intelligent et attentif : car de ce montage dépendent sa marche avantageuse et la conservation en bon état des cylindres, pistons, clapets et diverses pièces qui la composent. Le conducteur d'une machine à vapeurs combinées doit en connaître le montage dans tous ses détails, et c'est pour cela que j'ai réuni dans la même partie le montage et la conduite, bien que généralement ce n'est pas le monteur d'une machine qui soit appelé à en faire le service.

Le mécanicien constructeur choisira pour monteur l'homme le plus capable et le plus soigneux parmi ses monteurs, et le chef d'atelier ne confiera l'emploi de machiniste conducteur qu'à un homme d'une conduite exemplaire, intelligent et prudent. Ces qualités, qui sont indispensables à tout conducteur de machines à vapeur, le sont bien davantage pour les machines à vapeurs combinées : en premier lieu, parce que, employant un liquide coûteux, elles ne produiront un résultat avantageux qu'autant qu'on obviera à la plus légère perte de ce liquide, et qu'on tiendra conséquemment les appareils en bon état; en second lieu, parce que de l'emploi de ces liquides peuvent dériver des accidents plus graves encore que ceux auxquels donne naissance la vapeur d'eau.

Nettoyage du sable dans les pièces fondues.

Le premier soin du monteur sera d'examiner avec une minutieuse attention toutes les pièces de fonte de fer ou de bronze dans lesquelles la difficulté de retirer les noyaux pourrait avoir laissé du sable attaché aux parois : il les fera nettoyer d'une manière parfaite au moyen d'eau fortement acidulée. Les appareils de vaporisation et de condensation, construits d'après les procédés indiqués plus haut, sont surtout sujets à retenir du sable dans les parois des tubes ou feuilles métalliques qui les composent. On ne saurait apporter trop d'attention à ce nettoyage, autrement le sable, détaché peu à peu et à la longue par le frottement et l'action du liquide auxiliaire ou de sa vapeur, est entraîné dans les cylindres, se glisse entre les pistons qu'il détériore, et occasionne des grippements qui les détruisent en peu de temps. Sa présence n'est pas moins fâcheuse pour la conservation et le bon fonctionnement des pompes et des divers clapets, robinets et soupapes. Nous avons déjà dit combien il est essentiel que ces pièces soient bien rodées et dressées, qu'elles s'appliquent parfaitement l'une sur l'autre afin de retenir le liquide dans le vaporisateur pendant toute la durée des temps d'arrêt de la machine. Si l'on se rappelle que chaque mètre de surface chauffante n'est recouvert que d'un litre et demi de liquide et que deux mètres au plus suffisent à faire la force d'un cheval, on comprendra que, toutes les fois que les clapets des pompes destinés à retenir le liquide auxiliaire au vaporisateur en laisseront passer un litre, on aura près d'un mètre de surface chauffante en moins dans le vaporisateur. Le liquide fuit avec une vitesse proportionnelle à la pression qu'exercera sur lui la vapeur formée, et dès lors, quelque légère que soit l'altération des clapets ou des siéges, ou la différence de leur juxta-position gênée par un corps étranger, la quantité de liquide restée au vaporisateur après une heure de repos, pendant laquelle il aura pu passer au condensateur en raison de la double pression de la vapeur et du vide, pourrait bien n'être plus suffisante pour mettre en train la machine. Il est vrai de dire que le premier coup de pompe réalimentera l'appareil évaporateur, mais avec de l'éther froid, puisqu'il proviendra du condensateur. Du reste, ce soin à apporter au nettoyage du sable qui a servi au moulage des diverses parties fondues de la machine, sera donné une fois pour toutes. Il est bon d'user de la même précaution avant le montage d'une machine à vapeur d'eau ordinaire, et un bon monteur ne la néglige jamais, quoiqu'elle soit bien moins indispensable que dans la machine à liquide auxiliaire. En effet, dans cette machine, le même liquide roule et circule constamment dans les mêmes appareils sans être rechangé ni jamais expulsé à l'air libre. Les scories et impuretés qu'il entraîne dans son courant ne peuvent donc être rejetées en dehors, et doivent le suivre dans ses diverses évolutions ; tandis que dans la machine à vapeur d'eau ils partent avec l'eau de condensation. Cette condensation ne s'opérant plus de même dans les machines à vapeurs combinées, et la même eau resservant pour l'alimentation des chaudières, comme le même liquide pour l'alimentation du vaporisateur, il faut apporter le même soin dans toutes les parties où fonctionnent les deux vapeurs. Le liquide auxiliaire et l'eau résultat de la condensation qui est parfaitement distillée, n'encrassant point et circulant dans des appareils hermétiquement fermés, on n'aura jamais ou fort rarement à faire de nettoyage subséquent, ni aucune détérioration à craindre. On ne saurait donc trop insister là-dessus ; les plus grands embarras et les plus grandes difficultés que j'aie éprouvées dans la mise en marche de mes premières machines ont presque toujours eu pour cause la négligence des ouvriers monteurs, qui laissaient dans les pièces fondues ou dans les tubes une légère portion du sable qui avait formé les noyaux.

Décapage des surfaces des joints.

Il faut, au moment de faire les joints fixes des couvercles des cylindres, tiroirs, boîtes à clapets, calottes des appareils de vaporisation et de condensation, brides du tuyautage, et généralement de toutes les parties dans lesquelles circule le liquide auxiliaire ou sa vapeur, nettoyer avec de l'eau acidulée ou du papier émerisé les surfaces de ces divers joints. S'ils sont rouillés, il faut enlever les oxides avec de l'émeri et de l'eau, et jamais, sous aucun prétexte, n'employer de l'huile : le motif est que la gomme arabique dissoute dans de l'eau, dont on se sert au lieu de minium, ne s'attacherait point au métal s'il était gras. Le monteur vérifiera si les surfaces qui doivent se joindre sont en bon état, et si elles s'appliquent hermétiquement l'une sur l'autre ; puis il préparera les rondelles de papier qu'il doit mettre dans le joint.

Rondelles de papier pour les joints.

Ce papier doit être fort et d'une épaisseur moyenne ;

le gros papier qu'on emploie pour faire les plans de grandeur naturelle est excellent pour cet usage. Les rondelles seront découpées de telle sorte qu'elles soient renfermées et ne dépassent point l'espace circonscrit par les boulons qui serrent le joint, de manière à ce qu'elles ne soient point traversées par ces boulons et qu'il n'y ait point de papier autour de ces derniers ni dans l'espace excédant. Les rondelles ainsi préparées seront complètement immergées, au moment de s'en servir, dans de l'eau froide ou chaude, jusqu'à ce qu'elles soient suffisamment imbibées; on essuyera l'eau surabondante, puis on enduira de gomme arabique l'une des deux faces, et dans cet état on les appliquera sur l'une des surfaces que l'on veut joindre. On attendra un instant pour que la gomme sèche un peu et que la rondelle adhère parfaitement, afin qu'elle ne puisse être entraînée ni déplacée lorsqu'on mettra en contact la deuxième surface. Il ne faut mettre que la quantité de gomme arabique indispensable, et essuyer tout ce qui excédera, autrement le surplus ferait des bavures à l'intérieur, qui, desséchées par le contact du liquide auxiliaire et emportées par le courant ou la vapeur sous les clapets des pompes ou sous les tampons des robinets, donneraient lieu à des fuites intérieures tout en gênant leur fonctionnement. Au moment de serrer les boulons et d'amener les deux surfaces en contact, on étendra une légère couche de gomme soit sur la rondelle de papier, soit seulement sur la surface qui doit faire joint avec elle. On doit serrer immédiatement les boulons à fond, sauf, quelques heures après, à donner un tour de clé si cela est possible.

Gomme arabique.

Je recommande l'emploi de la gomme arabique de première qualité, parfaitement pure, transparente, en gros morceaux, et dépouillée de tous les corps étrangers qui peuvent y adhérer : ceci est très essentiel. On la fera dissoudre dans un volume égal d'eau, ce qui produira une dissolution épaisse. On l'essaye en trempant l'index dans la dissolution et le mettant en contact avec le pouce ; au moment de la séparation elle doit filer, sans cependant être trop épaisse. Le conducteur d'une machine à vapeurs combinées doit toujours en avoir à sa disposition une certaine quantité toute préparée. Quand la gomme arabique est d'une mauvaise qualité, la dissolution s'altère assez promptement et devient tout-à-fait impropre au service ; autrement, tenue dans un endroit sec, elle se conserve indéfiniment ; il faut seulement y ajouter de temps en temps un peu d'eau, pour qu'elle ne devienne pas trop épaisse.

Rondelles de cuir pour les niveaux.

Pour les garnitures des tubes de cristal des niveaux j'ai employé avec le plus grand succès des rondelles de cuir sec ordinaire, détrempées dans la gomme arabique. Il faut les y laisser quelques heures, les retirer et les exposer à l'air, après les avoir essuyées légèrement, jusqu'à ce qu'elles soient presque sèches, mais cependant encore molles et flexibles. Si on les emploie trop mouillées, la gomme ne sèche que très difficilement quand la garniture est serrée, et il n'est pas prudent de mettre immédiatement le liquide en contact avec ces garnitures. Dans le cas contraire, on peut de suite garnir les appareils et mettre en marche la machine. Pour introduire ces rondelles dans la boîte à garniture on les fendra, et on aura soin en les plaçant de contrarier les fentes, de même qu'il faudra tenir la rondelle plutôt un peu large que trop étroite; lorsqu'on serrera au moyen des vis de pression, ces rondelles ne feront plus qu'une masse compacte, et toute fuite deviendra impossible

Filasse gommée.

La filasse gommée, employée également à moitié sèche, remplace avantageusement le minium sous les têtes de boulons qui pourraient donner passage au liquide, et généralement partout où l'on ne peut mettre du cuir ou du papier. Il faut sévèrement rejeter le minium pétri à l'huile de lin et à la céruse, de tous les joints en contact avec le liquide auxiliaire. L'huile de lin étant une huile résineuse parfaitement soluble dans ces liquides, ce mastic ne saurait les contenir. On peut cependant se servir de minium sec ou oxide rouge de plomb pétri uniquement avec de la gomme arabique, mais il ne faut l'employer que dans les parties de l'appareil qui ne sont en contact qu'avec la vapeur du liquide auxiliaire, en couches très minces, et dans le cas seulement où l'on ne peut faire usage ni du papier ni de la filasse gommée : le papier mâché ou pâte de papier imbibée de gomme serait infiniment préférable. La gomme sèche est très cassante, il faut absolument qu'elle soit unie à un corps élastique et flexible pour être d'un emploi utile. J'ai d'ailleurs recommandé, dans la construction des machines, d'éviter comme un vice radical toutes les dispositions qui nécessitent de percer des trous communiquant avec l'extérieur dans les parties où circulent le liquide ou sa vapeur. Il faut faire venir des renflements dans lesquels on pratiquera un taraudage, afin de recevoir un prisonnier. Dans le cas où l'on n'aurait pu se dispenser de percer la pièce d'outre en outre, le monteur dressera avec soin la partie sur laquelle portera la tête du boulon ; il choisira ce dernier avec une tête large et bien tournée ; il enduira de minium à la gomme la partie de la tige du boulon qui passera dans le trou ; et mettra sous la tête ou une rondelle de carton gommée ou de cuir, ou enfin de la filasse gommée.

Robinets.

Il y a nécessité d'avoir des robinets ordinaires dans diverses parties des appareils, soit aux niveaux, manomètres, baromètres, soit pour purger l'air, soit pour distiller le liquide, le retirer des appareils, et enlever du réservoir l'eau et l'huile qui s'y amassent. Ces robinets doivent être faits et ajustés avec le plus grand soin ; soit qu'ils se placent au moyen d'une tige filetée, soit au moyen de pattes et de vis, ils doivent être munis de larges embases sous lesquelles le monteur mettra une rondelle de papier gommé. Quels que soient les soins et la précision qu'on apporte à leur confection, ceux qui ne sont pas immergés dans le liquide et ne s'opposent qu'au passage de sa vapeur fuient dans un temps très court : cela vient du grippement des surfaces, qui ne peuvent être maintenues grasses à cause de l'action dissolvante des liquides auxiliaires sur les huiles et graisses. Il faut donc ne les faire manœuvrer que lorsqu'il y a nécessité absolue. On arrête la fuite en enduisant la clé et le boisseau d'un peu de gomme ; mais cette opération est à recommencer chaque fois qu'on ouvre ou ferme le robinet. Je la recommande cependant pour les robinets de niveaux et de distillation : ces robinets s'ouvrent ou se ferment rarement ; mais, soumis à l'action du liquide parfaitement pur ou de sa vapeur, ils fuient aussitôt qu'on les a fait agir quelquefois. Cette gomme donne, à la vérité, un peu de raideur à la clé, à cause de l'adhérence ; un léger coup sous cette clé, à l'endroit où elle dépasse le boisseau, suffit pour rompre l'adhérence et la laisser tourner facilement. Quant au robinet de la partie inférieure du vaporisateur, il est moins important qu'il ferme hermétiquement si l'on fait usage d'un liquide dont la pesanteur spécifique est moindre que celle de l'eau et de l'huile; car, ces deux liquides occupant la partie inférieure du réservoir, il est moins sujet à altération, puisqu'il n'est en contact qu'avec eux, qu'ils n'ont aucune action sur lui d'une part, et que de l'autre ils ne sont pas précieux et peuvent au besoin être facilement recueillis.

Montage du cylindre.

Avant de monter le cylindre, ou pour économiser le temps par une seule opération, aussitôt qu'il sera monté et que ses joints seront faits, on l'essayera à la presse hydraulique afin de s'assurer qu'il n'y a point de soufflures, piqûres ou fissures dans le métal qui le compose, qui puissent donner lieu à une fuite soit extérieure soit intérieure. Lorsqu'on fait venir de fonte l'enveloppe et le cylindre, il peut se faire qu'il y ait des fêlures dans le cylindre communiquant avec l'enveloppe : il faudra donc essayer les deux séparément, de même que les conduits de vapeur. Pour soutenir les noyaux qui forment ces conduits et la capacité qui sépare l'enveloppe du cylindre, on se sert de fil de fer et quelquefois de clous : il arrive de temps en temps que ces fils de fer qui restent dans le métal après l'enlèvement du noyau sont peu adhérents avec le métal, surtout lorsque la fonte n'a pas été versée très chaude; il en résulte de petites fuites qui sont à peu près sans importance dans les machines à vapeur d'eau, parce qu'elles sont promptement bouchées par l'oxidation du métal. Il n'en est pas de même dans les cylindres où agit le liquide auxiliaire, ces fuites ne se bouchent point et ne font que grandir : il faut absolument y porter remède, de même que partout où l'on aperçoit le plus léger suintement, en perçant un trou et y enfonçant une goupille qu'on matera avec soin, ou en rapportant une pièce à queue d'hironde, de telle manière qu'il y ait joint parfait, sans qu'on soit obligé pour cela de recourir à l'oxidation, ni d'employer du minium, de la gomme ou autre palliatif. L'étamage, dans ce cas, des deux parties à joindre m'a parfaitement réussi; mais il ne faut compter sur la soudure que pour opérer le contact exact des parties, et nullement pour maintenir la pièce en place; elle doit être fixée et retenue par d'autres moyens. Je n'ai pas besoin de dire que le monteur devra examiner si le cylindre est parfaitement rodé, si les segments du piston sont en bon état et si le contact entre ces deux pièces principales de la machine est parfait, sans donner cependant trop de raide; si les tiroirs remplissent les mêmes conditions : ce sont des soins qu'un bon monteur ne néglige jamais, dont il connaît l'importance et qu'il est inutile de lui indiquer.

Du tuyautage.

Avant de commencer la pose du tuyautage, il frottera avec du sable et du grès les soudures de tous ses tuyaux, les chauffera et les battra au marteau de bois pour faire tomber tous les corps étrangers qui pourraient s'être mêlés à la soudure, comme le borax par exemple, la résine qu'emploient les chaudronniers pour cintrer les tubes. Il les lavera à l'intérieur avec de l'eau chaude fortement acidulée, et les soumettra à l'essai de la presse hydraulique en exerçant une pression trois ou quatre fois égale à celle que peut prendre le liquide auxiliaire à cent degrés ; il les examinera très attentivement en maintenant la pression plusieurs minutes, et fera de suite ressouder les parties qui laisseraient voir le plus léger suintement. Je recommande de toujours refaire ces soudures au cuivre, jamais à l'étain. Il peut arriver qu'un tuyau ainsi préparé ne montre aucune fuite à l'essai hydraulique, même avec de l'eau chaude, et qu'au bout de quelques jours il y ait des fuites de liquide. Il est bien difficile d'enlever complètement la résine qui a servi à cintrer le tube, qui s'est glissée dans les défauts de la soudure et qui, en obstruant les légères piqûres, empêche de les reconnaître. L'action dissolvante du liquide ou de sa vapeur sur les résines a bientôt nettoyé complètement la place, et l'on ne saurait prendre trop de soin primitivement pour éviter d'avoir à y revenir, et d'arrêter le service de la machine pour réparer une fuite quelquefois très légère. Il faudrait, pour être certain du tuyautage, remplir les tubes d'éther sulfurique, le plus actif de tous les liquides comme dissolvant, et l'y laisser quelques heures. Je crois que le temps gagné en évitant un démontage qui arrive fréquemment, compenserait largement la petite dépense qu'occasionnerait la perte d'éther résultant d'un pareil essai. Ces tuyaux doivent être (ceux qui conduisent la vapeur) enveloppés de feutre ou de lisières de drap ; il ne faudra leur faire cette opération que lorsque la machine aura fonctionné dix à quinze jours, autrement il serait extrêmement difficile de reconnaître les légères fuites de vapeur qui pourraient provenir des soudures.

Des appareils de vaporisation et de condensation.

Les appareils vaporisateurs et condensateurs doivent toujours être essayés à la presse hydraulique avant d'être mis en place; puis, lorsque le monteur aura fait les joints définitifs et adapté tous les appareils accessoires qui les complètent, tels que prises de vapeur, robinets de distillation, de niveaux, de purge, manomètre et baromètre, appareil à chasser l'air, il les soumettra à une nouvelle épreuve, laquelle sera de 7 à 9 atmosphères pour le vaporisateur, et de 3 à 4 atmosphères pour le condensateur. Cette épreuve devra être faite rapidement, et l'eau qui a servi à opérer la pression devra être expulsée à l'instant des appareils, afin qu'elle n'ait pas le temps d'altérer les joints qui sont faits avec du papier et de la gomme parfaitement soluble dans l'eau. Ces appareils doivent maintenir le liquide sous cette pression, comme le ferait un vase de cristal soufflé d'un seul morceau. Il ne doit paraître nulle part le plus léger suintement ou la moindre humidité. On les débarrassera le plus complètement possible de l'eau qu'ils contiendront et que retiennent trop facilement les tubes formant les surfaces chauffantes ou condensantes, à cause du rapprochement de leurs parois. J'engage à ne pas essayer les tuyaux sur place, car il y a tels tubes dont les coudes retiendraient l'eau et qu'il faudrait démonter pour l'enlever complètement. Cette précaution est surtout essentielle lorsqu'on emploie le sulfure de carbone comme liquide auxiliaire ; le contact de l'eau, au bout d'un certain temps, le décompose.

Des enveloppes.

Quand le monteur sera certain que ses deux appareils sont en bon état et les joints bien faits, il placera ses enveloppes. Celle du condensateur n'offre aucune difficulté ; il suffit qu'elle contienne l'eau qui doit la remplir et que les joints résistent à la pression de la colonne d'eau, qui rarement dépassera 1 mètre 25 centimètres. Les joints peuvent être faits au minium ou au mastic. Quant à l'enveloppe du vaporisateur, elle exige des soins tout particuliers : elle doit être parfaitement étanche et contenir le vide. Il ne faut pas oublier que de là surtout dépendent la bonne condensation de la vapeur d'eau et la bonne marche de la machine mue par cette vapeur, en même temps que la plus grande production de vapeur auxiliaire. On ne peut éviter dans le montage que la plate-forme du socle sur lequel repose cette enveloppe soit traversée par les boulons qui relient le plateau inférieur d'assemblage des tubes avec la partie de ce socle qui forme la calotte inférieure. Il y a à craindre des rentrées d'air par ces boulons, d'autant plus que les écrous doivent être placés à l'extérieur du socle, et que, les têtes des boulons appuyant sur la bride du plateau à l'intérieur de l'enveloppe, on n'a pas la ressource de pouvoir garnir ces têtes de filasse et de minium ou de mastic. Le passage peut avoir lieu, parce que la bride, ainsi que nous l'avons dit, n'appuie sur la plate-forme du socle que par la partie surexhaussée d'un millimètre circonscrite à l'intérieur des boulons. Pour remédier à cet inconvénient grave, il faut bourrer du mastic ou minium ferme ou un peu sec entre l'espace d'un ou deux millimètres qui sépare les parties assemblées, et en outre garnir chaque boulon de mastic à mesure qu'on le met en place. Quant au joint lui-même de la bride de l'enveloppe, on le fera avec du minium ou du mastic, s'il y a une bride reliée par des boulons; si, au contraire, il n'y a qu'un simple emboîtement entre les bords relevés circulairement de la plate-forme du socle sur laquelle pose l'enveloppe et le bord de cette enveloppe, on remplira l'espace d'un centimètre, laissé par cet emboîtement, avec le mastic dont se servent les chaudronniers pour cintrer les tuyaux de cuivre, espèce de goudron noir qui devient mou à une chaleur de 80 à 100 degrés, ou de toute autre substance ayant la même propriété. C'est également ainsi que se fait la garniture entre l'enveloppe et la partie cylindrique de la calotte du vaporisateur.

Joint de l'enveloppe et de la calotte du vaporisateur.

Cette calotte, s'élevant suivant l'allongement occasionné par la dilatation des tubes formant les surfaces chauffantes, lequel est proportionnel à la température, glisse à frottement doux dans la partie supérieure de l'enveloppe. Un espace est réservé pour une garniture destinée à empêcher l'introduction de l'air sans gêner le mouvement de l'appareil occasionné par la dilatation. On sait que le cuivre rouge, dont sont formés les tubes, se dilate de 0,003 par mètre à 100 degrés : il faut donc que l'appareil puisse jouer dans son enveloppe sans que le vide soit détruit. Le monteur fera bien de s'assurer si la hauteur de l'enveloppe laisse un espace suffisant entre elle et la partie supérieure de la calotte, qui permette cette dilatation ; dans le cas où cela ne serait pas, il ferait donner un coup de tour sur la calotte du vaporisateur, qui la baisserait de 7 à 8 millimètres.

Soupape d'échappement.

La soupape d'échappement d'air et de sûreté se place à la partie supérieure de l'enveloppe du vaporisateur ; la tubulure dans laquelle elle joue est ordinairement rapportée, et fixée au moyen de vis. Le joint pourra se faire avec du minium ou tout autre mastic. Cette soupape doit être rodée avec son siége, et fermer hermétiquement. Cette observation est commune avec la soupape d'échappement d'air du condensateur de vapeur auxiliaire.

Tubulures d'arrivée de vapeur et d'extraction. — Robinets d'injection, de vapeur chauffante et d'éprouvette à vide.

Les deux tubulures d'arrivée de vapeur d'échappement dans l'enveloppe et d'extraction du liquide résultant de la condensation seront parfaitement dressées, et le joint avec le tuyau qui s'y raccorde sera fait au moyen d'une feuille de papier humide, ou seulement de minium étendu au pinceau. Bien qu'il ne s'agisse ici que de joints pour la vapeur, il ne faut pas oublier que le vide doit exister et se maintenir dans l'enveloppe, et que toutes les pièces qui y sont fixées doivent former avec elle un joint hermétique. Il en sera de même des robinets de baromètre ou éprouvette à vide et d'injection : ce dernier sera placé tout à côté de la tubulure d'arrivée de vapeur d'échappement, de manière à ce que l'eau froide qu'il amène frappe la vapeur à son introduction dans l'enveloppe. De l'autre côté de cette tubulure, se trouvera le robinet amenant de la vapeur d'eau de la chaudière pour chauffer l'appareil avant la mise en marche. Tous ces robinets portent de larges embases, et se fixent sur des portées parfaitement dressées et venues de fonte avec l'enveloppe. Dans le cas où elles auraient été oubliées, on donnera aux bases des robinets la forme de l'enveloppe et on les fixera au moyen de plusieurs vis ; en évitant que ces dernières ne traversent la paroi, et on mettra dans le joint du minium ou tout autre mastic, mais cela seulement pour les robinets d'eau ou de vapeur d'eau ; pour tous ceux du liquide auxiliaire ou de sa vapeur, il faut nécessairement une embase tournée et large et une portée pour les recevoir; il n'est pas possible d'y suppléer : si cette embase a été oubliée, il faut changer la pièce, à moins qu'il n'y ait assez d'épaisseur à la paroi pour qu'on puisse y pratiquer une surface plane de la largeur de l'embase du robinet, et trouver encore assez de force pour y former le taraudage de la tige filetée qui fixe le robinet.

Robinet de vapeur.

L'enveloppe mise en place, on monte le robinet ou prise de vapeur qui se fixe sur la partie supérieure de la calotte du vaporisateur. Au moment de faire cette opération, l'ouvrier en examinera le jeu et s'assurera si la lentille appuie parfaitement sur chacun des siéges. Il serrera cette lentille au moyen de la vis de pression qui la manœuvre, assez fortement pour former l'empreinte des deux siéges, supérieur et inférieur, dans la partie garnie de plomb. Il vérifiera s'il n'y a pas de gauche et si, chaque fois que la soupape est mise en mouvement, elle appuie carrément et d'aplomb sur chacun des siéges ; si la lentille métallique rodée, qui tourne prisonnière, n'est pas trop serrée dans les parties qui la maintiennent. Il placera de chaque côté de cette lentille une rondelle de molleskin, étoffe qui sert à faire les garnitures, et l'imbibera d'huile. Dans le cas où la tige du robinet de vapeur serait munie d'un stuffingbox ordinaire, on ne mettra pas de l'étoupe, mais du coton cardé, pour faire la garniture. On mettra du papier gommé dans les joints des diverses pièces qui composent ce robinet. Aucune vis ou boulon ne doit en traverser les parois de manière à communiquer avec l'intérieur. Le siége inférieur doit s'élever d'un ou deux centimètres au-dessus du fond de la boîte, afin que le sable qui pourrait se détacher des diverses parties fondues de l'appareil mal nettoyées, et être entraîné par le courant de vapeur, trouve un espace pour se loger et ne reste pas sur le siége, autrement il s'imprimerait dans la partie en plomb de la soupape et la détériorerait. Si cette précaution n'avait pas été observée dans la confection du robinet de vapeur, il y suppléerait en formant un sillon circulaire autour du siége, aussi large et aussi profond que l'épaisseur du fond de la boîte pourrait le comporter, ou encore il rapporterait un siége.

Tubulure d'introduction du liquide.— Robinets de distillation, de niveau et de manomètre.

C'est sur la partie inférieure de la prise ou robinet de vapeur qui joint immédiatement la calotte, au-dessous du siége inférieur, que sont placés les robinets de distillation, de niveau et de manomètre. Ces robinets se fixent sur des portées préparées pour les recevoir, qui seront bien dressées; la tubulure d'introduction du liquide qui débouche dans cette même partie de la prise de vapeur, sera fermée au moyen d'un tampon retenu par une forte arcade; les joints de ces diverses pièces seront faits avec une rondelle de papier gommé. Il faut immédiatement serrer à fond et ne pas laisser sécher le papier, qui doit être placé humide. Les tubes qui aboutissent à ces divers robinets y sont fixés au moyen de raccords coniques; le monteur en examinera le rodage, et, dans tous les cas où il lui paraîtra douteux, il placera dans le joint un peu de gomme ou du papier gommé. Il vaut beaucoup mieux que le joint puisse se faire à sec; mais tous les monteurs ne savent pas roder, et ils pourront user de cette ressource.

Pompes à air et d'alimentation.

Lorsque le monteur mettra en place et fera les joints de ses pompes, il n'emploiera que le papier gommé exclusivement pour tous ceux de la pompe à liquide auxiliaire; il évitera surtout de mettre une trop grande quantité de gomme sur le papier destiné à faire les joints; j'en ai déjà indiqué le motif : la gomme se sèche rapidement dans les liquides auxiliaires anhydres, et forme de petits corps durs qui, se glissant entre les clapets et leurs siéges, gênent leurs mouvements. Il s'assurera qu'aucun des boulons ou vis qui fixent les regards et les siéges ne traverse les parois. Il vérifiera encore si ces siéges remplissent les conditions indiquées déjà pour les siéges du robinet de vapeur, et qui sont encore bien plus essentielles pour les clapets des pompes; car le courant du liquide emporte le sable, les scories et les copeaux de fer ou limaille dont on n'a pu débarrasser l'appareil, et qui, n'ayant aucune issue, s'accumulent dans les parties creuses. Il est donc très essentiel que ces clapets soient un peu au-dessus du fond de la boîte qui les contient, pour qu'ils puissent se débarrasser de ces scories et que leurs mouvements se fassent librement.

Garnitures hydrauliques.

Les joints des diverses parties de la machine terminés et ses niveaux mis en place, on s'occupera de faire les garnitures à bande ou stuffingboxes des tiges mouvantes : cette opération étant l'une des plus importantes du montage, on ne saurait y apporter trop de soin. Les garnitures des tiges en contact avec la vapeur du liquide auxiliaire se font avec une bande de molleskin, étoffe de coton très forte, très épaisse et très serrée, d'importation anglaise, très commune et à très bon marché, que je n'ai pu remplacer par aucune étoffe française, mais qu'il est facile de se procurer chez tous les marchands tenant les articles d'importation anglaise. Il faut employer la qualité la plus forte. Les garnitures des pompes et des tiges froides plongeant dans le liquide froid, doivent être faites avec une bande de cuir gras d'une bonne qualité : la partie du dos de l'animal est préférable. M. Tranchant, conducteur de la machine de la Cristallerie de la Guillotière, l'homme le plus compétent dans cette question, puisqu'il a près de quatre années d'expérience, assure que le buffle assez épais est de tous les cuirs celui qui lui a donné les meilleurs résultats pour garnitures de pompes : j'en conseille donc l'emploi. Quoi qu'il en soit, ce cuir doit être assez ferme et assez épais pour que, roulé trois fois sur lui-même, il forme une sorte de tuyau capable de résister, sans rentrer en lui-même ni se plisser, à l'action du frottement de la tige dans son mouvement alternatif. J'en dirai de même pour le molleskin, qui doit être exclusivement employé pour tous les joints de vapeur auxiliaire et de tiges chauffées ; seulement on fera, selon le besoin, quatre et même cinq tours au lieu de trois, suivant le diamètre de la tige. Lorsque la tige sera petite et le cuir épais, deux tours seront suffisants. Pour adoucir le cuir trop épais et pouvoir mieux le rouler sur la tige, on le fera tremper dans l'eau tiède du condensateur. Quelle que soit la substance employée, on doit couper une bande de longueur suffisante pour envelopper, ainsi que je viens de le dire, suivant le diamètre de la tige et sa propre épaisseur de deux, trois et même quatre tours, la tige mouvante autour de laquelle on veut empêcher la fuite, et de deux centimètres plus large que la hauteur totale intérieure de la boîte dans laquelle elle doit agir. Si l'on se sert de cuir, on taillera en biseau, au moyen d'un instrument très tranchant, l'extrémité de la bande qui doit s'appuyer immédiatement contre la tige et sur la longueur d'un tour, les deux côtés de la bande formant angle droit avec cette extrémité. La première opération a pour but de faire adhérer parfaitement le cuir sur la tige, et de ne laisser aucun passage au liquide ou à la vapeur; la seconde, de faciliter l'introduction des cônes entre le cuir et la tige, de manière à ce qu'ils y pénètrent sans mâcher ou altérer la bande.

La largeur de la bande étant de deux centimètres de plus que la hauteur de la boîte, on pourrait peut-être craindre de ne pouvoir l'y loger; mais au moment de l'introduction des cônes, qui n'y pénètrent qu'au moyen d'une pression assez forte, il y a un tassement ou refoulement de la bande sur elle-même, considérable, auquel cette disposition a pour but d'obvier. Le même refoulement a lieu lorsqu'on se sert de molleskin. J'ai déjà dit que cette étoffe doit être très épaisse et d'un tissu serré; elle doit en outre être coupée en biais de manière à ce qu'elle puisse prêter dans le sens de sa longueur et permettre, sans rupture et sans de trop grands efforts, l'introduction du cône. Cette dernière précaution n'est cependant pas de rigueur, et je l'ai vu négliger sans de graves inconvénients.

Manière de placer la bande sur la tige.

La bande ainsi préparée, on met la tige autour de laquelle on veut faire la garniture au plus haut point de sa course ; on élève alors le couvercle supérieur de la boîte à garniture, et on l'arrête au moyen d'une ficelle ou d'un fil de fer à la partie de la tige la plus élevée. On roule avec soin la bande de cuir ou de molleskin aussi près que possible de l'ouverture de la boîte : on ne saurait trop serrer les tours les uns sur les autres, si l'on emploie de l'étoffe ; au contraire, on doit peu les serrer si l'on fait usage de cuir. On arrête provisoirement la bande ainsi roulée avec un bout de ficelle, et l'on se dispose à l'envelopper dans les deux tiers de sa hauteur avec une corde fortement serrée et tordue. Cette corde est destinée à maintenir la bande dans sa position d'abord, et ensuite à lui donner assez de rigidité pour l'empêcher de se tasser sur elle-même par l'action de la pression et du frottement de la tige, autrement elle finirait par se désasseoir de dessus les cônes et par ne plus former un joint hermétique avec eux. Cette corde doit être d'excellente qualité, de chanvre, bien tordue et résistante ; car elle remplit encore un autre but : sous l'action de l'eau ou du liquide qui l'entoure, elle s'enfle et exerce une pression élastique sur la bande qu'elle enveloppe, de telle sorte que, malgré l'oubli que pourrait faire le conducteur de la machine de maintenir la pression hydraulique supérieure à celle de la vapeur dans le vaporisateur, elle agisse elle seule sur la bande pourvu qu'il y ait de l'eau dans la boîte qui la renferme. Cette corde doit donc être choisie avec soin, et être autant que possible d'un seul morceau ; sa grosseur sera proportionnée à la grosseur de la tige mouvante, sans que jamais cependant l'on emploie de la ficelle moins grosse que celle que l'on appelle communément du fouet. On commencera à l'enrouler autour de la bande à trois centimètres de l'extrémité de cette dernière dans les garnitures de quinze centimètres de hauteur, et à deux centimètres dans celles de dix centimètres de hauteur, de manière qu'elle couvre les deux tiers de la surface de la bande. On serrera peu les premiers tours, et l'on avancera toujours en serrant davantage jusqu'à ce qu'on atteigne le milieu : on agira alors d'une manière inverse jusqu'à l'autre extrémité de la bande ; on s'arrêtera à deux ou trois centimètres de cette extrémité, de même qu'on l'a fait en commençant. Chaque tour de ficelle doit joindre immédiatement et parfaitement le précédent, et il faut éviter avec soin de la laisser chevaucher. Les deux bouts doivent être solidement arrêtés. Les choses en cet état, on pose sur la bride de la boîte le papier ou mastic qui doit faire le joint entre elle et le couvercle supérieur ; on abaisse ce dernier, on graisse les cônes, on verse de l'huile le long de la tige de manière à ce que cette huile glisse entre cette dernière et la bande qui l'enveloppe ; et on appuie avec force afin de faire pénétrer le cône. Ordinairement il n'est pas possible de faire couler la bande roulée sur la tige, et de faire ainsi descendre la garniture dans la boîte : on fait alors mouvoir la tige jusqu'à ce que, dans son mouvement, elle amène la bande sur le cône inférieur, qu'il commence à s'introduire dans la bande et prenne une position semblable au cône supérieur. On coupe un morceau de bois d'une longueur suffisante, et on le place entre le couvercle supérieur de la boîte à garniture et la tête ou T de la tige ; abaissant alors la tige au moyen d'un levier ou en tournant au volant de la machine, la tige entraîne avec elle le couvercle, fait pénétrer à fond les deux cônes et joindre ce dernier sur la bride de la boîte. On place les boulons sans les serrer à fond ; on n'achèvera de les serrer complètement que lorsqu'on aura fait arriver l'eau ou l'huile dans la boîte, et qu'on sera certain que celle-ci est parfaitement remplie et que l'air en est entièrement parti. Cette précaution est bonne à prendre, car elle a encore l'avantage de convaincre le monteur que les tubes conducteurs venant de la presse hydraulique ne sont pas obstrués.

Dans le cours de cette opération assez délicate, mais qui se fait très promptement quand on en a un peu l'habitude, on prendra garde de ne point altérer la partie extrême ou sommet des cônes ; et dans le cas où ils ne se glisseraient pas facilement entre la tige et la bande, le monteur passera avec précaution une pointe à tracer entre eux et préparera le passage ; il versera de l'huile sur les cônes ou de la graisse chaude, et en fera pénétrer le plus possible entre la bande et la tige. J'ai recommandé, lors de la confection des diverses pièces de la machine, de ne pas terminer l'affilage des cônes ; ce soin regarde le monteur. Ces derniers doivent lui être remis ayant à leur sommet environ deux millimètres d'épaisseur ; avant de les mettre en place dans leurs boîtes pour faire les garnitures, il les affilera en formant un biseau de cinq millimètres de longueur, lequel biseau terminera le cône d'une manière très aiguë, et pourtant lui conservera une certaine force tout en lui permettant de pénétrer facilement entre la bande et la tige sans opérer de refoulement. Les cônes terminés doivent glisser sur la tige à frottement juste et doux. Aussitôt que l'huile ou l'eau foulées par la petite pompe s'échapperont par le joint du couvercle supérieur, on serrera fortement les boulons et on exercera sur les garnitures ainsi terminées une pression de 3 à 4 atmosphères, afin de faire pénétrer l'huile ou l'eau dans les pores de la bande de cuir ou de molleskin. Il ne sera pas nécessaire de maintenir cette pression plus de quelques heures. Au moment de la mise en marche de la machine, on se contentera d'avoir dans la boîte à garniture une pression un peu supérieure à celle de la vapeur dans le vaporisateur.

Toutes les garnitures des tiges mouvantes étant terminées et les niveaux en place et garnis de rondelles gommées comme je l'ai dit plus haut, la machine est prête à recevoir le liquide auxiliaire. Les soins à prendre avant et pour son introduction seront décrits dans le chapitre suivant, qui traite de la conduite des machines à vapeurs combinées. Avant de terminer celui-ci, je répéterai encore que le monteur ne doit mettre aucune négligence dans la confection de ses joints; ils sont faciles à faire, puisqu'ils ne consistent généralement qu'en une seule rondelle de papier gommé placée entre deux surfaces parfaitement dressées. Il vaut mieux refaire les joints douteux et passer un peu plus de temps à dresser ces surfaces que d'avoir à y revenir plus tard, car on ne retire pas le liquide des appareils sans une perte considérable. Du reste, ces joints une fois faits et bien faits sont d'une très longue durée.

LÉGENDE EXPLICATIVE DE LA PLANCHE VIII, REPRÉSENTANT UNE MACHINE A BALANCIER DU SYSTÈME DES MACHINES A VAPEURS COMBINÉES.

N° 1. Vaporisateur. — A, prise de vapeur. B, tubulure d'introduction du liquide. C, robinets de niveau, manomètre et distillation. D, tube conduisant la vapeur auxiliaire à son cylindre. E, soupape d'échappement d'air de l'enveloppe. EE', baromètre et manomètre. G, niveau magnétique. H, tube d'échappement de la vapeur d'eau arrivant dans l'enveloppe. I, robinet d'injection d'eau froide. J, tube d'extraction de l'eau condensée. K, robinet de purge. L, robinet de vapeur d'eau venant directement de la chaudière.

N° 2. Condensateur. — A, tube venant de l'échappement du cylindre à vapeur auxiliaire n° 4. B, tube d'extraction du liquide condensé. C, tube amenant l'eau de condensation fournie par la pompe n° 9. D, trop-plein, sortie de l'eau de condensation. E, éprouvette du vide. F, robinet de purge. G, robinet de distillation. H, soupape d'échappement d'air.

N° 3. Cylindre à vapeur d'eau, à détente variable.

N° 4. Cylindre à vapeur auxiliaire, à détente

variable. — A, robinet de vapeur chauffante arrivant de la chaudière à eau dans l'enveloppe du cylindre. B, robinet de purge. C, robinet qui amène l'eau de la pompe exerçant la pression sur la bande de la garniture hydraulique D.

N° 5. Appareil à chasser l'air. — M, réservoir cylindrique. N, niveau magnétique. O, robinet d'air. P, soupape ou tampon fermant la communication entre la pompe n° 6 et le réservoir. Q, tube amenant le liquide refoulé par la pompe n° 6. R, tube introduisant le liquide du réservoir dans le vaporisateur.

N° 6. Pompe d'extraction du liquide condensé, le reportant au vaporisateur pour l'alimenter. — A, robinet d'extraction du liquide lorsqu'on distille. B, garniture hydraulique.

N° 7. Pompe à air et d'extraction de l'eau résultant de la vapeur condensée dans l'enveloppe du vaporisateur.

N° 8. Bâche recevant l'eau de la pompe d'extraction, et dans laquelle fonctionne la pompe-plongeur qui alimente la chaudière à vapeur d'eau.

N° 9. Pompe à eau froide pour la condensation de la vapeur auxiliaire.

CHAPITRE II.

CONDUITE DES MACHINES.

Introduction du liquide auxiliaire.

Au moment de verser le liquide auxiliaire dans le vaporisateur, le monteur ou conducteur de la machine s'assurera si les robinets des niveaux sont ouverts, et si tous les autres communiquant de l'intérieur à l'extérieur sont exactement fermés. Il ne doit pas oublier que le liquide qui garnit les appareils est cher, et que la fuite la plus légère ne pouvant se fermer naturellement, puisqu'il ne produit ni oxide ni encrassement, cette fuite ne doit que s'accroître et est toujours d'une extrême importance quelque faible qu'elle puisse paraître, car la goutte qui tombe toutes les minutes produit des litres au bout de peu de temps. Ce liquide est ordinairement contenu dans des bouteilles de verre de grande capacité, lesquelles sont difficiles à manier. On devra se procurer un vase en cuivre ou en ferblanc contenant une dizaine de litres, muni à sa partie basse d'un robinet placé un peu au-dessus du niveau du fond, afin que le sable et les scories, qui pourraient être entraînés lorsqu'on est dans la nécessité de retirer le liquide des appareils, restent dans le fond du vase quand on en fera usage. Ce vase pourra se fermer à sa partie supérieure au moyen d'un tampon rodé métallique. Il faut aussi avoir un ou deux vases à larges ouvertures, munis d'un manche commode et d'un bec, dans lesquels on pourra recevoir le liquide chaque fois qu'il sera nécessaire de le retirer des appareils par les robinets de vidange ou par les joints du tuyautage. Généralement on néglige de se munir de ces ustensiles, dont on ne reconnaît l'importance que lorsque la perte de liquide causée par leur absence a déjà coûté trois ou quatre fois leur valeur. Il est bon d'y joindre un entonnoir pouvant entrer dans la tubulure d'introduction assez aisément pour laisser encore un large passage à l'air qui s'échappe, à mesure que le liquide s'accumule dans l'appareil. Au lieu de faire la douille de l'entonnoir parfaitement ronde, comme on les fait ordinairement, j'ai fait aplatir une partie de la circonférence dans ceux que j'ai employés. De cette manière la douille peut être d'un diamètre égal à l'orifice de la tubulure d'introduction ; mais comme elle ne le ferme que pour les deux tiers, il y a une issue pour l'air égale à un tiers, qui est très suffisante.

Quel que soit le liquide dont on fera usage dans la machine, on doit avant de l'introduire dans les appareils s'assurer de sa qualité par sa pesanteur spécifique au moyen de l'instrument connu sous le nom de *pèse-liqueurs*, et vérifier s'il ne contient aucun acide qui puisse attaquer le métal. Il suffira pour cela d'y plonger un morceau de papier de tournesol, de l'y laisser une minute et d'examiner si la couleur n'en a point été altérée : si le papier, de rose qu'il était, devient légèrement jaune, le liquide a besoin d'une plus complète rectification, et il ne faut pas s'en servir. Le liquide est introduit dans le vaporisateur par la tubulure placée, à cet effet, à la partie supérieure de la calotte. Il faut le verser lentement, en tenant la prise de vapeur ouverte ainsi que les robinets de la calotte supérieure du condensateur, afin que l'air déplacé puisse s'échapper facilement; autrement il y aurait des bouillonnements, et l'air comprimé, s'échappant par soubresaut et avec force, occasionnerait une perte appréciable de liquide. Au moment de l'introduction, le robinet de l'appareil à chasser l'air et à faire le vide doit être hermétiquement fermé, et on ne doit point laisser échapper l'air qui s'y comprime sous la pression de la colonne liquide à mesure que le niveau s'élève dans le vaporisateur; si la quantité d'air n'était pas suffisante, le liquide contenu dans le vaporisateur passerait, au moment du chauffage, en grande quantité dans l'appareil à faire le vide, remplaçant l'air comprimé par la pression de la vapeur à mesure qu'elle se forme et tendrait à le remplir, ce qui dégarnirait d'autant les surfaces chauffantes du vaporisateur. On doit donc laisser dans l'appareil à faire le vide toute la quantité d'air qu'il contient au moment où l'on verse le liquide, afin que ce dernier ne s'élève pas à plus des deux tiers de la hauteur du réservoir, sous la pression de trois atmosphères. Comme il faut que les surfaces chauffantes du vaporisateur restent couvertes malgré la quantité de liquide qui s'élèvera dans l'appareil à vide, en comprimant l'air qui le remplit jusqu'à ce que sa pression équilibre celle de la vapeur à mesure de la production de cette dernière, il faudra lors du premier remplissage que le liquide s'élève dans le vaporisateur jusqu'au sommet du niveau. Il serait plus convenable encore de garnir cet appareil jusqu'au milieu du niveau, et d'y ajouter une quantité de liquide égale à celle que peut contenir le réservoir de l'appareil à faire le vide ; du reste, on doit s'attendre à voir baisser considérablement le niveau dans le vaporisateur au bout de quelques minutes de marche, car il faut que le tuyautage se garnisse du liquide ou de la vapeur qui le remplit ; il en est de même du cylindre et des pompes. Les surfaces de condensation elles-mêmes restent chargées de gouttelettes qui s'écoulent lentement et même ne s'écoulent pas du tout, à moins qu'elles n'acquièrent un certain poids par leur accumulation ou la condensation de nouvelles vapeurs. Toutes les surfaces avec lesquelles se trouvent en contact le liquide ou sa vapeur doivent pour ainsi dire être saturées, ce qui n'arrive pas sans une grande absorption apparente du liquide. Il ne faut donc point s'étonner de l'abaissement rapide du niveau au bout de quelques minutes de marche ; l'équilibre est promptement établi, et alors seulement on doit réalimenter l'appareil en y introduisant du liquide par la soupape du condensateur, si la machine est au repos et que le vide n'existe plus dans cet appareil, ou mieux encore pendant la marche même de la machine, par le robinet de distillation auquel on adaptera un tube recourbé formant siphon et plongeant dans la bouteille ou récipient qui contient le liquide. La tubulure d'introduction placée sur la prise de vapeur ne doit servir que lorsque le vaporisateur est complètement dégarni de liquide, ou qu'il n'en contiendra plus assez pour mettre la machine en mouvement ; car, du moment où cette dernière peut manœuvrer ses pompes, il est facile de réalimenter par le condensateur, et ce moyen est préférable.

Quand on remplira pour la première fois le vaporisateur, on versera dans l'appareil un litre d'huile sur vingt litres de liquide auxiliaire, et l'on fermera la tubulure d'introduction au moyen de son tampon et en mettant dans le joint une rondelle de papier gommé. On laissera pendant la première heure le robinet de vapeur et les robinets du condensateur ou simplement sa soupape d'échappement ouverts, afin que la pression de l'atmosphère permette au liquide de s'écouler s'il y a des fuites soit à l'extérieur par les joints, soit à l'intérieur par les soupapes ou clapets des pompes. J'engage le conducteur d'une machine nouvelle à laisser le liquide au moins douze heures dans l'appareil avant d'y introduire la vapeur chauffante. S'il y a quelques fuites par les joints, elles se découvriront et la perte sera minime, tandis que, lorsqu'on chauffe le vaporisateur sans être parfaitement certain qu'il est étanche, la perte est grande s'il se déclare une fuite ; il faut refroidir le liquide avant de le tirer, et pendant tout ce temps il y a peu de moyens de recueillir ce qui s'échappe. Pour ne pas perdre de temps, il faut commencer par le montage des appareils de vaporisation et de condensation, des pompes, des appareils à chasser l'air et autres faisant pour ainsi dire partie des premiers : alors on verse le liquide, et on achève le montage des cylindres et autres parties de la machine. Pendant ce temps-là le monteur portera de temps en temps son attention sur tous les joints que couvre le liquide, les examinera avec soin, et s'assurera qu'il n'y a pas le plus léger suintement. Il peut se faire que, sans pression autre que celle de son propre poids et sans la plus légère fuite apparente, le liquide baisse au niveau ; il est certain alors que les clapets de retenue des pompes alimentaires sont mal ajustés ou rodés, ou que quelques corps étrangers les empêchent de joindre hermétiquement : ces corps peuvent être de la gomme desséchée, des copeaux de fer, un peu de sable provenant des noyaux mal nettoyés, ou de la limaille. Il faut alors fermer le robinet de communication entre le vaporisateur et la pompe, et le nettoyer et roder à nouveau. Ce robinet, très utile pour toutes ces réparations, a un inconvénient grave ; car, si le conducteur de la machine oublie de l'ouvrir avant le départ de la machine, il y aura certainement rupture des tuyaux d'alimentation ou de quelque autre partie des appareils. M. Moreaux, dans la machine construite d'après ses dessins chez MM. Huguenin, Ducommun et Dubied, constructeurs à Mulhouse, pour l'Amérique, a cherché à parer à ces dangers en remplaçant la vis qui meut et serre le tampon sur les siéges par une simple tige glissant dans une garniture hydraulique. Cette tige est articulée à l'extérieur avec un double levier à l'extrémité duquel est un poids ou un ressort suffisant pour serrer le tampon sur le siége inférieur ou sur le siége supérieur, suivant le besoin. De cette manière la pression n'est pas rigide; et, si le conducteur oublie de changer le poids et d'ouvrir le robinet, la pression exercée sur le tampon le soulèvera malgré le poids, et le liquide passera sans occasionner autre chose qu'un travail un peu plus considérable à la machine. Il est bien rare que des joints qui ne fuient pas naturellement au bout de 15 à 20 heures, fuient plus tard même sous la pression de trois atmosphères, que je considère comme étant le maximum de pression auquel on doit employer la vapeur des liquides auxiliaires, même de l'éther sulfurique. Tout joint, quel qu'il soit, qui laisse apercevoir le plus léger suintement, doit être immédiatement refait. Dans ce cas, si le joint est au vaporisateur même, on extrait le liquide par le robinet de vidange placé à la partie inférieure du vaporisateur. On remarquera un grand déficit dans la quantité de liquide qu'on recueillera, relativement à celle qui y a été introduite : il ne faut ni s'en étonner ni s'en tourmenter, cela tient aux causes que j'ai indiquées un peu plus haut, et on retrouvera ce liquide, qui n'est point perdu, dans le nouveau remplissage.

Chauffage du vaporisateur.

Si tous les joints semblent bien tenir, on ferme le robinet de prise de vapeur auxiliaire, et on amène un peu de vapeur d'eau dans l'enveloppe du vaporisateur au moyen du robinet et du tube qui établit une communication directe entre cette dernière et la chaudière de la machine à vapeur d'eau. A mesure que la température s'élève, la vapeur auxiliaire est produite et pèse sur le liquide qui tend à s'échapper par tous les joints : c'est alors que le machiniste doit redoubler d'attention et ne pas quitter de l'œil les divers joints de l'appareil. Il chauffera très lentement et ne perdra pas de vue le manomètre, car ces liquides bouillent avec une très grande promptitude, et toute personne qui n'en a pas l'habitude ne peut imaginer avec quelle rapidité s'élève la pression de leur vapeur. On laissera monter la vapeur jusqu'à quatre atmosphères environ, et alors on fermera le robinet de vapeur d'eau chauffante. Si les joints résistent à cette pression, tout est bien, et la machine, sous ce rapport, est en état de commencer son service ; si, au contraire, il se déclare une fuite, il faut ouvrir de suite le robinet qui établit une communication entre le vaporisateur et le condensateur par leurs socles ou calottes inférieures. Le liquide passera dans ce dernier avec une vitesse proportionnelle à la pression de sa vapeur; on fermera le robinet de communication aussitôt que le liquide sera passé, autrement il reviendrait dans le vaporisateur au moment où la condensation de la vapeur qui le remplit y opérera un vide partiel. La soupape placée sur la calotte supérieure du condensateur, laissant échapper l'air, empêchera la contre-pression qui s'y opérerait sans cela, et, se fermant aussitôt qu'il sera parti, maintiendra le liquide dans cet appareil. On comprend la nécessité de garnir d'eau fraîche la bâche du condensateur avant tout essai ou mise en marche de la machine : sans cette précaution on aurait une très grande perte de vapeur qui, ne se condensant pas, s'échapperait par cette soupape. On peut de cette manière conserver le liquide au condensateur, si cet appareil est parfaitement étanche, pendant tout le temps qu'on réparera le joint où s'est déclarée la fuite. Il faut, dans ce cas, laisser rentrer l'air extérieur dans le vaporisateur en ouvrant le robinet de distillation, après avoir enlevé le tube qui met en rapport le condensateur et le vaporisateur. Ordinairement ce tube ne se place que lorsqu'on distille, et chacun des appareils est muni d'un robinet; mais s'il n'y en avait qu'un, et que conséquemment le tube dût toujours rester en place, il faudrait démonter le tube du niveau ou du manomètre, car il faut conserver le vide au condensateur : la pression atmosphérique agissant dans le vaporisateur appuiera sur les clapets de retenue, et le liquide ne pourra s'y écouler. Si, au contraire, on négligeait cette précaution, il pourrait arriver que, le vide devenant plus parfait dans le vaporisateur à mesure qu'il se refroidit, qu'il ne l'est dans le condensateur, le poids du liquide que contient ce dernier ne fût suffisant pour soulever les clapets, qui tous sont placés de manière à résister à la pression du vaporisateur, et qu'il y eût écoulement de ce dernier appareil dans le premier : cet écoulement se ferait, non pas par le tuyau de décharge qui met en communication par le bas les deux appareils, ainsi que je l'ai dit, et qu'on peut fermer, mais il aurait lieu par la pompe qui reporte le liquide condensé au vaporisateur; pompe dont les clapets agiraient sous la pression plus forte du condensateur, contre laquelle ils ne peuvent opposer d'autre résistance que leur propre poids. Le robinet de vapeur chauffante doit être fermé aussitôt que la pression atteint quatre atmosphères, la vapeur d'échappement du cylindre à vapeur d'eau devant suffire à maintenir la pression et à fournir la vapeur nécessaire au cylindre à vapeur auxiliaire pendant le travail des machines.

Chauffage du cylindre.

Avant de mettre en marche, on introduira la vapeur d'eau dans l'enveloppe du cylindre à vapeur auxiliaire afin de le chauffer, en même temps qu'on fera les mêmes préparatifs pour le cylindre à vapeur d'eau. Il est de la dernière importance que le cylindre dans lequel agit la vapeur auxiliaire soit parfaitement chaud au moment du départ de la machine ; s'il en était autrement, la condensation serait considérable, et la presque totalité du liquide contenu dans le vaporisateur peut être insuffisante pour lui donner la température convenable. Il arriverait infailliblement que le liquide, s'accumulant dans le cylindre et sortant avec difficulté par l'échappement, donnerait lieu à des chocs capables de briser les couvercles ou d'endommager les joints, les tiges et les pistons. D'un autre côté, les surfaces chauffantes du vaporisateur n'étant plus couvertes, puisqu'une partie du liquide aurait passé dans le cylindre et de là dans le tuyautage, la production de vapeur ne serait plus en quantité et à pression suffisantes, et la machine s'arrêterait. Ce ne serait qu'avec une extrême lenteur, et en chauffant fortement l'enveloppe du cylindre, qu'on pourrait faire passer le liquide en vapeur au condensateur, et de là le réintroduire au vaporisateur. Ce manque de précaution, comme on le voit, peut donner lieu à de graves inconvénients, surtout dans les machines à vapeurs auxiliaires non couplées avec la machine à vapeur d'eau et qui agissent isolément et indépendamment de cette dernière ; autrement, on peut réintroduire le liquide du condensateur au vaporisateur en faisant marcher la machine à vapeur d'eau. Il y a néanmoins de grandes difficultés à cette manœuvre : car la vapeur d'échappement arrivant dans l'enveloppe du vaporisateur, où elle doit se condenser, ne rencontre que des surfaces métalliques non couvertes : ces surfaces s'échauffent, la condensation n'a pas lieu, et la pression de l'atmosphère équilibrant en partie la pression dans le cylindre, à moins qu'on ne marche à haute pression, la machine ne peut plus marcher ; il faut en venir aux moyens qu'on emploie quand les machines sont isolées et ont une marche indépendante : faire mouvoir à bras la pompe d'alimentation, difficultés et embarras qu'on évite en ayant soin de chauffer d'abord le cylindre. Le robinet d'injection d'eau froide, placé près de l'arrivée de la vapeur d'échappement dans l'enveloppe, peut être alors d'un grand secours ; car, en opérant la condensation de la vapeur d'eau malgré le surchauffement des surfaces du vaporisateur, il facilite la marche de la machine à vapeur d'eau. Il faut en faire usage si l'on s'aperçoit qu'il opère la condensation d'une manière suffisante pour que cette machine fonctionne et entraîne la machine à vapeurs auxiliaires, car au bout de peu d'instants les choses seront en bon état ; mais si dès le principe il ne suffit pas, il faut le fermer immédiatement, arrêter la machine et faire mouvoir à bras la pompe d'alimentation du liquide auxiliaire, afin de regarnir le vaporisateur ; autrement, arrivant en certaine quantité dans l'enveloppe, et la pompe d'extraction ne fonctionnant pas, l'eau s'y élèverait rapidement et pourrait engorger les tuyaux d'échappement et les tiroirs. J'ai recommandé, dans le chapitre qui traite de la construction de la pompe d'extraction du liquide auxiliaire, de placer à cette pompe un débrayage facile et une douille propre à recevoir un levier ou balancier capable de la manœuvrer facilement ; on verra combien cette recommandation est nécessaire ; surtout dans les machines additionnelles isolées et fonctionnant indépendantes de la machine à vapeur d'eau. Dans une machine neuve et qui fonctionne pour la première fois, on doit s'attendre à ce que le courant de la vapeur ou du liquide auxiliaire amènent sur le piston et les clapets de la pompe alimentaire quelques grains de sable, qui, malgré toutes les précautions que l'on peut prendre, restent toujours dans les tubes de l'appareil condensateur. Ces grains de sable pourraient altérer les pistons et les clapets ; il sera convenable de retirer les segments métalliques des pistons et de les remplacer par des segments en bois, ou simplement de l'étoupe en tresses fortement serrées, pendant les premiers essais de la machine. Cette garniture peu durable sera momentanément suffisante, on l'enlèvera dès que la machine sera nettoyée et devra faire un service actif ; quant aux clapets, il faudra les vérifier, enlever le sable qui s'y serait déposé, et les roder de nouveau s'il en était besoin.

Mise en marche de la machine.

Quand les deux cylindres ou leurs enveloppes auront été purgés de l'eau résultant de la condensation de la vapeur qui les a chauffés, la machine pourra être mise en mouvement. On commencera toujours par ouvrir la communication de la vapeur d'eau avec le cylindre dans lequel elle fonctionne, puis immédiatement après on ouvrira celle de la vapeur auxiliaire, si cette vapeur est à la pression convenable. Dans le cas contraire, on laissera la machine se mouvoir lentement sous la seule action de la vapeur d'eau. La vapeur d'échappement, arrivant à chaque coup de piston dans l'enveloppe du vaporisateur, élèvera promptement la température du liquide qu'il contient; et, lorsque sa vapeur sera à une pression de 2 1/2 ou 3 atmosphères, on ouvrira la communication entre cette vapeur et son cylindre. On aura soin dans tous les cas, soit que l'on commence à marcher avec une vapeur seule ou avec les deux vapeurs à la fois, d'ouvrir de suite le robinet placé à la partie supérieure de l'appareil à faire le vide, afin que l'air extrait par la pompe avec le liquide, et qui s'y accumule à chaque coup de piston, puisse s'échapper dans l'atmosphère. Cette manœuvre, très simple et facile dans une machine couplée ou à deux cylindres, est extrêmement avantageuse; car la marche par la vapeur d'eau seulement fait travailler la pompe à air et produit le vide dans le condensateur et le cylindre, qui se trouvent ainsi dans d'excellentes conditions au moment où y arrive la vapeur auxiliaire. On peut, en suivant cette méthode que je crois préférable à toutes autres, dans les machines couplées se dispenser de chauffer le vaporisateur au moyen d'un jet de vapeur pris directement à la chaudière. Il faut alors admettre une plus grande quantité de vapeur d'eau dans le cylindre si la machine a une détente variable, et en moins d'une ou deux minutes la pression de la vapeur auxiliaire sera suffisante pour qu'on puisse la faire agir; elle s'élèvera, du reste, pendant la marche des deux machines, au maximum de tension à laquelle elle doit travailler et que peuvent lui fournir le volume et la température de la vapeur d'échappement amenée dans l'enveloppe du vaporisateur.

Mais, dans une machine à vapeur auxiliaire isolée marchant indépendante par la vapeur d'échappement que lui fournit une machine à vapeur d'eau éloignée et faisant un travail à part, il n'est pas possible d'obtenir le vide avant l'introduction de la vapeur auxiliaire, à moins que la pompe à air ne soit munie d'un débrayage et d'un levier qui permettent de la manœuvrer à bras d'homme. Cette disposition a un double avantage : celui de créer le vide avant la mise en marche, et celui de réintroduire au vaporisateur le liquide qui, par une cause quelconque, a fui au condensateur, et de couvrir ainsi les surfaces chauffantes. Quelques coups de pompe suffisent pour réalimenter le vaporisateur et créer un vide partiel capable de faciliter considérablement le départ de la machine : on évite ainsi la fatigue de tourner au volant, opération quelquefois impossible et toujours infructueuse pour créer le vide, à cause de la lenteur avec laquelle marche la pompe à air. Quand on ne peut faire usage des moyens indiqués ci-dessus, on met la machine au départ et on ouvre lentement le robinet de vapeur auxiliaire ; le piston avance alors dans le cylindre qui se remplit de vapeur, chassant devant lui au condensateur l'air qu'il contenait. Si on arrête la machine au moment où le piston est près d'arriver au bout de sa course et qu'on ouvre le robinet de distillation placé à la partie supérieure du condensateur, après avoir démonté le tube qui établit la communication avec le vaporisateur, l'air s'échappera avec force et il ne restera plus dans la machine que celui qui remplit le condensateur et qui sera bientôt enlevé par la pompe : cet air, du reste, se trouvera détendu de près de moitié au moment où le vide se fera dans le cylindre par la condensation de la vapeur s'échappant au condensateur. Lorsque le tube du baromètre ou éprouvette du vide aura un diamètre de 7 à 8 millimètres, il sera inutile d'ouvrir le robinet, l'air comprimé soulevant le mercure s'échappera à travers celui-ci; mais alors il faut que le piston avance très lentement dans le cylindre, afin de lui donner le temps de partir avant que l'échappement de la vapeur arrive au condensateur. Dans les machines où le condensateur sera muni d'une soupape sur sa calotte supérieure, l'air s'échappera sans la moindre difficulté; il faudra seulement avoir soin de fermer cette soupape avec la vis de pression à cet effet aussitôt que l'éprouvette indiquera un commencement de vide, afin d'éviter la perte de vapeur qui pourrait avoir lieu dans le cas où, par une cause quelconque, la condensation se ferait mal, malgré la privation complète d'air.

J'ai dit plus haut que, pendant ces diverses manœuvres, le robinet d'air de l'appareil à faire le vide devrait être ouvert. On en ménagera l'ouverture de manière à ce que l'eau du liquide ne monte pas sensiblement : car, si le passage donné à l'air était trop grand, la pression, s'abaissant subitement dans cet appareil, n'appuierait pas assez sur le liquide pour le contenir, et l'air, le traversant et s'échappant avec force, en entraînerait dans son courant une assez grande quantité, ce qu'il est facile d'éviter avec un peu d'attention. On diminue l'ouverture à mesure que chaque coup de pompe amène une moindre quantité de l'air qui se raréfie dans le tuyautage, le cylindre et l'appareil condensateur; et, lorsqu'on voit le niveau s'élever rapidement, on ferme tout-à-fait, sauf à ouvrir un instant après si le liquide s'abaisse trop. Aussitôt qu'il oscille sous chaque coup de pompe et ne s'abaisse plus, le vide est aussi complet qu'il peut l'être, et il faut soigneusement fermer le robinet d'air. Si ce niveau s'abaisse de nouveau au bout de peu de temps, malgré les purges fréquentes d'air qu'on aura faites, c'est un signe qu'il y a des rentrées d'air soit par les garnitures ou joints du cylindre et des pompes à air, soit par les joints du tuyautage ou du condensateur. On peut les vérifier en promenant une bougie allumée, ou en prêtant attentivement l'oreille : le bruit que fait l'air en rentrant indique suffisamment la fuite. Celle-ci trouvée, il faut refaire le joint si elle provient d'un joint, ou la partie vicieuse si elle provient d'un vice d'ajustage ou de construction.

Fuites au vaporisateur et au condensateur.

Dans le cas où il se déclarerait une fuite subite à quelque partie que ce soit des pièces attenantes au vaporisateur pendant la marche de la machine, et que conséquemment il y aurait pression dans l'appareil, il faudrait à l'instant même ouvrir le robinet qui établit une communication entre les parties basses du vaporisateur et du condensateur, afin qu'en moins d'une minute on puisse faire, en ouvrant ce robinet, passer le liquide de l'un dans l'autre. Le vide étant établi au condensateur, il y passera avec une vitesse proportionnelle à la pression de ce dernier et à celle de la vapeur dans l'appareil évaporatoire. Dans les petites machines, où l'on n'aurait pas jugé à propos d'établir une semblable communication, on pourra faire passer le liquide en vapeur dans le condensateur en ouvrant le robinet de distillation qui met en communication directe les calottes supérieures de ces deux appareils ; mais cette opération sera longue quel que soit le diamètre du tube distillateur, et, si la fuite est un peu forte, il y aura une perte considérable de liquide. Si la fuite a lieu au condensateur, au tuyautage et aux diverses autres parties de la machine qui en dépendent et sur lesquelles il réagit, il suffira d'arrêter la machine et de fermer le robinet de prise de vapeur. On injectera de l'eau fraîche dans l'enveloppe du vaporisateur en ouvrant le robinet d'injection, de manière à refroidir complètement cet appareil ; la vapeur qui le remplit en partie sera condensée, et, le vide s'y établissant d'une manière à peu près parfaite, le liquide contenu dans le condensateur, les pompes et tuyautages, passera au vaporisateur. On facilitera cette action du vide plus parfait du vaporisateur sur celui du condensateur détruit par la fuite à intercepter, en faisant rentrer de l'air par le robinet de distillation ou la soupape d'échappement d'air qu'on soulèvera à cet effet. Le liquide, de cette manière, ne gênera plus les réparations, qu'on pourra commencer de suite sans retirer le liquide des appareils, opération qui entraîne toujours une perte considérable.

Abaissement de la pression au vaporisateur. Jeu des pompes.

Pendant les premiers moments de la marche de la machine, le mécanicien s'assurera du jeu des pompes à liquide auxiliaire. Il arrive souvent que, lorsque les tubes qui amènent au niveau le liquide et sa vapeur ne sont pas d'assez fort diamètre, le niveau ne marque point l'état réel du liquide dans l'appareil évaporatoire : c'est donc sur le niveau de l'appareil à chasser l'air et à faire le vide qu'il devra porter son attention, car à chaque coup de pompe ce niveau oscille, et il est facile de s'apercevoir si les pompes fonctionnent convenablement. Du reste, l'abaissement de la pression indiqué par le manomètre du vaporisateur, quand la pression ne varie pas à celui de la chaudière à vapeur d'eau, est un résultat immédiat et infaillible d'un mauvais fonctionnement dans les pompes. La production de vapeur est proportionnelle au développement de la surface chauffante qui doit être couverte par le liquide : j'ai dit que deux litres de liquide couvrent un mètre de cette surface ; il suffit donc que la pompe ne marche pas pendant quelques coups seulement, pour qu'une grande quantité de surface se trouve dégarnie du liquide dont elle doit être recouverte. Le volume de vapeur produit n'étant plus le même, la pression baissera au manomètre du vaporisateur ; mais dans le même temps elle s'élèvera dans l'enveloppe de cet appareil, parce que l'absorption de chaleur diminuera en même temps que la production de vapeur; la condensation de la vapeur d'eau chauffante qui arrive toujours en même volume ne sera plus totale ni instantanée, et le vide diminuera dans le même rapport. On peut donc être certain que, lorsque dans le même instant la pression s'abaisse dans le vaporisateur et s'élève dans son enveloppe, les pompes fonctionnent mal et doivent être visitées.

Il peut arriver que la pression s'élève seulement dans l'enveloppe sans s'abaisser dans le vaporisateur lui-même : c'est encore le travail de la pompe d'extraction de l'eau condensée, faisant office de pompe à air, qui ne se fait pas régulièrement. Un peu d'habitude et d'attention mettra bien vite le conducteur d'une machine à vapeurs combinées au courant de toutes les perturbations qui peuvent arriver, et qui sont presque toujours le résultat du mauvais service des pompes ou du mauvais état des clapets de retenue : on ne saurait donc prendre trop de soins, en les montant, pour n'y laisser s'introduire aucun corps capable d'en gêner le mouvement. Il sera bon de les vérifier de temps en temps pendant les moments d'arrêt de la machine, durant les premiers mois de sa marche. Quand elle aura travaillé un certain temps, on n'aura plus rien à craindre de ce côté-là, car le liquide n'encrasse pas, et tous les petits corps étrangers qui existaient dans les appareils et auront pu s'en détacher par le frottement du liquide ou de sa vapeur seront expulsés; mais, pendant les premiers mois de marche, on doit s'attendre à de fréquentes perturbations provenant des clapets des pompes. Plusieurs parties de pièces fondues ayant nécessité des noyaux qu'il est quelquefois extrêmement difficile d'arracher complètement, ce n'est qu'à la longue et par le frottement continuel du liquide ou de sa vapeur, qui les détrempe ou les brise, que ces pièces seront parfaitement nettoyées. Les conduits de vapeur des tiroirs du cylindre sont dans ce cas-là, ainsi que le réservoir de l'appareil à faire le vide, qu'il faut autant que possible faire d'une seule pièce pour éviter les joints inutiles. Le monteur ne devra donc rien négliger pour enlever la totalité du noyau même dans les parties qu'il ne pourra atteindre, et devra employer tous les moyens que son intelligence lui fournira pour rendre ce nettoyage à peu près complet. Il s'épargnera ainsi bien des embarras plus tard et retrouvera largement les soins qu'il y aura apportés, de même que le temps qu'il aura consacré à cette besogne.

Fuites aux garnitures.

Les fuites peuvent encore avoir lieu par les tiges mouvantes, soit que la garniture n'ait pas été faite avec assez de soin, soit que le cuir ou l'étoffe employés pour faire la bande aient été d'une mauvaise qualité, ou bien encore que la ficelle, trop serrée, se soit rompue sous l'effort des cônes au moment où ils prennent leur place entre la bande et la tige. Il est très facile de reconnaître si la fuite est due à l'une de ces causes, car alors la pression ne se maintient pas et baisse rapidement dans le réservoir de la pompe qui foule l'eau dans les garnitures. Lorsque donc on s'apercevra d'une fuite aux garnitures, le premier soin à prendre est de vérifier quel est l'état de la pression dans le réservoir de cette pompe. Si la pression est trop basse ou inférieure à celle de la vapeur dans l'appareil évaporatoire, il faut la relever, car la fuite peut provenir de cette simple cause. Si, lorsqu'on a relevé la pression, la fuite continue, il faut refaire la garniture et changer la bande; il en est de même si la pression baisse promptement malgré l'interruption momentanée de la fuite. En général, il faut employer d'excellente ficelle pour envelopper et maintenir la bande, et ne point trop la serrer : il arrive assez fréquemment, lorsqu'on néglige cette précaution, ou que la bande serre trop sur la tige et agit comme frein sur la machine, ou que la ficelle se rompt sous l'effort des cônes au moment de leur introduction. Une cause de la rapide destruction de la bande provient de l'oubli du graissage de la tige. Le mécanicien doit entretenir ses godets graisseurs constamment pleins. Ces godets, placés sur le couvercle de la garniture et traversés par la tige, seront garnis au moins une heure avant la première mise en marche; et chaque fois qu'on aura refait une garniture à neuf, il faudra, avant d'y introduire le liquide qui doit y exercer la pression hydraulique lorsque ce liquide ne sera pas de l'huile, attendre autant que possible que l'huile du godet ait pénétré entre la bande et la tige. Cette observation, ainsi que celle qui va suivre, est très importante.

Graisse chaude ou froide; ses inconvénients.

Il ne faut jamais, le long des tiges qui se meuvent dans le liquide auxiliaire ou sa vapeur, employer de la graisse fondue ou autre : cette graisse aspirée fortement par l'effet du vide et remplissant les pores du métal qui forme les tiges, s'introduit ainsi dans les appareils où elle est dissoute ou tenue en suspension par le liquide ou sa vapeur. Arrivant mélangée avec la vapeur au condensateur, elle se fige au moment de la condensation de cette dernière le long des parois des tubes qui le composent par l'effet du refroidissement, s'y attache, et finirait au bout de peu de temps par les obstruer complètement ou par revêtir les surfaces condensantes d'une couche peu conductrice, qui nuirait considérablement à la promptitude de la condensation en empêchant le contact immédiat de la vapeur. Il en résulte encore un autre inconvénient non moins grave : cette graisse, se détachant des parois, se mêle avec le sable et les scories ou oxides que peuvent contenir les appareils, et, roulant constamment entraînée par les courants liquides, finit par former des globules assez gros qui, emportés par les pompes, se fixent parfois entre leurs clapets et en empêchent le jeu. L'expérience m'a prouvé qu'il était tout-à-fait impossible de se servir de graisse dans tous les joints de l'appareil à vapeur auxiliaire, qui pourraient par une cause quelconque la laisser entrer à l'intérieur : j'ai vu des effets très remarquables de ce que je viens de décrire, qui se sont produits dans le condensateur de la machine de 25 chevaux qui fonctionne chez MM. Billaz et Maumenée, à la Cristallerie de la Guillotière, machine dans laquelle on a employé du suif fondu pour le graissage des tiges pendant le premier mois de sa marche. Au bout de ce court espace de temps le condensateur, remplissant mal ses fonctions, fut démonté et vérifié : une grande partie des tubes condensateurs étaient obstrués ; des globules de graisse amalgamés avec du sable, de la grosseur d'une noix, avaient suspendu le jeu des clapets de la pompe d'alimentation, et le liquide lui-même refroidi était rempli de globules extrêmement petits qui flottaient à sa surface ou nageaient dans son volume. En général, les huiles végétales doivent être préférées pour ce motif aux huiles animales; cependant je me suis servi sans inconvénient d'huile épurée de pied de bœuf. L'huile de baleine est excellente. Il vaut mieux voir l'huile se mélanger avec le liquide auxiliaire plutôt que de s'en séparer en formant des globules : liquide, elle ne nuit point au développement de la vapeur dans l'appareil évaporatoire ; et entraînée avec celle-ci dans le cylindre et la boîte à tiroirs, elle est très favorable au jeu des tiroirs et des pistons qu'elle lubréfie ; au moment de la condensation, la quantité emportée par la vapeur coule le long des parois des tubes condensateurs, et, mêlée au liquide dans la calotte inférieure, elle est reportée par la pompe d'extraction au vaporisateur où elle reste en grande partie. On l'y retrouve par la distillation du liquide, ainsi que je le décrirai plus loin ; et sa présence dans cet appareil, bien loin d'être nuisible, y est plutôt utile, en ce que, lorsqu'on emploie l'éther sulfurique, elle élève et maintient le niveau que la légère perte continuelle de ce liquide tend à abaisser.

Mais revenons aux fuites le long des tiges mouvantes, que doivent empêcher les garnitures que j'ai décrites dans la construction de la machine. J'ai dit plus haut que le conducteur de la machine à vapeurs combinées devait, lors de la première mise en marche d'une nouvelle garniture, remplir d'huile une heure d'avance le godet qu'elle traverse : ce soin n'a besoin d'être pris que lorsque la garniture vient d'être refaite à neuf et agit pour la première fois ; il a pour but de laisser le temps à l'huile de pénétrer entre la bande et la tige et d'empêcher le grippement ou un frottement trop dur, mais ceci n'est qu'une précaution utile : lorsqu'il est nécessaire de mettre en marche aussitôt que la garniture est terminée, on peut le faire sans de graves inconvénients en mettant en marche lentement et frottant d'huile la tige avec abondance pendant les premiers moments. S'il y a fuite le long de la tige, elle sera facilement aperçue au bouillonnement et à la projection de l'huile contenue dans le godet, ou bien encore à sa prompte disparition par son introduction dans le cylindre au moment où le vide agit sur la face supérieure du piston ; quelquefois l'eau ou l'huile formant la pression autour de la bande surgira dans le godet graisseur, et alors le manomètre de la petite pompe s'abaissera promptement. Dans tous ces cas il faut immédiatement arrêter la machine en fermant la prise de vapeur, et interrompre la communication entre le stuffingbox et la petite pompe foulante en fermant le robinet placé sur le tube conducteur amenant le liquide qui exerce la pression. On ouvre de suite la boîte à garniture, on s'assure de l'état de la bande et de la ficelle : s'il n'y a ni déchirement ni rupture, cette dernière n'était pas assez serrée, et on répare avec promptitude. Il faut avoir soin, avant de retirer la bande qui ordinairement adhère très fort au cône inférieur qui ne peut être aussi exactement graissé que le cône supérieur, de retirer le peu d'eau qui se trouve dans la boîte à garniture ; afin qu'elle n'entre pas dans les appareils : cela est surtout important quand on emploie le sulfure de carbone pour liquide auxiliaire, car il se décompose en partie par son mélange avec l'eau. On peut extraire l'eau très aisément au moyen d'une éponge ; elle sert encore à ramasser le liquide auxiliaire qui pourrait s'échapper par une petite fuite et qu'il serait difficile de recueillir par d'autres moyens. J'engage donc le machiniste à en avoir une à sa disposition. Quand on a un peu d'habitude, on peut refaire complètement une garniture hydraulique en moins de temps que l'on n'en met à refaire une garniture de chanvre et graisse ordinaire. Un mécanicien soigneux aura toujours plusieurs bandes préparées de longueur et largeur nécessaires pour les diverses tiges de la machine qu'il est chargé de conduire, ainsi que de la ficelle dans les proportions et conditions que j'ai indiquées. De cette manière, un temps très court lui suffira. Je n'ai pas eu d'exemple qu'une garniture faite avec un peu de soin et de la manière que je viens de décrire ait manqué son effet. Il arrive quelquefois que, au bout d'un mois ou six semaines de service, elles ont besoin d'être un peu resserrées ; alors elles ne laissent apercevoir aucunes fuites sensibles, mais l'huile disparaît assez promptement. Une garniture en cet état peut encore faire un long et bon service, mais il est convenable de profiter du premier temps d'arrêt de la machine pour resserrer la ficelle, afin d'éviter d'envoyer une trop grande quantité d'huile dans les appareils ou d'y laisser pénétrer une trop grande quantité d'air, si le graissage n'était pas abondant et constant.

Moyen de rechercher quelle est la garniture qui fuit.

Il n'y a rien de plus facile que de reconnaître, parmi les quelques garnitures hydrauliques que nécessitent les tiges mouvantes de la machine, quelle est celle qui laisse fuir. Pour cela, le mécanicien fermera les robinets de chacune des garnitures, afin d'interrompre l'arrivée du liquide de la pompe foulante ; il examinera soigneusement au manomètre du réservoir l'état de la pression à mesure qu'il fera jouer la pompe ; il s'assurera, par l'immobilité du mercure, que les diverses parties qui la composent ne laissent pas fuir. Alors il ouvrira successivement l'un après l'autre les robinets des garnitures, en laissant s'écouler entre l'ouverture de chacun un temps suffisant pour que la fuite par cette garniture donne lieu à l'abaissement du niveau et conséquemment de la pression. Cet abaissement de pression après l'ouverture d'un robinet lui indiquera que la garniture qui y correspond n'est pas étanche. Il fermera ce robinet et continuera la même épreuve jusqu'au dernier, car il pourrait y avoir fuite à plusieurs garnitures.

Fuites aux tuyaux.

Nous venons de passer en revue les différents genres de fuites qui peuvent se déclarer aux joints fixes et mouvants de la machine ; il peut arriver qu'une soudure de tuyau mal faite laisse échapper le liquide ou sa vapeur, et qu'on n'ait pas le temps de faire à nouveau cette soudure : dans ce cas, on enduira un morceau de cuir ou de papier très fort avec de la gomme très épaisse ; on tiendra prête une lanière de cuir ou de chanvre également gommée ; on appliquera rapidement le morceau de cuir ou de papier sur la fuite, en appuyant fortement avec la main et l'y maintenant un instant. Si le tube est chaud, la pièce adhérera de suite au métal qu'il faut auparavant nettoyer avec du papier émerisé afin d'enlever toute graisse, et l'on pourra facilement la fixer plus solidement au moyen de la lanière de cuir ou filasse. Si le tube n'est pas chaud, la gomme ne sèche point aussi promptement et on aura une plus grande difficulté à faire la ligature ; néanmoins on en vient parfaitement à bout avec un peu d'adresse et de patience. J'ai vu des ligatures de cette espèce, posées pendant le travail de la machine sur les tuyaux de vapeur ou de refoulement du liquide, durer fort longtemps. On peut aussi faire une soudure provisoire à l'étain, mais il faut arrêter la machine : si la fuite se trouve sur un tuyau de vapeur, il faut le débarrasser de cette vapeur et de sa pression ; si elle se trouve sur une conduite de liquide, il faut extraire ce dernier, sans cela il serait impossible de faire une bonne soudure ; car il est essentiel de chauffer fortement la partie à souder, et le liquide, se vaporisant constamment sous l'action de la chaleur, s'opposerait au chauffage de la pièce : on arriverait à faire un placard d'étain, mais non une bonne soudure. Telles sont à peu près toutes les fuites à l'extérieur à craindre, et les moyens d'y remédier. Je répéterai encore, car je ne saurais trop m'appesantir là-dessus, qu'on ne doit négliger aucune fuite si minime qu'elle soit, ne fût-ce qu'un suintement; il faut y parer aussitôt qu'on s'en aperçoit, car ces fuites une fois ouvertes ne se bouchent jamais naturellement et ne font que s'augmenter. De la manière dont sont faits et entretenus les joints et les garnitures dépend l'économie que peut produire la machine. On voit donc de quelle importance il est de les bien faire ; de là dépend en outre le bon fonctionnement de la machine, qui, marchant à moyenne pression et condensation, ne donne la totalité de ses avantages que lorsque le vide s'y maintient parfaitement.

Variations des niveaux ; leurs causes. — Appareil à vide. Élévation du niveau.

Il arrive parfois que le niveau du liquide tend constamment à s'élever dans le réservoir de l'appareil à chasser l'air, quand au contraire il doit naturellement tendre à s'abaisser, puisque la pompe y amène à chaque coup l'infiniment petite quantité d'air qui pénètre par les joints et garnitures dans les diverses parties de la machine où fonctionne le liquide auxiliaire sous la pression du vide plus ou moins parfait. Deux causes peuvent produire cet effet : la première, toute naturelle, est l'élévation de la pression dans le vaporisateur ; l'équilibre s'établissant entre la colonne d'air qui occupe la partie haute du réservoir et la vapeur qui remplit le dôme du vaporisateur, l'air se comprime sous la pression du liquide et de la vapeur, diminue de volume et occasionne l'élévation du niveau, surtout si le vide a été bien fait dans les appareils et si les joints et garnitures sont étanches : cet inconvénient cessera de lui-même quand la pression reviendra à son état ordinaire. La seconde cause dérive de ce que le robinet d'échappement d'air fixé à la partie supérieure du réservoir est ou mal fermé, ou mal rodé. Il peut résulter de l'une et de l'autre un inconvénient grave, celui de dégarnir de liquide les surfaces chauffantes du vaporisateur, car le niveau ne peut s'élever dans l'appareil à chasser l'air qu'au détriment de la quantité de liquide que contient le vaporisateur. Il faut alors chercher à fermer mieux le robinet, et profiter du premier moment d'arrêt de la machine pour roder la clé à nouveau. Il ne faut jamais mettre de gomme, si ce n'est dans un cas pressant et pour un moment, dans le boisseau de ce robinet qui s'ouvre et se ferme à chaque instant et qu'il est, pour ce motif, difficile de tenir en bon état. Lorsque la fuite est grave, il est important d'empêcher le liquide de s'élever jusqu'au robinet, pour deux motifs : le premier, parce que, les surfaces du vaporisateur étant découvertes d'une quantité proportionnelle, il y a diminution dans le volume de vapeur créée; le second, parce que le liquide fuirait bientôt à la place de l'air. Si l'on ne peut arrêter la machine, on obviera à cet accident en laissant rentrer de temps en temps ou même constamment un peu d'air au condensateur, lequel refoulé par les pompes dans le réservoir alimentera la fuite, et abaissant le niveau du liquide en empêchera ou diminuera la perte. On peut régler la rentrée d'air par le robinet de distillation, qu'on ouvrira lentement jusqu'à ce qu'on s'aperçoive qu'il rentre au condensateur autant d'air qu'il s'en échappe par le robinet du réservoir d'air. Il faudra réparer le robinet le plus tôt possible, car c'est là une marche anormale qui détruit le vide du condensateur; et d'ailleurs, quelque soin que l'on prenne de maintenir le liquide fort bas dans le réservoir, l'air qui s'échappe emporte toujours avec lui une certaine quantité de vapeur qui est une perte réelle du liquide. Lorsque la fuite est infiniment légère, elle est plus utile que nuisible, parce qu'elle laisse échapper l'air que la pompe introduit à chaque coup. Il vaut mieux cependant avoir un robinet parfaitement étanche, car on peut toujours obtenir volontairement le même résultat en le fermant un peu moins bien.

Abaissement du niveau.

Lorsqu'on s'apercevra que le niveau baisse trop rapidement dans le réservoir de l'appareil à chasser l'air, ce qui indiquera que la pompe y amène une grande quantité d'air et que conséquemment il y a quelque fuite aux joints et garnitures ou au tuyautage qui relie les diverses parties dans lesquelles agit le vide, on ouvrira légèrement et lentement le robinet d'air en réglant l'échappement de manière à maintenir le niveau constant. Il ne faut jamais ouvrir brusquement le robinet d'air quel que soit l'abaissement du niveau, autrement on aura presque toujours projection du liquide. Si la nécessité de ne pas arrêter la machine empêche de rechercher ces fuites et de les réparer immédiatement, on y obviera parfaitement en réglant l'ouverture du robinet d'air de manière à maintenir le niveau malgré l'accumulation de l'air fourni par la pompe. Il faudra, comme je l'ai dit plus haut, ne se servir de ces moyens que dans les cas extrêmes, et momentanément, encore faudra-t-il prendre soin que le niveau du liquide ne dépasse pas en hauteur le quart de la hauteur totale du réservoir, afin que l'air en s'échappant n'en emporte que la moindre quantité possible.

Toutes ces précautions et celles qui vont suivre semblent vétilleuses, mais l'ouvrier s'y fait rapidement, surtout lorsque la réflexion et un peu d'expérience lui ont fait sentir quelle en est l'importance. Par un seul coup d'œil jeté sur les niveaux et manomètres, il connaît à la fois l'état de la machine bon ou mauvais, les causes et les remèdes. Pour parer à l'inconvénient qu'ont les robinets de laisser fuir promptement quand on les ouvre ou ferme très souvent, on pourra employer un genre de robinet à soupape conique extérieure, maintenue au moyen d'un ressort et d'une vis de pression qui permettent de donner l'ouverture la plus minime : j'engage à employer ce moyen ; néanmoins un robinet à air ordinaire, bien rodé, fait un excellent usage quand on a soin de mettre de temps en temps une goutte d'huile dans le bout du tube qui le surmonte, et qu'on ne laisse jamais échapper le liquide, qui seul occasionne le grippement de la clé dans le boisseau.

Vaporisateur ; abaissement du niveau.

Après quelques jours de marche, on doit s'attendre à voir s'abaisser le niveau du liquide dans le vaporisateur ; néanmoins, avant de le réalimenter à nouveau, il faut s'assurer si cet abaissement ne provient pas de l'élévation de celui de l'appareil à chasser l'air, car, ainsi que je l'ai dit plus haut, ce dernier ne peut s'élever qu'au détriment du niveau du liquide contenu dans le vaporisateur ; si le niveau dans le réservoir d'air paraît être dans des conditions normales, il sera probable que le vaporisateur a besoin d'être réalimenté. Il pourrait pourtant se faire que, les clapets des pompes ne fermant pas bien, une partie du liquide qu'elles amènent à chaque coup ne retournât au condensateur, et qu'alors, l'alimentation n'étant pas suffisante, le niveau s'abaissât sensiblement, sans que pour cela il y eût encore nécessité d'ajouter du liquide ; mais alors il y aurait des variations subites et considérables dans les deux niveaux, parce que, chaque fois que les clapets s'appliqueraient exactement, la grande quantité de liquide refoulé élèverait subitement le niveau, de même que l'abaissement serait considérable quand la pompe ne fournirait pas.

Ces variations sont toujours très sensibles, à cause de la petite quantité de liquide que contient le vaporisateur et de l'énorme surface qu'il recouvre : cette cause de perturbation est très facile à reconnaître.

Dans les machines où l'on aura employé deux pompes marchant alternativement pour extraire le liquide condensé et alimenter le vaporisateur, le niveau doit être immobile dans les appareils, même pendant la marche de la machine ; dans toutes celles qui n'ont qu'une seule pompe, ce niveau a des variations constantes ; il s'élève au moment où la pompe refoule le liquide, et s'abaisse pendant qu'elle l'extrait du condensateur : le conducteur attentif sera bien vite au courant de ces variations régulières. Si les deux niveaux sont immobiles ou n'ont que les variations habituelles, il faut évidemment introduire une nouvelle quantité de liquide dans le vaporisateur épuisé par les pertes journalières. J'engage le mécanicien à ne faire cette opération que lorsqu'il aura usé tout le liquide possible sans nuire à la marche de la machine. L'appareil à chasser l'air en contient une certaine quantité qui ne lui est pas indispensable, et qu'on peut user en accumulant dans le réservoir une plus grande quantité d'air, et en faisant ainsi baisser son niveau. Lorsque la machine s'arrête toutes les douze heures, comme il est d'usage dans les ateliers, on attendra la fin de la journée ou le lendemain, et, avant de chauffer, on versera par la soupape d'introduction de la prise de vapeur la quantité de liquide nécessaire pour relever les niveaux un peu au-dessus de leur position normale. Il n'est pas nécessaire d'en mettre autant que la première fois qu'on garnit la machine, car le tuyautage et les corps de pompes contiennent déjà la quantité qui leur est essentielle.

Alimentation pendant la marche.

Si cependant durant le travail de la machine on s'aperçoit que la production de vapeur auxiliaire n'est plus suffisante et que conséquemment la condensation de la vapeur d'eau se fait mal, que le vide est moins parfait, ce qui arrive toujours lorsqu'il n'y a pas assez de surfaces chauffantes couvertes par le liquide, ou encore si la machine fait un travail long et n'a point de moments d'arrêt comme dans la navigation maritime, on pourra introduire le liquide pendant la marche même de la machine et sans lui nuire en rien. Pour cela, on ajoutera sur le robinet de distillation fixé à la calotte supérieure du condensateur, et au moyen d'un raccord conique, un bout de tube formant siphon que l'on fera plonger dans la tourille contenant le liquide à introduire, de manière à ce qu'il aille jusqu'au fond, où l'on aura soin d'élever la tourille à mesure de l'absorption du liquide, laquelle se fera très rapidement aussitôt qu'on ouvrira le robinet de distillation. Le vide du condensateur et la pression atmosphérique agissant sur le liquide le feront passer dans cet appareil, d'où les pompes le refouleront en quelques secondes au condensateur. Ces pompes, servant à la fois de pompes foulantes et de pompes à air, ont une capacité beaucoup plus considérable que celle nécessaire à l'extraction du liquide condensé. Un peu d'habitude indiquera suffisamment la quantité de liquide à introduire. Dans la pratique cette méthode d'introduction est préférable, en ce qu'elle est prompte et ne donne lieu à aucun démontage et à aucune perte de liquide. Il faut avoir soin de fermer le robinet avant que la tourille ne soit vide, afin que l'air ne puisse s'introduire au condensateur; on doit veiller à ce qu'il ne puisse y rentrer dans aucun moment de l'opération.

L'abaissement du niveau pendant les temps d'arrêt de la machine et quand il y a vide au condensateur et pression au vaporisateur, n'est point un signe certain de manque de liquide; on en verra plus loin les causes. Le meilleur moyen de reconnaître l'état réel du niveau dans le vaporisateur est de laisser marcher la machine jusqu'à ce que la pression soit presque entièrement épuisée, ce qu'il est facile d'obtenir en fermant le robinet de vapeur d'eau et laissant tourner la machine par la vapeur auxiliaire seulement. L'élévation du liquide dans le niveau au moment où la machine s'arrêtera donnera la mesure exacte de la quantité de liquide qui reste dans les appareils; il faudra cependant avoir soin d'ouvrir le robinet du réservoir d'air, afin de ramener son niveau à sa place, ce niveau s'étant considérablement abaissé sous la pression de l'air comprimé qui se détend et occupe un plus grand volume à mesure que la pression diminue dans le vaporisateur.

Dans les machines d'atelier, lorsque le travail sera fini, j'engage le mécanicien à laisser rentrer une certaine quantité d'air au condensateur, afin qu'au moment du refroidissement du vaporisateur le vide le plus parfait se fasse dans cet appareil. De cette manière le vaporisateur sera toujours garni le lendemain matin, ce qui n'arriverait pas autrement. Quelque soin qu'on ait mis à roder les clapets des pompes, il est bien rare qu'au bout d'un long usage ils ne laissent pas un peu fuir. Le liquide passerait ainsi goutte à goutte au condensateur, et le lendemain matin il faudrait faire mouvoir à bras la pompe d'extraction pour réalimenter le vaporisateur. Le vide au vaporisateur se fait naturellement par la condensation de la vapeur qu'il contient quand l'appareil se refroidit : ce vide équilibrerait celui du condensateur, s'il n'était en partie détruit par le volume d'air que contient l'appareil à chasser l'air et qui passe au vaporisateur. Il faut donc introduire au condensateur un volume d'air suffisant pour en diminuer le vide et le rendre moins puissant encore que celui du vaporisateur : c'est un simple soin à prendre chaque fois qu'on arrête la machine assez longtemps pour refroidir complètement le vaporisateur ; on en reconnaîtra l'importance au premier oubli.

Elévation du niveau. — Fuites aux garnitures.

Il arrive quelquefois qu'après plusieurs jours de marche le niveau, au lieu de s'abaisser dans le vaporisateur, ce qui doit naturellement arriver à cause des légères pertes du liquide, s'élève considérablement quoique d'une manière lente et presque insensible. Il y a deux motifs à une élévation de cette nature, et tous les deux proviennent des garnitures dont le mauvais état laisse rentrer l'eau ou l'huile : dans le premier cas, il faut changer la bande si la ficelle n'est pas rompue; dans le second cas, il suffira de resserrer la ficelle. Lorsque l'élévation du niveau est instantanée, il faut s'assurer si elle n'est pas le résultat de l'accumulation de l'air dans le réservoir de l'appareil à chasser l'air, qui fait passer la totalité du liquide dont la partie inférieure doit être garnie au vaporisateur, et en élève naturellement le niveau. Si dans ce réservoir le niveau est à l'état normal, il y a fuite aux garnitures ou au condensateur; si au contraire il a disparu, il sera facile de le ramener à sa place en ouvrant lentement le robinet d'air et laissant échapper ce dernier jusqu'à ce qu'il n'y ait plus que la quantité convenable. Dans cet état, on examinera si le niveau ne continue pas de s'élever dans le vaporisateur tout en restant immobile dans l'appareil à chasser l'air. La fuite aux garnitures est facile à reconnaître ; j'ai indiqué plus haut (page 397) les moyens pour cela. Si cette fuite est légère, on pourra attendre le moment d'arrêt de la machine pour la réparer; mais si le niveau est déjà fort élevé et qu'on ait à craindre l'entraînement et les projections du liquide dans le cylindre, on pourra, dans le cas seulement où l'on se servira d'un liquide plus léger que l'eau, comme l'éther sulfurique, abaisser le niveau sans interrompre la marche de la machine, en ouvrant très légèrement le robinet purgeur placé à la partie inférieure du vaporisateur et retirant du liquide jusqu'à ce que le niveau revienne à sa hauteur. L'eau étant plus légère que l'éther sulfurique et ne se mêlant pas avec lui, sortira la première; et, si l'on conduit cette opération avec soin et prudence, elle réussira parfaitement et ne nuira point à la bonne marche de la machine. Si la fuite par la garniture est considérable, ce dont on s'apercevra facilement à la rapidité de l'abaissement de la pression à la petite presse hydraulique, et que la quantité d'eau introduite gêne le travail de la machine et ne puisse être extraite parce qu'on se sert d'un liquide plus pesant que l'eau, tel que le chloroforme et tous les chlorides de carbone, il faudra fermer le robinet de la garniture qui fuit et empêcher la communication entre elle et la pompe : la ficelle agira alors seule par son élasticité sur la bande. Il pourra bien y avoir une légère perte de vapeur ou de liquide, mais le travail de la machine ne sera pas interrompu. Si l'on marchait en cet état une journée ou même une demi-journée, il faudrait envoyer un peu d'eau à la garniture en rouvrant un instant le robinet, afin que la ficelle ne se desséchât pas et continuât d'agir par son élasticité jusqu'au moment où l'on pourrait refaire la garniture. J'ai vu des garnitures en cet état servir plusieurs jours sans donner lieu à des fuites telles qu'on fût obligé d'arrêter la marche de la machine; néanmoins on ne doit employer ces moyens que lorsqu'il y a nécessité absolue, et refaire les garnitures pendant le premier moment d'arrêt.

Elévation du niveau. — Fuite au condensateur.

Dans le cas où le niveau de l'appareil à chasser l'air reste immobile ainsi que la pression sur les garnitures, la rentrée d'eau qui élève le niveau dans le vaporisateur ne peut provenir que d'une fuite au condensateur. Si la fuite est légère, on emploiera les moyens indiqués ci-dessus, dans le cas où ils pourront être employés; autrement, on démontera l'enveloppe du condensateur et on l'essayera à la presse hydraulique. Si l'appareil a été essayé avec soin lors de sa mise en place, il n'est pas probable que la fuite puisse venir des tubes ni des plateaux d'assemblage; il faudra donc refaire avec le plus grand soin, avec du papier et de la gomme, les joints des diverses pièces qui sont noyées dans l'eau de condensation. J'ai eu deux fois l'occasion de démonter le condensateur de la machine de la Cristallerie dont j'ai déjà parlé maintes fois, à la suite de rentrées d'eau qui s'y étaient déclarées: ces fuites provenaient des joints du tube d'échappement et du tube de distillation, jamais des surfaces condensantes ni des plateaux. Cet appareil étant en cuivre d'excellente qualité, n'ayant qu'une faible pression à supporter, et n'étant soumis qu'à de très légères variations dans la température, n'est sujet à aucune cause de dégradation.

Disparition totale et subite du liquide.

Il ne faut point s'effrayer ni s'étonner lorsqu'une heure après et quelquefois dans un temps très court on n'aperçoit plus de liquide au niveau du vaporisateur, quand même il était très élevé au moment de la cessation de travail, et quand même on aurait pris soin, ainsi que je l'ai recommandé, de ne laisser aucune pression dans le vaporisateur : ceci prouverait seulement que les soupapes ou clapets des pompes ne tiennent pas parfaitement. Le lendemain matin, ou lorsque l'appareil sera complètement froid, le niveau sera rétabli dans le vaporisateur, surtout si l'on a soin de laisser rentrer un peu d'air dans le condensateur. J'ai expliqué (page 407) les motifs de ce phénomène qui déconcerte au premier abord le conducteur de machines à vapeurs combinées et qui se produit fréquemment, parce que le vide du condensateur est ordinairement détruit au moment où se fait celui du vaporisateur par le refroidissement de ses parois et la condensation de la vapeur qu'elles contiennent. Au moment de l'arrêt, le liquide appelé par le vide au condensateur, et poussé par la pression qui existe au vaporisateur, fuit à travers les clapets et soupapes des pompes et se rend en totalité dans le condensateur qu'il remplit ; mais bientôt le vaporisateur se refroidit, la vapeur s'y condense, le vide s'y produit dans le même moment où celui du cylindre et des tuyaux communiquant au condensateur se détruit par les petites rentrées d'air qui peuvent se faire par les garnitures ou joints fixes. La pression s'opère donc dans ce dernier appareil, tandis que la dépression la plus forte existe au vaporisateur, le liquide ne rencontrant point d'obstacle que les clapets et soupapes qui ne peuvent s'opposer à son passage, puisqu'ils sont destinés à résister à la pression du vaporisateur et non à celle du condensateur, et jouent à l'inverse; le liquide, dis je, remonte doucement dans le vaporisateur où il reste lorsque l'équilibre entre les pressions des deux appareils est établi, et d'où il ne redescend plus. Il peut cependant arriver que le liquide reste en grande partie dans le condensateur, et qu'au moment de mettre la machine en marche il n'y en ait pas une quantité suffisante dans le vaporisateur. Lorsque la machine marche par les deux vapeurs conjuguées sur le même arbre, il n'y a aucune difficulté : on met en marche avec la vapeur d'eau, et au bout de quelques tours le vaporisateur réalimenté par le jeu des pompes est en état de fournir de la vapeur ; mais lorsque la machine à liquide auxiliaire fait un travail indépendant et marche seule, utilisant la vapeur d'échappement d'une machine placée quelquefois à une grande distance, il faudrait débrayer la pompe et la faire marcher à bras, ce qui est un travail à la fois long et pénible. Il y a un moyen plus simple et assez prompt : il faut amener de la vapeur d'eau dans l'enveloppe du vaporisateur, comme si on voulait distiller; il est bien rare qu'il ne reste pas un peu de liquide dans l'appareil : ce liquide produira de la vapeur. On ouvrira le robinet de distillation de manière à faire passer au condensateur l'air qui remplit le vaporisateur, et qui s'élèvera chassé par la vapeur qui se forme. Lorsque le vaporisateur sera assez chaud pour qu'on puisse supposer qu'il est plein de vapeur, on fermera le robinet de distillation, en ouvrant le robinet d'air ou la soupape du condensateur. Dans le même moment on injectera de l'eau froide, au moyen du robinet d'injection, dans l'enveloppe du vaporisateur : la vapeur qu'il contient sera condensée, le vide se produira, et le liquide reviendra dans cet appareil.

Abaissement naturel du niveau ; manque de liquide pour réalimenter le vaporisateur.

Partout où est établie une machine à vapeurs combinées, on doit avoir du liquide en quantité suffisante pour entretenir le niveau constant au vaporisateur et parer à une fuite grave et à un accident ; il peut néanmoins arriver que, par négligence ou par quelques difficultés imprévues, cet approvisionnement soit épuisé et qu'on soit dans l'impossibilité de s'en procurer de suite. Lorsque le travail de la machine est indispensable et ne peut être suspendu, on peut encore marcher quelque temps par un moyen empirique que voici. Si l'on examine la construction de l'appareil vaporisateur, on s'apercevra que la calotte inférieure est un réservoir assez considérable rempli de liquide ; que ce réservoir n'est point chauffé, et que conséquemment la quantité de liquide qu'il contient n'est d'aucune utilité; que les surfaces chauffantes se composent uniquement des tubes; et que, pourvu que ceux-ci soient remplis, la quantité de vapeur nécessaire sera produite et la machine fonctionnera. Ce réservoir est destiné à recevoir les sables, scories et autres matières lourdes que le courant alimentaire du liquide apporte au vaporisateur. Dans les machines mues par la vapeur de l'éther sulfurique et autres liquides auxiliaires plus légers que l'eau et l'huile, ces deux derniers, introduits par les fuites imperceptibles des garnitures, s'y accumuleront sans nuire à la qualité de ces liquides qui surnageront et occuperont la partie supérieure. On pourra donc en introduisant de l'eau, au lieu d'éther sulfurique par exemple, dans le condensateur au moyen du robinet de distillation dont j'ai parlé précédemment, remplir la calotte ou réservoir inférieur, et faire passer la quantité d'éther qui le remplissait dans les tubes formant les surfaces chauffantes. Lorsque le liquide sera plus lourd que l'eau, ce moyen le plus simple de tous ne sera pas praticable; mais on pourra introduire de l'alcool rectifié ou même de l'éther sulfurique, lequel s'unira parfaitement avec ces liquides. Il est vrai que ceux qui étaient incombustibles et inexplosibles le deviendront dans une certaine proportion.

Il est possible de prolonger ainsi de quelques jours et sans inconvénients la marche de la machine: cela m'est arrivé dans les premiers mois de la mise en marche de la machine de la Cristallerie. Notre provision d'éther étant épuisée, nous manquâmes de ce liquide pour alimenter le vaporisateur dont le niveau avait naturellement baissé par la petite perte journalière, et pendant dix jours je prolongeai la marche de la machine alors que les surfaces n'étaient plus suffisamment couvertes pour condenser la vapeur d'eau et produire la quantité de vapeur auxiliaire nécessaire au cylindre, en introduisant une vingtaine de litres d'eau qui remplacèrent l'éther sulfurique contenu dans la calotte inférieure du vaporisateur: celui-ci plus léger, s'élevant dans les tubes vaporisateurs, couvrit immédiatement vingt mètres de surfaces chauffantes; car dans cet appareil les tubes n'ont que deux millim. de diamètre intérieur, et conséquemment un litre de liquide couvre un mètre de surface.

La perte du liquide n'étant que de 3/4 de litre par jour dans cette machine qui fait la force de 25 chevaux, elle marcha fort bien pendant dix jours qui me furent nécessaires pour faire venir de l'éther de Montpellier. Nous regarnîmes l'appareil après avoir préalablement retiré l'eau qui remplissait le réservoir inférieur, au moyen du robinet de purge placé à cet effet et en l'ouvrant légèrement, alors que la machine était arrêtée et que le manomètre ne marquait plus que 2 à 3 dixièmes de pression au-dessus de l'atmosphère. Cette extraction se fait parfaitement, et n'emporte avec elle qu'une quantité d'éther fort peu appréciable; on ferme le robinet aussitôt que le liquide est coloré et que l'huile commence à sortir. Ce moyen, quand on emploie l'éther sulfurique comme liquide auxiliaire, n'offre pas d'inconvénient, si ce n'est une certaine perte de ce liquide dans l'eau qui en est saturée; mais, pour les liquides lourds et incombustibles que l'on mélangerait avec de l'alcool ou de l'éther, il y aurait une perte réelle si l'incombustibilité était une condition rigoureuse de la position de la machine, car il serait difficile de lui rendre cette qualité. J'engage donc à n'user de ce moyen qu'à la dernière extrémité. On pourrait, dans un cas pareil, réalimenter le vaporisateur au moyen des résidus provenant de la distillation mensuelle qu'on doit faire du liquide pour le revivifier et du nettoyage des appareils, résidus saturés de liquide et qui n'en prendraient pas davantage.

Nettoyage du vaporisateur. Distillation.

Lorsque, après un certain temps de marche, le conducteur de la machine s'apercevra que son liquide a changé de couleur aux niveaux de l'appareil à chasser l'air et du vaporisateur, que la condensation de la vapeur d'eau est moins bonne et que la chaleur de l'appareil vaporisateur est plus considérable sans que la pression de la vapeur auxiliaire soit plus élevée, le liquide aura besoin d'être purgé et revivifié par la distillation. Cette opération, très simple, se fait avec une grande promptitude. On doit profiter d'un instant où la machine vient de cesser de marcher et ou le vide du condensateur est dans toute sa puissance : on place le tube de distillation, au moyen de ses raccords, sur les robinets disposés à cet effet sur la prise de vapeur du vaporisateur et sur la calotte supérieure du condensateur; les deux appareils ainsi réunis, on les met directement en rapport en ouvrant les robinets, après avoir pris soin de fermer d'abord la distribution de vapeur; on chauffe et l'on entretient une pression constante de 4 à 5 dixièmes au moyen de la vapeur d'eau venant directement de la chaudière, en réglant l'ouverture des robinets. La vapeur auxiliaire produite passera directement au condensateur, et le vaporisateur sera un excellent appareil distillatoire. On laissera la distillation s'opérer en retirant de temps en temps une partie du liquide condensé à l'aide de la pompe à air mue à bras d'hommes, et le recueillant par un robinet placé à la partie supérieure du corps de pompe au-dessous du clapet de retenue. Il n'est pas indispensable d'extraire la condensation lorsqu'on n'est pas pressé par le temps pour faire cette distillation; le liquide peut, sans autre inconvénient que de ralentir l'opération, s'accumuler dans le condensateur dont la capacité des surfaces est beaucoup plus considérable que celle des surfaces du vaporisateur. Lorsque, malgré le chauffage régulier, la pression ne se maintiendra plus au vaporisateur, on fermera momentanément un des robinets de distillation et l'on consultera le manomètre : s'il ne marque aucune pression, on arrêtera la distillation et on ouvrira le robinet purgeur placé à la partie inférieure du vaporisateur, en recevant les résidus dans des vases spécialement consacrés à cet usage. Ces résidus se composent de l'eau et de l'huile introduits dans les appareils soit par les fuites des garnitures, soit par le travail mécanique des tiges, ainsi que j'ai cherché à l'expliquer page 25.

Les résidus de chaque distillation pourront être conservés jusqu'à ce qu'on en ait une quantité suffisante, pour les distiller dans des appareils spéciaux et en retirer le peu de liquide qu'ils contiennent. On peut, dans les endroits où il n'y aura pas d'appareils distillatoires établis pour cet objet, un jour où la machine ne travaillera pas, vider complètement le vaporisateur du liquide qui le garnit et y introduire ces résidus de manière à le remplir. On poussera la chaleur à 70, à 80 degrés, et de cette manière on recueillera dans le condensateur la petite quantité du liquide qu'ils pouvaient encore contenir. On retirera les résidus, on lavera le vaporisateur, et on fermera le robinet de purge. On introduira le liquide distillé et purifié en manœuvrant la pompe à bras d'homme et ouvrant le robinet de distillation, afin que l'air contenu dans le vaporisateur, passant au condensateur à mesure du changement de place du liquide, favorise l'opération. Le liquide ainsi rectifié ne différera en rien de celui à réintroduire pour achever de garnir les appareils. Il faut faire cette rectification au moins tous les mois : on peut bien rester 7 et 8 semaines sans distiller, ainsi qu'on l'a fait à la Cristallerie ; mais la quantité d'huile que tient en dissolution le liquide devient considérable; l'huile s'épaissit, s'attache aux parois du condensateur emporté par la vapeur, et elle gêne la promptitude de la condensation. Du reste, cette opération n'est pas longue : il ne faut pas plus de deux heures pour la mener à bonne fin, après quoi la machine est propre à recommencer son service. On la fera plus rarement sans inconvénient en retirant chaque semaine, pendant la marche même de la machine, une certaine quantité du liquide qui remplit la calotte inférieure du vaporisateur et en mettant de côté ce liquide, qui contient la plus grande partie de l'eau et de l'huile introduites, pour le distiller plus tard en quantité et en une seule opération. On remplace à l'instant le liquide extrait par du liquide neuf introduit, comme je l'ai dit plus haut, par le robinet de distillation du condensateur; mais cette dernière manière d'agir ne peut avoir lieu que lorsqu'on se sert d'éther sulfurique ou d'un liquide plus léger que l'eau et l'huile et qui surnage. Les autres liquides auxiliaires étant plus lourds, il faudrait vider entièrement le vaporisateur pour extraire l'eau qui viendrait la dernière ; cette opération ne pourrait se faire que dans un temps d'arrêt et quand le vaporisateur serait complètement froid. Quant à l'huile, on ne pourrait la recueillir, car elle se dissout ou s'allie parfaitement avec les trois liquides autres que l'éther sulfurique que j'ai indiqués dans cet ouvrage. Par la distillation, l'eau et l'huile restent dans le vaporisateur.

Cette distillation peut se faire très promptement

dans les machines à vapeurs combinées conjuguées, en faisant mouvoir la machine à vapeur d'eau seulement : on ferme la prise de vapeur auxiliaire, on met les appareils en communication en ouvrant les robinets de distillation ; la vapeur formée passe directement au condensateur, où elle tombe à l'état liquide. Il faut éviter que le liquide condensé retourne au vaporisateur, et pour cela on le recueille au moyen du robinet dont j'ai parlé tout-à-l'heure, placé à la partie supérieure de la pompe d'alimentation, au-dessous du clapet de retenue. Celui-ci, maintenu par la pression de la vapeur dans le vaporisateur, ne se lèvera pas si l'on a soin de faire marcher la pompe lentement, et si le passage ouvert par le robinet est assez considérable. La distillation se fait ainsi parfaitement et en quelques minutes, car le condensateur est alimenté d'eau froide et le vide y est maintenu par le jeu des pompes que fait mouvoir la machine à vapeur d'eau. Au moyen du robinet d'injection d'eau froide dans l'enveloppe du vaporisateur on entretient la condensation parfaite de la vapeur d'eau, tout en lui laissant la température nécessaire pour opérer la prompte vaporisation du liquide en distillation. Il sera facile de séparer l'eau de l'huile en laissant reposer les résidus pendant quelques jours, après la dernière distillation. L'huile sera de nouveau employée à tous les usages de la machine. Il sera bon de chauffer cette huile à l'air libre, afin de la dépouiller de la petite quantité d'eau et de liquide qu'elle pourrait contenir. Malgré ce soin, il sera bien difficile de la dépouiller complètement de l'odeur éthérée qu'elle conservera encore, mais légèrement, et sans qu'elle puisse nuire à la santé du conducteur de la machine ni affecter l'odorat d'une manière désagréable.

Variations des pressions aux baromètres et aux manomètres.

L'éprouvette ou le baromètre placé sur l'enveloppe du vaporisateur est un des meilleurs indicateurs de la manière dont fonctionne la machine à vapeurs combinées : le mécanicien, à sa seule inspection, connaîtra au bout de peu de temps et avec un peu d'habitude toutes les causes de ses variations. Cette éprouvette, communiquant avec l'intérieur de l'enveloppe, est destinée à indiquer le vide qui existe dans l'enveloppe du vaporisateur faisant l'office de condensateur pour la vapeur d'eau. Le vide peut être altéré dans cet appareil par diverses causes, les unes communes à tous les appareils à tenir le vide et machines ordinaires à condensation, qui sont la mauvaise confection des joints ou le mauvais état des robinets ou soupapes des pompes et autres parties de la machine; les autres qui sont particulières à la machine à vapeurs combinées, par exemple : le trop grand abaissement du niveau ou manque de liquide dans l'appareil vaporisateur, dont les surfaces ne sont plus suffisamment couvertes et ne peuvent condenser assez rapidement ou en assez grande quantité;

l'impureté du liquide auxiliaire qui, mêlé à des liquides ou corps étrangers en dissolution, ne bout plus à la même température et maintient à la vapeur d'eau chauffante une pression proportionnelle à la température à laquelle il la condense, température qui augmente par les causes réunies de l'élévation du point d'ébullition, de la mauvaise transmission de la chaleur, et encore du petit volume de la vapeur auxiliaire produite qui n'absorbe plus la totalité du calorique fourni par la vapeur d'eau.

Lorsque donc le mécanicien s'apercevra de l'élévation de pression indiquée par l'éprouvette à vide dans l'enveloppe du vaporisateur, il devra l'attribuer à l'une des causes que je viens d'indiquer, et immédiatement rechercher cette cause et la faire disparaître. L'abaissement du niveau au vaporisateur se reconnaît par l'inspection de l'aiguille aimantée et peut arriver, comme je l'ai dit ci-dessus, soit par manque de liquide résultant de fuites ou de la perte naturelle journalière, soit parce que les clapets des pompes alimentaires fonctionnent mal et ne reportent pas au vaporisateur une quantité suffisante de liquide pour l'alimenter : un coup d'œil jeté sur le niveau de l'appareil à chasser l'air fera immédiatement apercevoir cette dernière cause, car dans l'état de bon fonctionnement ce niveau doit osciller à chaque coup de pompe. L'élévation de la pression dans l'enveloppe peut aussi provenir d'une fuite aux tiroirs ou au piston, qui laisse passer une plus grande quantité de vapeur d'eau qu'il n'est nécessaire au travail de la machine et que ne peut en condenser la vaporisation du liquide auxiliaire eu égard à la dépense du cylindre à vapeur auxiliaire: dans ce cas, la pression s'élèvera dans le manomètre du vaporisateur. La pression dans l'enveloppe s'élèvera encore toutes les fois qu'on fournira la même ou une plus grande quantité de vapeur chauffante, et qu'on ne dépensera pas une quantité proportionnelle de vapeur auxiliaire : alors le manomètre, indiquant la pression de cette vapeur dans le vaporisateur même, s'élèvera également; il suffira de détendre un peu plus dans le cylindre à vapeur d'eau ou un peu moins dans le cylindre à vapeur auxiliaire pour rétablir l'équilibre et ramener la machine à son état de fonctionnement le plus avantageux, qui est celui où le meilleur vide peut être obtenu dans les deux appareils condensateurs à la fois.

Le vide sera d'autant plus parfait que la vapeur auxiliaire sera employée à une plus basse pression; car alors la température de la vapeur d'eau s'équilibrant avec celle du liquide qui remplit l'appareil vaporisateur, n'aura plus qu'une pression correspondante très minime. Je crois pourtant qu'il est inutile que cette température soit inférieure à 70° à laquelle la vapeur d'eau n'a qu'une très faible pression, pression nécessaire pour que les pompes qui retirent l'air et l'eau de la condensation puissent faire un bon service : la pression de la vapeur auxiliaire créée sera en raison de cette température de la vapeur chauffante. Le mécanicien n'aura donc, pour ramener les pressions à un état convenable, qu'à diminuer le volume de vapeur d'eau chauffante en diminuant l'introduction dans le cylindre où elle agit par une plus grande détente, ou encore à dépenser plus de vapeur auxiliaire par une moindre détente de cette vapeur. C'est pour ce motif que les détentes doivent être variables et indépendantes pour chacun des cylindres dans les machines à vapeurs combinées, car la pression peut s'élever considérablement dans la chaudière et fournir de la vapeur d'eau à une haute température; et j'ai déjà dit qu'il faut toujours que cette vapeur provenant de l'échappement n'arrive dans l'enveloppe du vaporisateur où elle doit être condensée, qu'à une température inférieure à cent degrés. La comparaison entre les deux indicateurs de la pression dans l'enveloppe et dans le vaporisateur fera connaître promptement, ainsi qu'on le voit, le travail et les conditions bonnes ou mauvaises de la marche de la machine.

Condensateur de vapeur auxiliaire.

Le baromètre ou éprouvette placée sur le condensateur de la vapeur auxiliaire indique le vide obtenu et la marche de la condensation de cette vapeur. L'élévation de la pression est due à l'imperfection des joints et robinets qui laissent rentrer l'air, à la trop grande quantité de vapeur dépensée par le cylindre, au mauvais fonctionnement de la pompe qui amène l'eau froide pour la condensation, ou de la pompe d'extraction qui sert aussi de pompe à air. Toutes ces causes sont communes aux condensations des deux vapeurs; une seule est particulière au condensateur de vapeur auxiliaire, celle qui résulte d'une trop grande introduction de vapeur à condenser. Comme on ne peut augmenter à volonté l'étendue des surfaces condensantes et le volume d'eau froide, il faut absolument diminuer la dépense de vapeur auxiliaire, parce que la machine fait plus que son travail, et remonter à la source en réduisant la dépense du cylindre à vapeur d'eau. On peut cependant pour un moment, et si le besoin exige un développement de force plus grand, maintenir la dépense et le travail de la machine à vapeur d'eau en ouvrant le robinet d'injection d'eau froide dans l'enveloppe du vaporisateur jusqu'à ce que la température soit à l'état convenable. De cette manière, une partie de la vapeur d'eau étant condensée par l'injection, le vaporisateur ne sera plus surchauffé et ne produira que la quantité de vapeur que peut utilement employer le cylindre à vapeur auxiliaire, et que peuvent condenser les surfaces de son condensateur et le volume d'eau froide amené par la pompe. Mais cet état de choses ne peut se prolonger, car la pompe à air et d'extraction de l'eau condensée dans l'enveloppe du condensateur n'est pas calculée pour enlever un volume d'eau pareil à celui qui résultera de la condensation par injection, ni le volume d'air qu'amènera avec elle cette eau non distillée. Il faut, autant que possible, éviter de lancer la vapeur au condensateur à une pression supérieure à celle de l'atmosphère.

La dernière cause, beaucoup plus grave et commune à toutes les machines à condensation, qui peut occasionner l'élévation de la pression dans le condensateur, provient de la mauvaise confection ou de l'usure du piston qui laisserait passer sans travail la vapeur qui s'appuie sur l'une de ses faces; de la régulation vicieuse des tiroirs ou soupapes du cylindre: dans ce cas, il arriverait dans l'appareil une surabondance de vapeur à condenser à laquelle ne pourraient suffire ni le volume d'eau ni ses surfaces. Cette cause de trouble est difficile à reconnaître, parce que le baromètre et le manomètre du vaporisateur pourront être dans les conditions normales de pression : cependant, si la fuite est considérable, il y aura probablement abaissement de pression dans le vaporisateur, à moins que dans le même temps le cylindre à vapeur d'eau ne dépense une plus grande quantité de cette vapeur. Cela peut arriver; car, le vide n'étant plus aussi parfait dans la vapeur auxiliaire, cette dernière ne donne plus la même somme de travail; le manomètre indiquant une pression moins élevée, le conducteur sera naturellement porté à introduire une plus grande quantité de vapeur d'eau pour empêcher le ralentissement de la machine. Néanmoins, on s'apercevra de cet état de choses à l'élévation de la température de l'eau de condensation ; et, pour s'en assurer tout-à-fait, on arrêtera la machine en laissant le piston au milieu de sa course et ne fermant pas le robinet qui amène la vapeur au cylindre. S'il y a fuite soit aux tiroirs, soit au piston, la pression ne tardera pas à baisser beaucoup dans le vaporisateur.

Il faudra, avant de démonter la machine, s'assurer par les moyens que j'ai indiqués qu'il n'y a pas de fuite aux appareils condensateurs, que le volume d'eau nécessaire à la condensation est régulièrement fourni par la pompe d'injection, que les pompes d'extraction font bien leur service, que l'air a été chassé autant que possible de l'appareil à air, et que la détente est convenablement réglée. Si tout cela est en ordre, il y a fuite au piston, on ne peut en douter; on en fera l'essai comme dans les machines ordinaires.

Dans les diverses causes de variation de la pression dans le condensateur indiquées par l'éprouvette, j'ai supposé que le conducteur de la machine avait essayé de faire le vide autant que possible au moyen de l'ouverture du robinet d'air placé sur l'appareil à chasser l'air. C'est toujours par là qu'il doit commencer. Je lui rappellerai ici qu'il ne doit jamais ouvrir ce robinet que lorsque la pression dans l'appareil vaporisateur est supérieure à celle de l'atmosphère. Il peut se faire que, lorsque la machine n'a pas de travail à faire, la pression des deux vapeurs soit au-dessous de celle de l'atmosphère. Cela nous arrivait habituellement à Londres, lorsque la machine d'essai que j'y ai fait fonctionner marchait à blanc. La pression de la vapeur d'eau laminée par le robinet d'introduction ne s'élevait pas dans le cylindre à plus de 0,8 atm., le vide au condensateur-vaporisateur étant égal à une pression de 0,2 atm. Dans le même moment la pression de la vapeur de chloroforme dans le vaporisateur était de 0,9 atm. et quelquefois 0,7 atm., le vide au condensateur étant de 0,3 atm. lorsque la vapeur d'eau était détendue à sa dernière limite. On comprend que si dans ce moment on ouvrait le robinet d'air, ce dernier ayant une pression en équilibre avec celle de la vapeur auxiliaire, il ne pourrait s'échapper et qu'au contraire l'air extérieur rentrerait dans le réservoir. Il faut, pour expulser l'air et faire un bon vide, faire monter la pression au vaporisateur soit en chargeant la machine, soit en fermant la prise de vapeur. Lorsque l'air ne s'accumule plus dans le réservoir et si le niveau y est assez élevé, la mauvaise condensation ne peut provenir que d'une trop grande abondance de vapeur ou de la mauvaise alimentation de la pompe à eau froide. Cette dernière cause est facile à vérifier par le simple examen du volume d'eau qui s'échappe du trop-plein du condensateur. Si la température en est augmentée sans que le volume soit diminué, il y a excès de vapeur, et je viens de dire les motifs qui peuvent produire cet excès de vapeur. Avec ces quelques données, un peu d'attention et d'habitude, un mécanicien intelligent conduira une machine à vapeurs combinées sans plus de difficulté qu'une machine à condensation ordinaire; mais je rappellerai encore une fois ici qu'il ne doit jamais négliger la fuite la plus minime; que c'est de cette attention minutieuse que dépend l'économie que peut donner l'emploi de ce système, indépendamment des dangers que pourrait occasionner sa négligence, dans les ateliers où l'on emploiera comme liquide auxiliaire l'éther sulfurique ou un autre liquide inflammable et explosible. Il devra tenir le local dans lequel se trouve la machine parfaitement aéré quel que soit le liquide qu'il emploie; car tous ceux connus jusqu'à ce jour, propres à être utilisés dans les machines à vapeurs combinées, ont des pouvoirs somnifères très violents et très prompts. Lorsque le liquide auxiliaire sera inflammable et combustible, il évitera d'ouvrir les appareils sans s'assurer qu'il n'y a dans le voisinage ni feu ni flamme qui puisse les enflammer, et préalablement il ouvrira toutes les issues à l'air dont il peut disposer : cette dernière précaution est applicable à tous les liquides. Dans le cas où une fuite subite se déclarerait, fuite qu'il ne pourrait maîtriser en fermant le robinet de vapeur ou en détruisant la pression par l'injection d'eau froide dans l'enveloppe du vaporisateur, il fera immédiatement passer le liquide du vaporisateur au condensateur en ouvrant le robinet qui établit une communication par le bas de ces deux appareils. Lorsque la machine aura fini son travail, il fermera d'abord la prise de vapeur d'eau et laissera marcher par la vapeur auxiliaire autant qu'il le pourra, de manière à abaisser la pression dans le vaporisateur; et, pour la détruire complètement, il ouvrira le robinet de distillation et fera passer au condensateur la vapeur restante. De cette manière le vaporisateur ne se dégarnira point pendant les temps d'arrêt, et se trouvera en bon état au moment de la reprise des travaux.

En terminant ces indications que complètera l'expérience, je recommande au conducteur de machine qui pourrait rencontrer un obstacle non prévu de lire la partie de ce Manuel qui traite de la construction des diverses parties de ces machines : il est probable qu'il y trouvera la solution de la difficulté qui aura pu l'arrêter. Il est indispensable qu'il connaisse la construction des appareils qui les composent et les motifs qui me les ont fait adopter.

TABLE DES MATIÈRES.

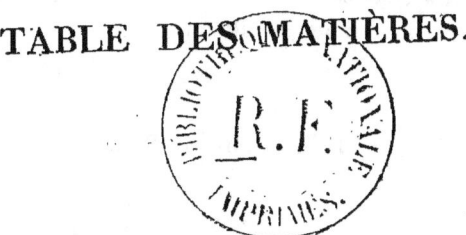

PREMIÈRE PARTIE.

	Pages.
CHAPITRE Ier. — Principes sur lesquels est fondée la machine à vapeurs combinées.	1
Principes théoriques.	7
Conditions que doivent remplir les liquides auxiliaires.	11
Principes mécaniques	22
Organes spéciaux pour l'application des principes.	27
Motifs de la combinaison des deux vapeurs.	27
Son but.	30
Calculs comparatifs du travail des deux vapeurs.	40
Autres calculs.	45
Avantages généraux de ces machines.	58
CHAP. II. — Description des diverses parties par lesquelles la machine à vapeurs combinées diffère de la machine à vapeur ordinaire.	60
Vaporisateur	61
Condensateur.	66
Garnitures des tiges mouvantes	72
Petite pompe des garnitures	75
Prise ou tiroir de vapeur	82

Appareil à chasser l'air. 84
Indicateur magnétique à flotteur. 86

DEUXIÈME PARTIE.

CONSTRUCTION DES APPAREILS SPÉCIAUX.

Chap. Ier. — Du cylindre. 93
Enveloppe du cylindre 94
Rapport des cylindres à vapeur d'eau et à vapeur
    auxiliaire 96
Pression maximum de chacune de ces vapeurs. . 104
Proportions des cylindres d'une machine de dix
    chevaux 109
Détente variable indépendante. 111
Section des orifices du cylindre à vapeur auxiliaire. 113
Enveloppe du cylindre 114
Robinets de vapeur d'eau chauffante et de purge. 115
Brides des cylindres et boîtes à tiroirs. 120
Boulons, vis, prisonniers 122
Piston 123
Couvercles des cylindres 124
Chloroforme; emploi du bronze 125

Chap. II. — Appareils de vaporisation et de condensation.

Section Ire. — Du vaporisateur 126
Section des tubes; forme, épaisseur, longueur. . 127

TABLE DES MATIÈRES. 433

Presse hydraulique à essayer les tubes. . . .	133
Pression à exercer, ou résistance du tube . . .	134
Biseautage et étamage	134
Plateaux d'assemblage.	137
Nombre de tubes par mètre carré, et surface par force de cheval.	140
Préparation des tubes	142
Du châssis; sa forme	143
Position des calibres.	144
Disposition des tubes.	145
Précautions contre le retrait	147
Contre-épaisseur; son épaisseur, son but . . .	148
Epinglettes; leur but	150
Coulées et évents; leurs places	151
Inclinaison et position du châssis au moment de verser et après avoir versé le métal. . . .	156
Métal des plateaux; alliage.	157
Manière de couler	159
Séchage des châssis	160
Calibres qui maintiennent les tubes et en règlent l'écartement.	162
Disposition des tubes dans les calibres . . .	165
Précautions à prendre pendant le moulage et lorsque la pièce est coulée	168
Projection du métal pendant la coulée; manque de matière; réparation	169
Rabotage des plateaux.	170
Nettoyage des tubes.	173
Soufflures; moyens de les réparer	174
Largeur des brides	176
Calottes; leur capacité	177
Projections du liquide; diaphragme	178

Socle, ou calotte inférieure	180
Enveloppe; sa capacité.	182
Soupape d'échappement d'air de l'enveloppe . .	187
Tubulure de passage de la calotte du vaporisateur	191
Robinet d'injection pour la marche indépendante des deux vapeurs	192
Prise de vapeur	194
Tiroir de distribution	198
Tubulure d'introduction du liquide	199
Robinets du manomètre, de niveau et de distillation.	200
Section IIe. — Du condensateur.	201
Epaisseur de la paroi des tubes; forme, diamètre et longueur.	201
Position du condensateur	203
Surface de condensation par force de cheval . .	205
Calotte supérieure	205
Tubulure d'arrivée de vapeur	206
Robinets de distillation et de baromètre. . . .	206
Soupape d'échappement d'air.	206
Calotte inférieure, ou socle	207
Tubulure d'extraction, robinet de décharge . .	208
Enveloppe.	208
Regards pour nettoyer le condensateur	210
Prise d'eau pour alimenter la chaudière et l'injection au vaporisateur	211
Introduction de la vapeur par le bas.	213
Chap. III. — Appareil à chasser l'air	216
Réservoir; sa forme, sa hauteur, sa capacité. .	217
Position des tubulures d'arrivée et de sortie du liquide ainsi que du niveau	218
Robinet d'air	219

TABLE DES MATIÈRES.

Soupape de retenue.	220
Application aux machines ordinaires.	222
Place de l'appareil à chasser l'air.	223
Chap. IV. — Pompe à liquide auxiliaire du condensateur, et pompe à air du vaporisateur. Pompes d'extraction des deux condensateurs.	226
Capacité de la pompe à liquide auxiliaire	227
Capacité de la pompe à air ; vapeur d'eau	229
Section des orifices	233
Pistons et clapets.	233
Position des pompes.	235
Fosses et parties creuses ; leurs dangers.	242
Bâche de la pompe à air, et pompe-plongeur pour l'alimentation de la chaudière	244
Chap. V. — Pompe à eau froide pour la condensation de la vapeur auxiliaire	248
Capacité de cette pompe.	250
Chap. VI. — Garnitures des tiges mouvantes, ou stuffingboxes	258
Garnitures hydrauliques	259
Garnitures métalliques.	263
Double stuffingbox de M. Harris.	269
Chap. VII. — Pompe pour faire la pression hydraulique sur les garnitures à cônes et à bande.	273
Chap. VIII. — Menus détails de la machine. Robinets.	277
Robinets de niveau	280
Niveau magnétique	282
Baromètres.	286
Manomètres	289
Tuyautage.	291
Brides, boulons, vis, prisonniers.	293

Manière de couler les plateaux en métal blanc. . 297
Nouveaux appareils de vaporisation et de condensation. 301
Chap. IX. — Précautions particulières pour la construction et la pose d'une machine à vapeurs combinées 308
Chap. X. — Application à la navigation maritime. 319
Avantages. 320
Chap. XI. — Application aux locomotives . . . 325

TROISIÈME PARTIE.

DU MONTAGE ET DE LA CONDUITE DES MACHINES A VAPEURS COMBINÉES.

Chap. 1er. — Du montage 339
Nettoyage du sable dans les pièces fondues. . . 340
Décapage des surfaces des joints 343
Rondelles de papier pour les joints 343
Gomme arabique. 345
Rondelles de cuir pour les niveaux 345
Filasse gommée 346
Robinets 347
Montage du cylindre 349
Du tuyautage 350
Des appareils de vaporisation et de condensation . 352
Des enveloppes 353

TABLE DES MATIÈRES. 437

Joint de l'enveloppe et de la calotte du vaporisateur	355
Soupape d'échappement.	355
Tubulures d'arrivée de vapeur et d'extraction; robinets d'injection, de vapeur chauffante, d'éprouvette à vide	356
Robinet, ou prise de vapeur	357
Tubulure d'introduction du liquide; robinets de distillation, de niveau et de manomètre	358
Pompes à air et d'alimentation.	359
Garnitures hydrauliques.	360
Manière de placer la bande sur la tige	362
Légende explicative de la planche VIII	368
Chap. II. — Conduite des machines. Introduction du liquide	370
Chauffage du vaporisateur.	377
Chauffage du cylindre	379
Mise en marche de la machine.	382
Fuites au vaporisateur et au condensateur	387
Abaissement de la pression au vaporisateur; jeu des pompes.	388
Fuites aux garnitures	391
Graisse chaude ou froide; ses inconvénients.	392
Moyen de rechercher quelle est la garniture qui fuit	397
Fuites aux tuyaux	397
Variations des niveaux; leurs causes	399
Appareil à vide; élévation du niveau	399
Abaissement du niveau.	401
Vaporisateur; abaissement du niveau	403
Alimentation pendant la marche	405
Élévation du niveau; fuites aux garnitures.	407

Disparition totale et subite du liquide 411
Abaissement naturel du niveau ; manque de liquide. 413
Nettoyage du vaporisateur ; distillation 416
Variations des pressions aux baromètres et aux manomètres 421
Condensateur de vapeur auxiliaire ; élévation de la pression ; causes 425
Précautions à prendre en arrêtant la machine . . 429

MACHINES A VAPEURS COMBINÉES.

POINTS D'ÉBULLITION de divers liquides, et calorique total contenu dans un volume égal de chacun de ces liquides à l'état de vapeur sous la pression de l'atmosphère, déterminé au moyen de la méthode indiquée par M. Pouillet dans sa Physique expérimentale, tome II, page 525.

Moyenne des expériences des 15, 22 et 29 décembre 1850 et 6 mars 1851. — Ces expériences ont été faites avec un soin extrême sur les six liquides suivants, quoique le calorique total de plusieurs d'entre eux fût déjà connu; afin de reconnaître, par l'approximation des chiffres donnés par les auteurs pour ces derniers, l'exactitude des résultats qu'on pouvait attendre pour tous de la même opération.

DÉSIGNATION DES LIQUIDES.	EAU de CITERNE.	CHLORIDE de CARBONE A.	CHLORIDE de CARBONE B.	CHLOROFORME D'ESPRIT-DE-VIN.	SULFURE de CARBONE.	ÉTHER SULFURIQUE.
Pesanteur spécifique.	1,000	1560	1435	1480	1272	0,725
Point d'ébullition.	100°.	74°.	62°.	59°.	45°.	38°.
Poids d'un litre de vapeur.	0g.588	5g.240	»	4g.200	2g.645	2g.565
Poids proportionnel, celui de l'eau étant 1	1,000	8.941	»	7.158	4.490	4.380
Volume de cette vapeur.	1.700	0.297	»	0.552	0.480	0.274
Calorique latent.	541.10	81.88	90.06	92.56	99.68	96.12
Calorique spécifique (*).	100.	»	»	»	22.	51.
EXPÉRIENCES.						
Température de l'appartement.	à 10 heures du matin, 5°.		à 6 heures du soir. 4°.7		temps très couvert.	
Température de l'eau initiale de condensation finale.	5°.0 / 17°.70	5°.0 / 5°.50	5°.0 / 5°.50	5°.0 / 5°.60	5°.0 / 5°.80	5°.0 / 5°.70
Chaleur rendue par la condensation.	14°.70 / 15.20	2°.50	2°.50	2°.60	2°.80	2°.70
Perte par rayonnement à ajouter (**).	0.50	0.0	0.0	0.0	0.0	0.0
Durée totale de l'expérience	0h.12'.5"	0h.5'.25"	0h.5'.30"	0h.5'.25"	0h.5'.30"	0h.5'.30"
Volume de liquide vaporisé	0l.0196	id.	id.	id.	id.	id.
Volume de l'eau condensante.	0l.6997	id.	id.	id.	id.	id.
Rapport entre ces volumes.	55.6					
Quantité de chaleur contenue dans un même volume de liquide à l'état de vapeur	35.6×15°.2=541.10	35.6×2°.3=81.88	35.6×1°.80=90.06	35.6×1°.60=92.96	35.6×2°.8=99.68	35.6×2°.7=96.12
Quantité de chaleur contenue dans un même volume de vapeur.	541.10×1=541.10	81.88×8.91=791.92		92.95×7.158=600.67	99.68×4.490=453.66	96.12×4.380=421.00

Le chloride de carbone A a été préparé à Londres au Collège royal de chimie. Il est désigné sous le nom de *perchloride*.

Le chloride de carbone B me paraît être du chloroforme très semblable à celui dont j'ai fait usage; il s'en approche considérablement par l'odeur, la pesanteur, le point d'ébullition et la quantité totale de chaleur absorbée par un volume égal de liquide à l'état de vapeur. Il ne m'a pas été possible de trouver le poids de sa vapeur, n'ayant pas d'instruments assez exacts pour cela. Ce liquide n'est point extrait de l'esprit-de-vin ni de l'esprit-de-bois, mais d'une matière toute particulière. Peut-être est-ce à cela qu'il faut attribuer ses légères différences avec le chloroforme d'esprit-de-vin. L'auteur de la découverte l'ayant désigné, dans la cession qu'il en a faite à la Société des machines à vapeurs combinées, sous le nom simple de *chloride de carbone*, j'ai maintenu cette désignation.

(*) Les caloriques spécifiques que j'indique ici ont été déterminés par M. Regnault.

(**) La perte par rayonnement n'est pas appréciable pour les températures si peu élevées des autres liquides et pour des temps si courts. Pendant 12 minutes, le bain élevé à 17°.70 par la condensation du volume de vapeur d'eau, n'a descendu que de 1°.5. J'ai ajouté seulement 1/3 de ce chiffre, parce que la moyenne du rayonnement entre le point de départ et le point d'arrivée me semblait trop forte. Le rayonnement le plus grand se fait à la plus haute température; or, le bain n'atteint qu'à la fin de l'opération la température où il rayonne le plus.

www.ingramcontent.com/pod-product-compliance
Lightning Source LLC
Chambersburg PA
CBHW060933230426
43665CB00015B/1932